教育部人文社会科学项目"密尔对功利原则的道德哲学辩护"
（10YJA720018）结项成果
江苏高校哲学社会科学重点研究基地
东南大学"道德哲学与中国道德发展"研究所成果
国家"985"三期"哲学社会科学创新基地"研究成果
广西师范大学博士科学研究启动基金项目成果

密尔对功利原则的
道德哲学辩护

刘琼豪 著

中国社会科学出版社

图书在版编目(CIP)数据

密尔对功利原则的道德哲学辩护/刘琼豪著.—北京：中国社会科学
出版社，2014.5
ISBN 978 - 7 - 5161 - 4062 - 8

Ⅰ.①密… Ⅱ.①刘… Ⅲ.①密尔,J.S.(1806—1873)—伦理学—
研究 Ⅳ.①B561.49②B82

中国版本图书馆 CIP 数据核字(2014)第 051025 号

出 版 人	赵剑英
选题策划	冯 斌
责任编辑	冯 斌
责任校对	韩海超
责任印制	戴 宽

出 版	中国社会科学出版社
社 址	北京鼓楼西大街甲 158 号（邮编100720）
网 址	http://www.csspw.cn
	中文域名:中国社科网 010 - 64070619
发 行 部	010 - 84083685
门 市 部	010 - 84029450
经 销	新华书店及其他书店

印刷装订	环球印刷(北京)有限公司
版 次	2014 年 5 月第 1 版
印 次	2014 年 5 月第 1 次印刷

开 本	710×1000 1/16
印 张	18.75
插 页	2
字 数	323 千字
定 价	58.00 元

总　序

东南大学的伦理学科起步于20世纪80年代前期，由著名哲学家、伦理学家萧昆焘教授、王育殊教授创立，90年代初开始组建一支由青年博士构成的年轻的学科梯队，至90年代中期，这个团队基本实现了博士化。在学界前辈和各界朋友的关爱与支持下，东南大学的伦理学科得到了较大的发展。自20世纪末以来，我本人和我们团队的同仁一直在思考和探索一个问题：我们这个团队应当和可能为中国伦理学事业的发展作出怎样的贡献？换言之，东南大学的伦理学科应当形成和建立什么样的特色？我们很明白，没有特色的学术，其贡献总是有限的。2005年，我们的伦理学科被批准为"985工程"国家哲学社会科学创新基地，这个历史性的跃进推动了我们对这个问题的思考。经过认真讨论并向学界前辈和同仁求教，我们将自己的学科特色和学术贡献点定位于三个方面：道德哲学；科技伦理；重大应用。

以道德哲学为第一建设方向的定位基于这样的认识：伦理学在一级学科上属于哲学，其研究及其成果必须具有充分的哲学基础和足够的哲学含量；当今中国伦理学和道德哲学的诸多理论和现实课题必须在道德哲学的层面探讨和解决。道德哲学研究立志并致力于道德哲学的一些重大乃至尖端性的理论课题的探讨。在这个被称为"后哲学"的时代，伦理学研究中这种对哲学的执著、眷念和回归，着实是一种"明知不可为而为之"之举，但我们坚信，它是我们这个时代稀缺的学术资源和学术努力。科技伦理的定位是依据我们这个团队的历史传统、东南大学的学科生态，以及对伦理道德发展的新前沿而作出的判断和谋划。东南大学最早的研究生培养方向就是"科学伦理学"，当年我本人就在这个方向下学习和研究；而东南大学以科学技术为主体、文管艺医综合发展的学科生态，也使我们这些90年代初成长起来的"新生代"再次认识到，选择科技伦理为学科生长点是明智之举。如果说道德哲学与科技伦理的定位与我们的学科传统有关，那么，重大应用的定位就是基于对伦理学的现实本性以及为中国伦理道德建设作出贡献的愿望和抱负而作出的选择。定位"重大应用"而不是一般的"应用伦理学"，昭明我们在这方面有所为也有所不为，只是试图在伦理学应用的某些重大方面和重大领域进行我们的努力。

基于以上定位，在"985工程"建设中，我们决定进行系列研究并在长期积累的基础上严肃而审慎地推出以"东大伦理"为标识的学术成果。"东大伦理"取名于两种考虑：这些系列成果的作者主要是东南大学伦理学团队的成员，有的系列也包括东南大学培养的伦理学博士生的优秀博士论文；更深刻的原因是，我们希望并努力使这些成果具有某种特色，以为中国伦理学事业的发展作出自己的贡献。"东大伦理"由五个系列构成：道德哲学研究系列；科技伦理研究系列；重大应用研究系列；与以上三个结构相关的译著系列；还有以丛刊形式出现并在20世纪90年代已经创刊的《伦理研究》专辑系列，该丛刊同样围绕三大定位组稿和出版。

"道德哲学系列"的基本结构是"两史一论"。即道德哲学基本理论；中国道德哲学；西方道德哲学。道德哲学理论的研究基础，不仅在概念上将"伦理"与"道德"相区分，而且从一定意义上将伦理学、道德哲学、道德形而上学相区分。这些区分某种意义上回归到德国古典哲学的传统，但它更深刻地与中国道德哲学传统相契合。在这个被宣布"哲学终结"的时代，深入而细致、精致而宏大的哲学研究反倒是必须而稀缺的，虽然那个"致广大、尽精微、综罗百代"的"朱熹气象"在中国几乎已经一去不返，但这并不代表我们今天的学术已经不再需要深刻、精致和宏大气魄。中国道德哲学史、西方道德哲学史研究的理念基础，是将道德哲学史当作"哲学的历史"，而不只是道德哲学"原始的历史"、"反省的历史"，它致力探索和发现中西方道德哲学传统中那些具有"永远的现实性"的精神内涵，并在哲学的层面进行中西方道德传统的对话与互释。专门史与通史，将是道德哲学史研究的两个基本纬度，马克思主义的历史辩证法是其灵魂与方法。

"科技伦理系列"的学术风格与"道德哲学系列"相接并一致，它同样包括两个研究结构。第一个研究结构是科技道德哲学研究，它不是一般的科技伦理学，而是从哲学的层面、用哲学的方法进行科技伦理的理论建构和学术研究，故名之"科技道德哲学"而不是"科技伦理学"；第二个研究结构是当代科技前沿的伦理问题研究，如基因伦理研究、网络伦理研究、生命伦理研究等等。第一个结构的学术任务是理论建构，第二个结构的学术任务是问题探讨，由此形成理论研究与现实研究之间的互补与互动。

"重大应用系列"以目前我作为首席专家的国家哲学社会科学重大招标课题和江苏省哲学社会科学重大委托课题为起步，以调查研究和对策研究为重点。目前我们正组织四个方面的大调查，即当今中国社会的伦理关系大调查；道德生活大调查；伦理—道德素质大调查；伦理—道德发展状况及其趋向大调查。我们的目标和任务，是努力了解和把握当今中国伦理道德的真实状况，在此基础上进行理论推进和理论创新，为中国伦理道德建设提出具有战略意义和创新意义的对策思路。这就是我们对"重大应用"的诠释和理解，今后我们将沿着这个方向走下去，并贡献出团队和个人的研究成果。

"译著系列"、《伦理研究》丛刊，将围绕以上三个结构展开。我们试图进行的努力是：这两个系列将以学术交流，包括团队成员对国外著名大学、著名学术机构、著名学者的访问，以及高层次的国际国内学术会议为基础，以"我们正在做的事情"为主题和主线，由此凝聚自己的资源和努力。

马克思曾经说过，历史只能提出自己能够完成的任务，因为任务的提出表明完成任务的条件已经具备或正在具备。也许，我们提出的是一个自己难以完成或不能完成的任务，因为我们完成任务的条件尤其是我本人和我们这支团队的学术资质方面的条件还远没有具备。我们期图通过漫漫兮求索乃至几代人的努力，建立起以道德哲学、科技伦理、重大应用为三元色的"东大伦理"的学术标识。这个计划所展示的，与其说是某些学术成果，不如说是我们这个团队的成员为中国伦理学事业贡献自己努力的抱负和愿望。我们无法预测结果，因为哲人罗素早就告诫，没有发生的事情是无法预料的，我们甚至没有足够的信心展望未来，我们唯一可以昭告和承诺的是：

我们正在努力！

我们将永远努力！

樊 浩

谨识于东南大学"舌在谷"

2007 年 2 月 11 日

序

　　约翰·斯图亚特·密尔（John Stuart Mill），作为一位与卡尔·马克思同时代的思想家，以对功利主义的系统阐释、卓越辩护和推进发展之贡献，而闪耀于现当代西方思想群星灿烂之"星际"。他自边沁而后，使"何谓功利主义（Utilitarianism）"之问，成为当今学术界一再重现且常问常新之论题。因此，密尔对功利原则之辩护与论证，对于现代道德哲学而言，具有了不可回避、不可替代、且无论秉持何种立场者皆须认真对待的"哲学实验"或"思想试验"之"元叙事"或"始原论证"之地位。

　　密尔对功利原则的论证、辩护及其对功利主义伦理的推进发展，并非是要发展出一种学院派哲学论证之典范或成功的完备性学说之范例。事实上，这一辩护在理论逻辑方面并非周详严密或卓有成效，毋宁说有着许多牵强乃至差强人意之处，这使其不免成为一种颇具个性色彩和主观立场的思想言说。后来的学者围绕功利主义之赞成或反对而展开的持久论争，伴随着对功利主义或功利原则的各种各样的花样翻新的修证（或再修证）、补充（或再补充）、辩护、反诘以及不断的发展或退却，可为这一理论主张和原则辩护的个性化"彩色"做明证。然而，当人们真实地面对密尔提出的问题，且以一种"中西互镜"、"古今对看"的学术眼光，权衡并回应"何谓功利主义"之问时，密尔的辩护或论证，作为一种"伟大的"思想实验，便显示出其在现代道德哲学的问题域中所具有的划时代的意义。

　　这使我想起了海德格尔在评论西方形而上学之肇始时所说的一句话："行伟大之思者，必入伟大之迷途"。

　　在这一点上，我想指证的是，密尔与一切功利主义者一样，处于同样的思想处境或问题断层上，他并不比他的同道们高明得太多。——因为，对功利原则的辩护与论证，主旨是针对各种质疑性的或批判性的道德主张。密尔终其一生要做的努力，是试图将之作为正确行动、自由秩序和正义原则的最好解释，而提供足够合理之论证和辩护。这无疑是一种"伟大的"思想实验；但是，从另一个方面或者另一个维度看，尤其是从功利主义的批评者或反对者的视角看来，这难道不同时也是一种"自败的"道德主张或者思想的误入歧途吗？

在过去的两百多年里，一代又一代的功利主义者面临同样的问题处境，即如何为功利原则进行辩护或论证。与此同时，亦不可否认，功利主义显然早已经跨越了纯粹哲学的领地，在更为宽广的人文知识和社会科学领域，例如在政治学、经济学、法学、管理学、教育学等学科中，有着很大的影响。我们只要提及现代经济和政治生活（特别是公共政策或公共治理领域）是如何为功利主义价值观（且在某种程度上并非是好的功利主义）所前置，就会明了，理解功利主义对于理解我们置身其间的现代社会世界是何等地重要。

然而，理解功利主义，如同理解现代性一样，并不是一件轻松、简单的事情。密尔在《功用主义》一书中对功利原则曾经做了一个简要的说明：当行动倾向于提升幸福时，便是正确的，反之是错误的；幸福是快乐的获得，不幸则意味着痛苦。这看似简单的原则，实际暗藏玄机。一旦人们把"行动"理解为一种社会、政治、经济、法律、文化、教育等复杂得多的公共领域的行动或"集体行动"，而不仅仅是一种抽象的孤立的"个人行动"，对这一原则的辩护或论证便会非常复杂。从这一意义上看，功利原则的实质，不论在个人发展、日常生活、政治审议、国际合作、全球治理的多样性领域中，还是在温室气体排放、胚胎干细胞转换医学、安乐死等各种前沿性难题中，都指向了"幸福问题"，即指向了一个中心理念：道德和政治唯有在"提升幸福"（"避免伤害"）的意义上才是"好的"。事实上，边沁更愿意用"最大幸福原则"来代替"功利原则"，因为"功利的"（Utilitarian）英文词义给人以一种严肃而抑郁之感。① 在这一点上，密尔同样将功利原则等同于"最大幸福原则"，但他辩护的重心不再像边沁那样以"利益"（或快乐）为中心，而是以"平等权利"为重心。

---

① 参见周辅成编：《西方伦理学名著选辑》，下卷，北京：商务印书馆1987年版，第212页。

就"功利原则"而言，"最大幸福原则"作为功利主义的基本信念（所有人都应该得到自我发展的机会）表面上似乎与"理性效果"有关，即一个人确立其伦理上的位置的依据是计算不同行为的幸福结果，因而选择效用最大的行为便获得了一种合理性授权。然而，密尔目光所及之处，清晰地看到了"功利原则"在公共事务领域和个人事务领域之施行遭遇到的彼此扞格和相互背反的情况，因而如何为之辩护也就成为密尔理解功利主义或回答"何谓功利主义"之问的关键。

为了更形象地说明问题，我愿意举一个例子。S 是 D 市市民，他有一套房产，坐落于扩建中的飞机场跑道附近；P 是 D 市市长，他从飞机场扩建项目立项开始就与 S 协商房产搬迁及相关赔偿事宜。在这一案例中，S 有两种权衡合理性的方式。一种情形可称之为 S1：——S 意识到，D 市的公共利益（关乎绝大多数人的最大幸福）要求他为飞机场的建设做出贡献，因而应当尽快与 P 达成搬迁协议。另一种情形可称之为 S2：——S 意识到，搬迁将使其祖辈生息之地永久丧失，这是他不能承担的损失，因而无论何种程度的赔偿都不能使之与 P 达成搬迁协议。与之相应，P 也有两种权衡合理性的方式。一种方式可称之为 P1：——P 的行为理据是，D 市的公共利益是最大的善，因而以某种方式迫使 S 搬迁或达成搬迁协议，在不违背法律精神的情况下，都是合理的。另一种方式可称之为 P2：——P 的行为理据是，对文明群体中的任何成员，唯有为了避免其行为对他人造成伤害时才可以违背其意志而正当地行使权力，因此如果 S 的行为没有对他人造成伤害，P 便不能以公共利益的名义迫使 S 搬迁或达成相关协议。在上述案例中，功利原则至少在"量"和"质"两大范畴体系中得到揭示并要求相应的道德辩护。当出现 S1 的情形时，S–P 的互动不大会产生麻烦的道德冲突。问题是：一旦 S2 的情形发生时，P 如何按照功利原则以及按照何种功利原则进行应对？于是，出现两种选择：其一，S2–P1，这不可避免地导致个人权利与公共权力、个人道德与集体伦理的冲突，且导致公共权力欺凌个人意志或集团伦理强求个人道德的情形出现，由于它诉诸一种以"量"的范畴为依据的功利原则，在道义逻辑上设定了"集团"大于"个人"（或"集合"高于"单个"）的规定，因而在伦理情节方面隐蔽着某种无法调节的"冲突"乃至"浩劫"；其二，S2–P2，这需要为调节冲突行为设置政策框架和解题程序，以避免个人权利的申张与公共权力的施行、个人道德诉求与集体伦理要求之间灾难性冲突的发生，于是它诉诸一种以"质"的范畴为依据的功利原则,意味着必须合理辩证地同时又是具体现实地权衡自由与认同、公正与效用的相互关系。当然,S-P的例子只是一种抽象,但由于它与现实生活中人的不同行为类型的理据密切相关,因而提供了理解功利主义者为功利原则进行辩护或论证的问题层次。从上述例子中,人们做事的原则,不论S还是P,只要以理性方式行动,就不可避免地碰到"功利原则"(或"最大幸福原则")是否起作用及如何起作用的问题。在关涉合理行动或正确行动的原则方向上,不论是个人事务还是公共事务,都需要回答两大问题:为什么是功利主义?何种功利主义?于是,仔细审查类似于上述的"S-P"的问题,就会看到,对功利原则的任何论证或辩护都会涉及到具体行动中的三组问题:(1)辩护的主题(或论题)是什么?(2)在哪些预备性方案中,或者在何种具备针对性的道德论辩中,功利主义或功利原则被认为是最好的或者最合理的道德主张?(3)那些被认为比较充分的论证或辩护是基于何种哲学或文化上的理念预设?

　　据此,对功利原则的辩护或论证,便有边沁、密尔、西季维克、黑尔和罗尔斯等五种不同的类型。从这五种类型的概要介绍中,我们大体可领会到密尔对功利原则进行论证或辩护的"问题由来"和"历史定位"。在密尔之前,边沁以哲学激进主义为背景,对总体的一般意义的功利主义(与非功利主义比较)进行论证或辩护,认为除了功利主义,其他一切道德主张都是建立在自利、一厢情愿的热情或迷信基础上的。与边沁不同,密尔的论证和辩护不是建立在激进主义哲学基础上,其问题背景是经验主义哲学和联想主义心理学,而辩护的主题则是作为"标准"的功利原则或最大幸福原则,即"幸福"作为合意的目标在于每个人都想要得到它这一"经验事实"。这一辩护的主题,显然以一种经验主义的方式围绕诸如"我们为什么要成为一个功利主义者"、"何谓幸福"、"使人类幸福的东西是什么"、"如何组织好一个社会"之类的问题架构展开。密尔的《功用主义》,给出了功利原则支持言论自由、政治民主和平等权利的哲学性质的辩护,是古典功利主义的纲领性文献。西季威克是三位古典功利主义者(边沁、密尔和西季威克)中最具现代特质的道德哲学家。他通过对普遍仁爱的论证,从常识道德的立场倡导功利主义,认为功利主义是一种不同于利己主义的实践理性。此后,以黑尔为代表的现代功利主义者,在分析哲学传统内试图通过道德术语的意义,对功利原则给出严密的逻辑论证。而20世纪后期的功利主义者，则倾向于依照罗尔斯的反思平衡的方法，将审慎直觉纳入功利原则的论证或辩护。功利主义的核心，是对功利原则的论证或辩护。从五种论证或辩护的路向上看，应该说，没有一种论证是成功的。事实上，从密尔开始，功利主义者已经非常清楚地认识到，功利主义是需要进行辩护的，而且对功利原则的辩护关涉到对道德法则的理解。

我们有足够的理由反对功利主义，但即便是功利主义的辩论对手或敌人，也必须认真看待密尔对功利原则的辩护。因为这一论证指明：真正重要的道德问题是那些危及"最大多数人最大幸福"的问题。从这一意义上看，刘琼豪教授的这部《密尔对功利原则的道德哲学辩护》著作，在系统阐述密尔功利主义思想的同时，大胆而直率地提出了如何正确看待功利主义者（以密尔为代表）对功利原则进行辩护和论证的问题。从国内对密尔思想的研究来看，往往以批判立论者居多，而较少有人致力于发现或揭示密尔辩护中的那种道德现实感的重要意义及历史合理性。刘琼豪想要摆脱这一研究范式上的局限和束缚。她从阅读密尔原著入手，一点一点地理解密尔论证的奥妙和实质。她把密尔的三部代表作看作是一个为功利原则进行辩护或论证的经典系统：《功用主义》设定了两大哲学任务，第一是阐明功利主义原则的性质，第二是说明功利原则之所以能够成为道德基本原则的哲学根据；《论自由》探讨了公民自由与功利的关系，而公民自由显然涉及到个人幸福，也就是人们只有拥有适度的自由才能体现社会公平；《代议制政府》对政府形式的选择作出了基于功利主义的辩护和论证。通过系统考察密尔对功利原则的论证或辩护，刘琼豪将讨论的重心放在两大论题（一是功利原则与自由之关系；二是功利原则与正义之关系）上，并由此展开了一些精当的评论。

刘琼豪的这部书稿，是她多年潜心研究的成果。她在读书期间就以少有的认真和勤奋，从事思考和写作，攻克一道又一道难关，取得了令人瞩目的成绩。在毕业之后的课题研究以及后来在该书的修改阶段，我们曾经有多次还算是比较充分的交流和讨论。但实际上，在这种对话和交流中，我只是依据自己非常有限的知识对她的工作进行鼓励，而她就研究中的一些问题所做的交谈又往往令我多次惊叹于她敏锐的悟性和可贵的进步。因此，现在回想起来，对她这本即将出版的专著，我始终是以宽容和赞赏的眼光来阅读的，且从中亦获益良多。我记得，刘琼豪教授曾经对她的研究工作有一个基本定位和基本设想，即"相对客观地还原密尔的伦理学思想并为功利主义伦理走出困境提供思考的方向"。这无疑是一种"远见"，是一种"立乎其大"的研究策略和研究定位。现在，《密尔对功利原则的道德哲学辩护》一书已经完成，但这还并不能说是上述研究设想的完成，毋宁说，它只完成了一半；——因为，毕竟"为功利主义伦理走出困境提供思考的方向"仍然是一个饶有趣味且值得为之倾注激情的重大课题。

　　我衷心期待刘琼豪在思考幸福、安康、公道的人类生活的学术道路上，愈走愈宽广，取得更大的进步和更多的成果。是所望焉。

　　且为序！

田海平

2013 年 3 月 6 日写于南京文昌桥

自　序

　　由边沁较系统地阐明并经由密尔修正和发展的功利主义伦理学是近代英国伦理学理论的典型，在英国社会中享有极大的权威性和实用性，甚至构成了英国道德文化的一种基本特质；功利主义伦理学是能够与其同时代的其他伦理思想体系相抗衡的缜密的伦理学体系。功利主义伦理学的这种理论地位，是与密尔在为功利原则进行辩护过程中对边沁功利主义伦理思想体系的卓有成效的改造和创新分不开的。然而，密尔为功利原则辩护的思想被认为存在着许多自相矛盾的地方，甚至被认为是不成功的辩护。这种指责从密尔1863年发表《功用主义》一书起至今都存在着。究竟密尔为功利原则的辩护是否成功，如果成功，为何又遭受如此多的指责？如果不成功，为何功利主义又能够成为一种影响深远的伦理学理论范型？因此，深度挖掘密尔为功利原则辩护的主要思想，对于深刻地认识功利主义伦理学理论及其遭遇的各种理论的、现实的难题具有重要的意义。

　　本书立足于密尔的著作，从边沁、密尔功利主义伦理思想形成的历史背景出发，针对密尔为功利原则进行辩护遭到较多指责的四个方面，即密尔对边沁功利概念的修正、密尔对幸福作为道德标准的合理性进行的逻辑"证明"、密尔对于功利原则与正义之间的冲突问题的解决、密尔对于功利原则与自由之间的冲突问题的解决等方面，分析密尔对功利原则进行道德哲学辩护的得失。

　　核心概念是任何理论体系构建的基石，功利概念是功利主义伦理学理论体系的核心概念。边沁把功利界定为快乐和痛苦的免除，快乐只有量的不同而无质的差别，尤其是边沁只强调感官的快乐和量的快乐这一点，容易导致庸俗的快乐观，以至于他的学说被谴责为"猪的哲学"。因此，对边沁功利概念的修正是密尔对功利原则进行道德哲学辩护的首要着眼点。密尔提出了不同于边沁的功利概念。他把"功利"定义为包含快乐于其中的"幸福",而幸福是一个包含着多种成分(如快乐、美德、自由、个性)多种层次的包含性的、具体的目的整体概念。虽然密尔与边沁一样也常用"快乐"一词,但密尔所用的"快乐"一词与"幸福"、"功利"、"有价值的"、"可欲的"这些词是一样的,他虽然借用了功利主义学派的哲学前辈们所用的快乐主义的词汇,但他的"快乐"概念是扩大了的快乐概念,不仅仅是指感官的快乐,而是包括了所有类型的快乐,即包括感官的、情感的、智力的、审美的或者其他种类的快乐。快乐不仅有量的不同且有质的不同,快乐可以划分为较高级的快乐和较低级的快乐。所以,密尔所说的快乐概念与边沁所说的快乐概念是不同的,基于此,密尔经常把"幸福"而不是"快乐"看作是他的价值论的基本概念和道德标准。

密尔以幸福概念修正了边沁的快乐概念,而幸福概念的具体性和复合性使得功利原则避免了原来所遭受的那些指责,但由于密尔的幸福概念是不确定的,密尔以幸福作为行动的标准其实并不能够成为一个具体而明确的标准。

密尔对功利原则的辩护不仅体现在他对边沁功利概念的修正方面,更重要的体现在他对功利(幸福)作为道德标准即功利原则的合理性进行逻辑"证明"方面。密尔认为,作为道德标准的幸福不是个人的幸福而是公共的幸福。在证明功利原则的合理性问题上,密尔采用了"手段—目的"链的证明方法和由"实际欲望"到"值得欲望"的证明模式。根据"手段—目的"链的证明方法,手段是实现目的的手段,但手段自身没有价值,其性质或价值取决于它所要服务的目的。密尔认为,如果功利原则能够成为道德的基本原则,那么,它就必然具有手段的性质,它的合理性就应该根据其所祈向的目的来说明。密尔设想,如果一切行为最终都是趋于一种共同的目的,那么,这种共同的目的就可以成为判断一切行为的价值性的标准,它就可以成为一切人的行为规则(道德的基本原则),所以,密尔认为,只要功利主义能够证明一切行为的目的都是趋向于获得幸福,那么,幸福就可以成为一切行为的规则和道德标准。即要证明幸福是值得欲望的,只要能够证明人实际欲求的是幸福,就可以得出这个结论。

密尔通过三个步骤来进行他的证明:(1)证明幸福是人唯一欲求的目的;(2)证明幸福是值得欲望的;(3)证明公共幸福是值得欲望的。密尔证明的第二、三步骤采用了由"实际欲望"到"值得欲望"的策略,但这种策略是基于工具主义者所持的实践推理的共同核心观点的基础之上的，工具主义本身并不一定是一种合理的实践推理理论；而且，密尔在运用工具主义的观点来进行他的功利原则的证明时，并没有对工具主义观点的合理性进行阐明。所以，密尔的证明虽然没有犯摩尔所说的那种由"是"推出"应当"的错误，但他的证明也并非无懈可击。

密尔对功利原则的辩护不可避免地要对功利原则作为道德的基本原则可能导致的价值冲突问题、也是功利原则作为道德的基本原则遭到批评最多的两个方面的问题进行回应。

一是关于功利原则与正义的关系问题。在这个问题上，对于坚持功利原则会由于追求功利最大化而导致对个人权利的侵犯这种责难，密尔通过把人类关键性利益设定为个人基础权利、把功利原则设定为价值论原则两种方法来使功利原则容纳个人权利；对于功利原则忽视人的分离性的责难，密尔在厘清个人利益与他人利益关系的基础上，通过把不伤害他人而不是功利最大化界定为个人的道德义务来说明功利原则并没有忽视个人的分离性；对于遵守功利原则会使人面临一些与权利相关的道德困境的责难，如在一些极端的情形下，遵守功利原则的要求会导致一个人丧失道德同一性、会迫使我们忽视我们因为进入某些特殊关系中而负有的特殊义务和责任的指责，密尔虽然没有进行直接的说明，但在密尔著作那里能够找到回答这些责难的资源。

二是关于功利原则与自由的关系问题。在这个问题上，对于坚持功利原则有可能会侵犯个人自由权利的问题，密尔提出了自由原则，认为通过自由原则可以保护个人的自由权利。因为，根据自由原则，在涉己行为领域，个人如果没有伤害到他人应当认作权利的利益，那么，他的自由不应该受到任何形式的社会干预，也不受制于社会功利的计算。然而，密尔的自由原则被认为不能够实现其保护个人自由权利的目的。因为：第一，在概念的界定方面，密尔自由原则的内涵本身隐含了一些冲突，自由原则赖以建立的伤害概念模糊不清；第二，在实际应用方面，伤害的内容难以确定，涉己行为与涉他行为领域的划分不可能，自由原则会与功利标准相矛盾；第三，功利原则以功利最大化为目标会导致对个人自由的侵犯，并有可能会为家长主义和奴隶制辩护。

其实，在密尔那里，这些问题是不存在的。因为：第一，从概念方面来看，符合密尔本意的自由原则的内涵本身并不隐含着冲突。密尔的伤害概念是清晰的，"伤害"被明确地界定为是对他人被认作是权利的某些相当确定的利益的伤害，即使对伤害是否存在、伤害的程度如何的判断受制于不同的道德或文化价值，但只要不伤害他人的条件得以满足，个人自由就应该受到保护。第二，在实践方面，密尔通过把"伤害"和"影响"区分开来，使得涉己行为领域与涉他行为领域的区分得以可能。他通过把涉己行为界定为自我发展的行为来解决自由原则与功利标准方面可能出现的矛盾，又通过把人类的自我发展界定为最大化的功利（公共幸福）来实现功利原则与自由的统一，由此解决以功利原则为至上原则可能导致的为家长主义和奴隶制辩护的难题。

　　虽然密尔对于功利原则在正义问题、自由问题方面的许多责难都进行了颇为有效的辩护，但密尔在这两个问题上的辩护与前面的辩护一样，仍然不是十分完满。比如，在功利原则与正义的关系问题方面，密尔通过把人类关键性利益设定为个人基础权利的方法来解决功利原则容纳个人权利的问题，而在界定什么是人类关键性利益的问题上似乎并不是那么确定；而且，在一些困境面前，功利主义的解决方式也还是会面临一些道德损失。又如，在功利原则与自由的关系问题方面，密尔通过把"功利最大化"界定为"自我发展"，来解决"功利最大化"有可能会导致对个人自由的侵犯问题，而这个概念本身的科学性并没有得以确证。

　　通过考察密尔为功利原则所作的辩护，可以发现，尽管密尔为功利原则辩护的有效性以一些理论假设为前提，而且对一些相关问题没有进一步解决。密尔为功利原则的辩护，不管其是否完美，它毕竟也是那个时代的产物。道德困境、个人利益与公共利益的矛盾是任何时代都必须解决的矛盾，功利原则作为道德的基本原则，在解决这些矛盾方面并不如许多批评者所认为的那样充满矛盾；尽管功利主义并不是十分完美的伦理学理论，但功利主义在解决道德问题方面提供了一种虽然不是十分完美、但也算是可供选择的方式。当然，功利主义要成为一种对现实生活有切实指导作用的理论，它应该是开放的、发展的。

目　　录

导　　论

一　密尔伦理思想的发展及其主要伦理学著作

约翰·斯图亚特·密尔是近代英国著名的伦理学家、经济学家、逻辑学家、自由主义政治哲学家和文学评论家，被誉为 19 世纪英国不列颠民族精神的象征。他的思想的形成和发展深受其父亲、边沁及其他许多思想家的影响。考察密尔的生平及思想的形成和发展脉络，对于准确理解密尔的伦理思想，尤其是其为功利原则辩护的思想具有重要意义。

（一）密尔伦理思想的发展脉络

1. 童年和少年时期密尔父亲对密尔伦理思想的影响

约翰·斯图亚特·密尔 1806 年 5 月 2 日生于伦敦，是詹姆斯·密尔和哈丽特·密尔夫妇的长子。密尔从来没有上过一般意义上的学校，自幼年起就在家中由父亲有计划地进行严格的教育。他 3 岁开始学希腊文，最早读的是《伊索寓言》，在父亲的指导下还阅读了希罗多德的全部著作、色诺芬的《对话集》、苏格拉底的《回忆录》（*Memoridls*）和柏拉图对话的前六篇。在童年的这段时间里，密尔读的主要是历史著作，包括罗伯逊、休谟和吉本的作品，从开始到 1788 年止的《年鉴》（*Annual Register*）中的历史部分，米勒的《从历史观点看英国政治》（*Historical View of the English Government*）和莫谢姆的《教会史》（*Ecclesiastical History*）等。父亲在指导他阅读这些书的过程中一有机会就向他解释诸如文明、政治、道德和精神修养等概念，并要他阅读描述主角在异常艰苦环境中表现出的精力和智慧以及与困难作斗争并克服困难的书籍。密尔的父亲非常重视培养密尔的政治素养、道德品质和智慧。在孩童时期他几乎没有儿童玩具和儿童读物，在极有限的儿童读物中最令他珍爱的是《鲁滨逊漂流记》；他也没有儿时的玩伴，因为他父亲担心他受到孩子之间相互施加的平常堕落的影响，以及粗俗的思想方法和情感方式的传染，所以限制他与别的孩子交往。他唯一的锻炼活动就是一边与父亲进行漫长的散步，一边复述或讨论当天所学的功课。

密尔8岁开始与妹妹一起学习拉丁文，同时还辅导妹妹的功课，这种方法使得他能更彻底更牢固地掌握所学的功课，但密尔认为这种方法不利于砥砺双方的德行。在8—12岁期间，密尔阅读了大量的拉丁文书籍和希腊文书籍。密尔在选择阅读的著作时，其父亲要求他选择在语言上和思想上都值得阅读的书籍。在读这些著作时其父亲总是强调他要特别留心政治、道德和人性等方面的见解。如亚里士多德的《修辞学》是他第一次读到的论道德和心理的、表达明晰的科学论文，其中有古人对人性和生活的许多精辟见解，其父亲就要密尔特别用心阅读，并要求他把书中的要点摘录下来写成提纲。在阅读米特福德的《希腊史》时，其父亲也提醒他要注意作者的托利党偏见，警惕书中为暴君涂脂抹粉和对民意机关颠倒是非的意图。在密尔阅读一些演说家的演说词尤其是德摩斯梯尼的演说词时，他父亲也通过对这些演说词进行评论以启发密尔，使密尔注意到作者们对雅典制度的洞察力和他们常常描述的立法和治理原则。其父亲还通过他自己的著作《印度史》对密尔在政治和道德方面施加影响。密尔从该书中得到许多新的观念，特别是其父亲在书中对印度的社会与文明和对英国制度与治理所作的批判和探讨过程中充分体现出来的极端的民主激进主义思想，以及在对待英国的宪法、法律和有相当势力的党派与阶级方面所表现出来的在当时是最严厉的态度。其父亲在书中第一次提出的许多治理印度的真正原则等，都对密尔思想起了推动、刺激和指导作用，对其日后的进步大有裨益。

在这几年里，密尔还完全学会了初等几何与代数。在十一二岁时，密尔写了一部《罗马政治史》。这是一部叙述贵族与平民斗争的书，它以李维的论点作依据为土地法辩护，并尽最大努力支持罗马民主党。可见，密尔自幼就有了偏向民主的情感。在进行历史写作的同时，父亲还强制密尔写诗。

大约从12岁起，密尔所受的教育课程从运用思想转到思想本身。他学习了亚里士多德的《工具论》和霍布斯的《计算法和逻辑学》以及其他经院逻辑学家的作品以训练和提高自己的思维能力。就在这个时期，密尔读到了几篇柏拉图最重要的对话，特别是《戈吉乌斯》（Gorgias）、《普罗塔戈拉》（Protagoras）和《理想国》（Republic）。密尔认为柏拉图对话中的方法即苏格拉底式的表达方法，作为一种培养精密思想的教育手段，其价值是无法估计的。而柏拉图著作中所显示的高尚道德标准对他也产生了极为强烈的影响。受其父亲的影响，密尔对苏格拉底的性格深为敬仰，苏格拉底在他的心里犹如理想美德的楷模，其父一直主要以"苏格拉底美德"——正义、克制、诚实、坚韧、有吃苦耐劳的决心、关心公益、根据人的优点评论人、根据物所固有的效益评价物等作为教诲他的道德典范。[①]

1819 年，密尔父亲被任命为印度通讯部稽核官助理，担任这个新职务并没有使他放松对儿子的教育。就在这一年，父亲让密尔学完了政治经济学的全部课程。密尔不仅读了李嘉图的著作，还读了亚当·斯密的著作。

密尔父亲对密尔的教育不仅重视知识的获得、思维的训练和智力的提升，更重视道德素养的提升。在对密尔的教育中，"道德影响的重要性超过一切"。[②]他对密尔的道德教育不仅通过有直接目的的言论和行为，更多的还在于他的身教，即通过他对宗教的态度、对人生的看法、结交的友人的品性等影响密尔。

密尔从小在没有寻常所说的宗教信仰的环境中长大，其父亲厌恶宗教，认为宗教不仅是精神错觉产生的感觉，而且是极度的道德堕落，是人类德行的最大仇敌，因为它树立虚假的美德，对人类的幸福毫不关心，最主要的原因是宗教从根本上破坏道德标准；把执行神的意志说成是道德标准。在密尔很小的时候其父亲就叫密尔阅读基督教会史，教导他要切实关心宗教改革，因为它是反对教会暴政、解放人类思想的伟大而有决定意义的斗争。密尔受其父的影响不信宗教，但父亲教导他要隐藏与世人相反的见解。密尔则认为应该公开其信仰，并曾两次公开宣称其不信宗教，并为此辩护。无论如何，其父亲那种完全与宗教无关的道德信念深深地影响了密尔。

在对人生的看法方面，詹姆斯·密尔以伊壁鸠鲁学派的功利主义为标

---

① ［英］约翰·穆勒：《约翰·穆勒自传》，吴良健、吴衡康译，商务印书馆 1987 年版，第 36 页。

② 同上书，第 31 页。

准，即以行为产生快乐还是痛苦作为决定是非的唯一标准，他认为所有欲
望必须止于适度几乎是教育箴言的中心要旨。在密尔的童年中，其父的这
一美德观对其产生了很重要的影响。詹姆斯·密尔认为，有价值的生活是
那种由良好政治和教育把生活塑造成应有的状况的生活。从知识中得到的
享受超越其他一切，他把仁慈怜爱的快乐看得更高。他贬斥感情，认为如
果在道德标准上对照古人，过分强调情感，就是对现代道德标准的偏离。
在对行为的评价方面，褒与贬应以阻止作恶、鼓励行善为目的，所以他的
褒与贬不以对方的动机为转移，而以对方目的如何来评价个人的品性。深
受其父的道德观念影响，密尔自幼就十分注重美德、知识、快乐与正义。

　　2. 儿童和少年时期边沁及其他思想家对密尔伦理思想的影响

　　在密尔童年生活阶段，詹姆斯·密尔结交的友人很少且大部分是不出
名的人，但他们都有高尚的人格，与詹姆斯·密尔的政治见解大致相同，
如大卫·李嘉图、休谟、边沁、格罗特、约翰·奥斯丁。在其父亲的这些
友人中，密尔得益最大、交往最多的是格罗特和约翰·奥斯丁。格罗特是
詹姆斯·密尔的学生，密尔常常拜访格罗特先生，与他谈论政治、道德和
哲学等问题。密尔认为，格罗特是一个知识渊博、道德高尚的人。约翰·
奥斯丁对密尔的影响主要在处世态度上，他要求密尔防止种种偏见和狭隘
性。密尔认为，约翰·奥斯丁有造福人类的巨大热情和高度的责任心。

　　由于詹姆斯·密尔与边沁的深厚友谊，儿童时期的密尔得以常常接触
边沁。1813 年，密尔与父亲和边沁一起旅行，同年冬天，他们搬进边沁
先生租赁的坐落在威斯敏斯特王后广场的一处房子，离边沁的住所很近。
1814—1817 年，边沁每年有半年时间住在那里，所以密尔有机会到那个
地方小住。这种逗留对密尔的教育来说是一个重要的际遇，因为他从中体
会到没有什么会比宏大而有自由空气的住所更能提高一个人的情操了。住
在那里给密尔一种置身于更大、更自由空间的感受。1820 年，密尔被邀
请到法国边沁的弟弟家中作客。在往返法国的途中，两次途经巴黎时，密
尔拜访了父亲的朋友——著名政治经济学家萨伊，并在萨伊家中见到了圣
西门等各类著名人士。在那段时间的教育中，密尔获益最多的是在整整一
年里"吸入大陆生活的自由而宜人的空气"。① 因此，旅居法国带给密尔

---

① ［英］约翰·穆勒：《约翰·穆勒自传》，吴良健、吴衡康译，商务印书馆 1987 年版，第
41 页。

的收获使他从此对欧洲大陆自由主义一直怀有强烈而持久的兴趣，这种自由主义对他以后的发展极为有益，它使密尔不再专门以英国的标准来判断问题。

旅法后一二年，密尔阅读了法国革命史。他惊奇地发现民主原则在30年前就已经成为法兰西民族的信条，此后民主的观念占据了密尔的心灵并使他确定了成为一名民主斗士的抱负。

1821—1822年冬天，密尔向约翰·奥斯丁学习罗马法，奥斯丁先生吸取了边沁最精彩的思想并加入了取自别的方面和自己思想中的成分，所以密尔跟他学法律不但能获得有价值的法学基础知识，而且在密尔的普通教育中也是重要的一部分。与此同时，父亲又要他读边沁先生的《立法论》(*Traité de égislation*)。阅读这本书成为密尔生命中的一个新时代，也是他思想发展历史的一个重大转折点。尽管密尔以前所接受的教育，在某种意义上说已经合乎边沁思想的方向，其父一直教他运用边沁"最大幸福"的原则来观察事物。但是，当密尔一翻开边沁《立法论》的开头几页，就感觉有一股强劲清新的气息扑面而来，边沁评论关于道德和立法的一般推理方式给他一种特别清新的印象。密尔感觉到边沁超出以往所有的伦理学家，他的理论的确是思想史上新时代的开端。特别是边沁分析各种行为结果的不同种类和等级，科学地把幸福原则运用到行为的道德性上这一点更增加了密尔对边沁的钦佩。密尔发现，如果按照边沁提出的"快乐和痛苦后果"的伦理原则，并完全按照边沁提出的详细方法，把科学的分类法应用到"可罚行为"这个重大而复杂的主题上时，感觉"仿佛被带到高处，从那里能俯览浩瀚的精神领域，把视力展向远方才能看到无数智力的硕果。我继续往下读，我觉得除了理论的清晰透彻以外，还有实际改进人类事务的令人振奋的前景"。[①] 密尔认为，这是因为边沁《立法论》写的主题虽然是立法，但法理学只是它的形式，他书中强调的是法律的伦理，主要阐明人类应该具有怎样的思想和制度，怎样才能使思想与制度达到应有的状态，这个应有的状态和现在的状态相距有多远。所以在读完边沁《立法论》后，密尔说："我的思想完全变了。像边沁那样理解的，像边沁在三卷《立法论》中那种方式运用的'功利原则'，确实成为

---

① 约翰·穆勒：《约翰·穆勒自传》，吴良健、吴衡康译，商务印书馆1987年版，第36页。

把我分散零碎的知识和信仰融合在一起的基本原理，使我对事物的概念统一起来。现在我有各种思想；一个信条、一个学说、一种哲学和一种宗教（从这个词的最好含义去理解），其宣传和灌输值得作为一生的重要目标。"① 至此，边沁提出的功利原则以及以功利原则改革法律的思想，边沁所打开的改善人类条件的宏大灿烂远景，点燃了密尔生命中的熊熊烈火，并确定了他坚定地信仰与传播功利原则，以实现其改善人类社会的内心抱负。

此后，密尔常常阅读边沁的其他著作，同时，又在其父亲的指导下开始学习心理学课程。他读了洛克的《论文》、爱尔维修的《精神论》、哈特利的《对人的观察》。他对哈特利以联想规律解释复杂的精神现象尤为赞同。书中所讲述的主题给予密尔类似于《立法论》所给予他的印象。而根据边沁的某些手稿写成的，以假名菲利普·比彻姆发表的《自然宗教对人类今世幸福影响的分析》，检验了属于最普通常识的宗教信念的实用性，此书全面深入的分析对密尔的影响仅次于《立法论》。

功利主义思想对密尔的影响不仅仅来自边沁及其书籍，他父亲的好友约翰·奥斯丁的弟弟查尔斯·奥斯丁也给予密尔极大的影响，而且这种影响与其他人的影响不一样，一是因为查尔斯·奥斯丁的年纪只比密尔稍大，他对密尔的影响是同辈间的影响而不是成人对孩子的影响，他是第一个以平等地位对待密尔的才智之士；二是因为查尔斯·奥斯丁能以最惊人、最使人感动的方式解释边沁的理论，故意夸张边沁理论中凡其结果会与人们先入感情相抵触的地方。

3. 青少年时期密尔对功利主义思想的传播

综观密尔的童年和少年时期，从 1806—1820 年，密尔主要接受功利主义传人——其父亲詹姆斯·密尔的教育，伴随他的只有父亲和书籍，因此知识接受得比别的同龄人多。1821 年阅读了边沁的《立法论》以后，密尔彻底皈依功利主义，完全以功利原则为信仰基石。1822 年年底，他开始站在功利主义的立场发表论文。1822—1823 年冬天，密尔以"承认功利为伦理和政治的标准"② 组建了功利主义学会，成为第一个使用功利

---

① ［英］约翰·穆勒：《约翰·穆勒自传》，吴良健、吴衡康译，商务印书馆 1987 年版，第 46 页。

② 同上书，第 53 页。

主义名称的人。功利主义学会开始时只有 3 个会员，此后也从未达到 10 人。这个学会每周集会一次，选读大家同意的论文和讨论问题。学会使他第一次结识了年轻人，并有一段时间成为他们的领袖，对他们思想上的进步产生了相当大的影响。1826 年学会解散。

1823 年 5 月，密尔在东印度公司的印度通讯稽核官办公室找到了一份工作，几年后担任了土邦部主管通讯的官员。许多年后升任主管通讯的稽核官。密尔担任新职两年后，即 1858 年，东印度公司改组由政府接管，密尔因对接管持反对意见而随后退休。他认识到自己的工作仅仅是一部机器上的轮子，整部机器必须配合起来才能运行。另外，他深深懂得了必要的妥协和牺牲次要的才能保全大局的艺术，学会在不能获取一切事物时如何获取所能获取的事物中最好的东西，这些感悟深深地影响了密尔的功利观、民主思想及政府管理艺术。

密尔还经常在《旅行者》、《早晨纪事报》和《威斯敏斯特评论》上发表文章。1823 年，密尔在《旅行者》、《早晨纪事报》上发表了许多文章，大多数是对议会的错误意见、法律的缺陷、地方行政官或法院的失职行为进行评论。由于《早晨纪事报》的编辑和责任经理在佩里先生去世后由詹姆斯·密尔的好友、信奉边沁和詹姆斯·密尔学说的约翰·布莱克先生担任，加上密尔的撰稿、詹姆斯·密尔对布莱克的影响，使得《早晨纪事报》在此后的 10 年里在较大程度上成为激进功利主义者的理论传播工具。

1823 年，边沁出资创建《威斯敏斯特评论》以对付辉格党的主要喉舌《爱丁堡评论》和《季刊》。密尔给《威斯敏斯特评论》投的稿是最多的，从第 2 期起至第 18 期止共投稿 13 篇，内容有对历史和政治经济学书籍的评论，有对特殊政治主题如谷物法、狩猎条例和诽谤法的评论。这份刊物使得边沁主义大为出名。

大约在 1824 年年底或 1825 年年初，边沁先生从杜蒙处收回他《论证据》的论文稿，把他先后写了三次的手稿交给密尔，让密尔压缩成一篇论著《司法证据的基础理论》。该书是边沁所有论著中内容最丰富的一部，编辑此书给密尔带来了极大的好处，尤其使他的写作能力得到了大大提高。

1825 年，热心的议会改革家马歇尔先生创办了《议会史实与评论》刊物，以记录议会的辩论并加以评论。密尔为该刊物撰稿。这些文章的主题虽然不新，但已经较为成熟地表达了密尔的一些首创的思想。

在为《议会史实与评论》写稿的同时，密尔与几个同伴组织了一个学习班，他们一起学习了政治经济学、三段论逻辑学、分析心理学等课程。学习班所采用的阅读、讨论、集体研究的方法使密尔的思想有极大的进步。

1825—1830 年，密尔与同伴们参加了与合作协会（欧文主义者组织）的辩论，并组织了一个学会。学会招收了各种不同地位和阶层的自由党员，密尔主动承担起组织和正常宣讲人的任务，代表哲学激进派人与托利党律师进行论战。这种为论辩会写演讲稿和演讲大大提高了密尔的写作能力和演讲水平。

4. 青年时期密尔的精神危机对其伦理思想的影响

1826 年秋，由于身心长期过分疲惫与缺乏情感的滋润，密尔的神经处于麻木状态，他对娱乐和快乐的刺激倍感乏味；对他自从第一次阅读边沁的著作起就确立了的目标——改造这个世界的全部制度和思想作为个人幸福之所在的目标失去了兴趣。密尔以为自己的所有感情已经死去，以为自己已经失去了产生全部有价值的品性和取得幸福能力的那种东西，并随之在思想上产生了压迫感和沮丧的情绪，整个精神陷入一种危机状态。

在《自传》中，密尔把这一危机的产生归罪于其父的错误教育模式，认为在他所受教育中，过多的理智分析习惯磨灭了他的情感，破坏了由联想所引起的所有希望和喜悦，从根本上毁坏了热情和德行。他认为，除了纯粹物质上和感官上的希望和喜悦外，他的一切希望和喜悦均被破坏殆尽。而正是这些方面的破坏才使他陷入了精神危机状态。密尔认为同情他人的喜悦和对人行善，特别是在较大程度上对人类行善的感情是人生的目的，也是最大最可靠的幸福之源，而他一直以来所受的教育未能使其形成足够的力量以抵抗因分析过多所致的情感瓦解的影响。他开始对父亲忽视情感教育的唯智教育感到不满，并且开始反叛其父与边沁哲学中的某些成分，独自去修正与调和其所继承和吸收的思想。密尔的精神危机标志着他思想发展的里程碑，他感悟到被灌输的 18 世纪功利主义思想的缺陷，他从新的朋友与良师处寻求指引以修正其以前的思想。在这段时期，密尔与弗雷德里克·莫里斯和约翰·斯特林成为好朋友，他们的思想和品德促进了密尔的进步。密尔在对自己原有理论加以修正后，在某些论点上接近了他们的理论。但是，即使是经过了这次精神危机，密尔也未曾动摇过他的固有信念："快乐是所有行为规则的检验标准和生活的目的。"① 现在密尔在原有信念的基础上形成了一个新的信念：不把快乐当作生活的直接目标，而把快乐以外的目的作为生活的目标，只有这样才能达到快乐。而且密尔还认为只有那些不是本着为自己谋快乐而是用心为他人谋幸福、为人类谋进步、从事艺术或学问的人才是快乐的。

这个危机持续了半年时间以后，密尔偶然阅读了马蒙特尔的《回忆录》。当密尔读到他父亲去世的那一节时，书中所描述的生动的场景和深挚的感情感动了他，眼泪夺眶而出。从那一刻起，他思想上的压迫感和沮丧情绪消失了，又可以重新享受生活的乐趣了。此后，虽然还有几次旧病复发，但精神危机得到了缓和。

直到 1828 年秋，密尔阅读华兹华斯的诗后，才找到摆脱自己精神危机和矫正父亲哲学的良药。密尔在阅读华兹华斯的诗后发现，这些诗有力地触动了他最强烈地感到快乐的敏感之处——对乡村风物与自然景色的热爱。他的诗不仅给人以外表美，而且蕴含着由感情渲染的思想，使密尔解决了当生活中所有较大的邪恶去掉后，绵绵不断的快乐之源是什么的问题。阅读华兹华斯的诗使密尔认识到只有同情心和通过想象力陶冶的情感才是快乐绵绵不断的源泉；在安静的沉思中存在真正与永久的快乐。华兹华斯的诗使密尔认识到思想与情感亦可融合，而且可能产生包含两者的文化与哲学；也使密尔不但未脱离人类的共同情感与共同目标，而且对此具有更大的兴趣。总之，华兹华斯的诗使密尔解决了原有教育结果与他当下培养情感的需求之间的矛盾，从而使他逐渐地从长期的消沉中完全挣脱出来，不再受折磨，并最终摆脱了精神危机。

经过这次精神危机之后，密尔思想上的重要变化是他第一次把个人的内在修养当作人类幸福的首要条件之一，而不再把外部条件的安排和对人的思想与行为的训练看作唯一的重要因素，这使得培养情感成为密尔此后的伦理与哲学信念的重点。

5. 欧洲大陆思想对密尔伦理思想的影响

---

① ［英］约翰·穆勒：《约翰·穆勒自传》，吴良健、吴衡康译，商务印书馆 1987 年版，第87 页。

　　1829 年以后，密尔不再参加辩论学会，而主要是进行个人研究和思考，因为他发现自己以前所接受的理论结构在许多地方已经不适用了，他要不停地努力使这些理论再具活力。因此，当他学到一些新的理论后，并不就此停止，而是一定要调整这些新理论与他旧有理论之间的关系，并切实地确定在修正或取代他的旧理论中，新理论的作用必须发挥到何种程度。如密尔在阅读了麦考利发表在《爱丁堡评论》上攻击他父亲的《论政府》的文章后，发现其父在运用政治学上的哲学方法概念中所存在的较为严重的错误，并进而探讨政治学的学科性质，得出了"政治学一定是演绎的科学"① 的结论，并发现他父亲和麦考利都错了：麦考利把政治学中推究哲理的方法与化学的纯实验方法等同起来；而他父亲虽然正确地使用了演绎法，但使用的是不恰当的纯几何演绎法而不是自然哲学的演绎法分支。

　　这个时期，在政治哲学方面，密尔受到欧洲大陆思想的影响较大。这些思想观念主要来自四个方面：一是科尔里奇的著作；二是科尔里奇派人；三是歌德著作；四是卡莱尔早期发表在《爱丁堡评论》和《外事评论》上的文章。影响密尔思想的观念包括：人类思想的可能进步有一定的循序，政府和杰出人物可以使这种循序略加变动，但变动的程度有限；政治制度的全部问题都是相对的，人类进步的不同阶段必定有不同的制度；政府总是掌握在那些社会上最强大力量之手，这是怎样的一种力量，不决定于制度，而制度决定于它；一般的政治哲学都提出过人类进步的前提理论，等等。在这些观念的影响下，密尔深信，真正的哲学体系是很复杂很多面的，"它的功能不是提出一套制度的模式，而是提出一套原则，根据这些原则可以演绎出各种适合特定环境的制度"。②

　　在新政治思想方式方面，法国圣西门学派对密尔的影响超过其他学派，尤其是他们把全部历史划分为建制时期和批判时期更使他兴奋。圣西门的学生孔德在他的早期著作中提出人类的知识有三个自然连续阶段的理论与密尔的思想非常合拍，它使密尔的思想更具有科学性。在这段时期里，密尔通过对圣西门和孔德思想的研究，使他比以前更清楚地理解思想

---

① ［英］约翰·穆勒：《约翰·穆勒自传》，吴良健、吴衡康译，商务印书馆 1987 年版，第 97 页。

② 同上书，第 98 页。

变迁阶段的各种特色，不再错误地把一个阶段的道德和智力的特性当作人类的正常属性。在政治学方面，密尔不再把代议民主制看成是千古不变的原则，而是一种适应于特定时间、地点和环境的制度形式；不再把政治制度的选择看成是一种物质利益的问题，而是道德和教育的问题。圣西门学派的一些主张如规定社会的劳动和资本的使用必须有利于社会总目标；主张男女完全平等，在男女关系上要有一种全新的秩序等，都对密尔的思想产生了较大的影响，似乎成为他思想方法明确进步的转折点。

在中央集权的根本问题上，密尔从研究托克威尔的著作中也得到了很多的好处。托克威尔在其著作《美国民主政治》一书中对民主政治的优点和具体危险的描述，以及托克威尔的一些观点如尽可能多地让人民管理，凡能安全地由人民管理的社会集体事业，政府不要包办代替、任意指挥和干预，这样才有利于培养人民的社会感情和管理才能，克服民主政治的某些弱点，防止其堕落为专制政治，等等。这些都极大地影响了密尔，使得密尔能较理性地看待民主制度，对中央集权也持一个较折中的态度。

当然，接受新思想并不意味着密尔动摇了其原有思想中最基本的东西，相反，这些新思想使其早期思想更加调和，也使之奠定了更深厚更坚固的基础。在政治信念上，他依然是一个主张欧洲尤其是英国实行改革的激进主义者和民主主义者，他依然认为贵族阶级在英国政体上的优势是导致英国国民道德堕落的巨大力量。

6. 密尔传播"哲学激进派"的思想与主张

在 1830 年之后的几年里，密尔除了向报纸投稿以外，还写了不少的东西。1830 年和 1831 年两年，密尔写了五篇论文，后来以"论政治经济学未解决的几个问题"书名出版。1830 年 7 月，法国爆发革命。一直关心民主政治的密尔得到消息后马上奔赴巴黎，被介绍与法国自由派领袖拉斐特认识，这为其以后能与法国最得民心的几位政党领袖的交往奠定了基础。同时，在巴黎，密尔与年轻的革命分子及圣西门信徒自由地相处在一起，分享反抗贵族政治胜利的快乐。而后，他以更新的改革热情返回英国。但是，法国七月革命并未使法国走上民主政治或改革之路，这使得密尔深感沮丧与失落，不过他仍密切注意法国革命以后的进展。从巴黎返回英国后，密尔为《检查者》杂志撰写了许多关于法国革命的文章和一系列以《时代精神》为标题的文章，以表达自己的新思想。在 1832 年英国议会改革中，密尔和他父亲及功利主义激进派的其他人形成了一个小党派，被称为"哲学激进派"。"哲学激进派"是坚定的功利主义者，以"最大多数人的最大快乐"为立法目的，宣扬信仰自由与个人主义，并且完全诉诸理性。密尔是他们在新闻杂志中的代言人。他们开启了英国1832年议会改革进程，促使议会制定了"新济贫法"和"市自治法"，并与"福音派"合作于1833年废除了奴隶制。1833年，密尔继续和方布兰一起为《检查报》工作，为激进主义和为反对辉格党内阁而战斗。1834年，议会开会期间，密尔为福克斯先生创办的《每月汇刊》以报纸文章形式写时事评论。1834—1840年，密尔大部分业余时间为威廉·莫尔斯沃思爵士创办的《伦敦评论》担任实际编辑。该刊物后来与《威斯敏斯特评论》合并，称为《伦敦和威斯敏斯特评论》（以下简称《评论》）。密尔在为《评论》撰写大量文章时，本着两个目的指导《评论》：一是不使哲学激进主义被指责为宗派性的边沁主义；二是试图把议会内外有学问的激进派人士组织起来，成立激进党，以对抗托利党和辉格党。但是，密尔试图利用《评论》赋予激进政治新生命的希望全部落空了，此后，密尔不愿再为《评论》花费大量的时间和金钱，但也时断时续地为《评论》写了一些稿件，但不是专稿。1840年，密尔脱离《伦敦与威斯敏斯特评论》杂志社。

虽然密尔试图利用《评论》实现其政治抱负的愿望落空了，但密尔得以在该刊物上发表了他的许多经过变化的思想方式，以显著的形式摆脱了早期作品中狭隘的边沁主义。密尔通过报纸杂志撰文所传播的"哲学激进派"的思想与主张，也深深地影响了民意，激发了自由党，为推动各项改革与立法作出了重要贡献，并使立法有利于自由与放任达半个世纪之久。

7. 泰勒夫人对密尔伦理思想的影响

1830年，密尔结识泰勒夫人（哈瑞特），二人很快成为知交。密尔与泰勒夫人的交往虽得到泰勒先生的谅解，但却遭家人及朋友的非议。有感于此，密尔对英国维多利亚时期中产阶级的道德压力愤恨不平，对社会暴虐深恶痛绝，特别渴望与珍惜个人自由。在顶着舆论与习俗的双重压力坚持与泰勒夫人进行真挚的思想与情感交往20年后，二人终于在泰勒先生去世两年后的1851年结婚。密尔对泰勒夫人评价极高，认为她是自己

"一生的荣耀和主要幸福"，① 是他为人类进步而奋斗的力量源泉；认为她具有诸多优良的品性，以至做任何程度上的交流都会对他的发展产生非常有益的影响。密尔还承认他从她那里学会了一种聪明的怀疑态度，自己思想中的许多部分是源自她的。而且她的认可对密尔来说是一种用来衡量一切有价值东西的标准。他努力以此来指导自己的生活。密尔声称他"从她的教导中得到的比从其他地方得到的总和还要多"。② 密尔认为在所有这些影响中，"她对我的思想发展最有价值的地方在于她能恰当地衡量各种见解的相对重要性，从而使我不至于见到一种新的道理，就使它在我的思想中占有超过其应得的重要地位"。"她不但引导我认识新的真理，摆脱错误，而且帮助我站在不偏不倚的地方。"③ 泰勒夫人对密尔的影响不仅体现在思想上，也体现在作为他思想结晶的著作中。密尔指出："在我的全部作品中，她的贡献和我一般多，而且在我的作品中她的贡献是与年俱进的。"④ 并认为，他那些被称赞的有实用性的著作是两个人合作的结果。尽管有人认为密尔言过其实，但密尔受泰勒夫人的影响确实很大。泰勒夫人使密尔的思想更富有人道主义。特别是她对劳工阶级的同情使密尔更加坚信男女平等与社会福利主张；受她的影响，密尔撰写了一篇主张妇女应拥有参政权的论文，后来又写了《论妇女的从属地位》一书。在密尔的著作中，泰勒夫人第一部参与大量意见的书是《政治经济学原理》，而对于《逻辑学体系》则很少参与意见。《论自由》一书则是他们两人共同研讨切磋而成的传世经典名著。但是，泰勒夫人对密尔的影响只是帮助他形成未来性格的许多影响之一，即使这种影响在成为他心智发展的指导原则后，也没有改变他的发展方向，而只是促使他更加勇敢和更加小心地在原来的道路上向前迈进。1858 年泰勒夫人去世以后，密尔难以忘怀与她共同思考与讨论的日子，以致怀念她成了他心中的一种宗教。密尔在距她墓地最近处购买了一座小屋，与她的女儿在当年的大部分时间里都住在那里。

---

① ［英］约翰·穆勒：《约翰·穆勒自传》，吴良健、吴衡康译，商务印书馆1987年版，第111页。

② ［英］约翰·穆勒：《约翰·穆勒自传》，吴良健、吴衡康译，商务印书馆1987年版，第114页。

③ 同上书，第147页。

④ 同上书，第141页。

（二）密尔的主要伦理学著作

1835 年，密尔父亲的健康每况愈下，1836 年去世。从此，密尔失去了父亲的帮助，同时也免除了父亲的束缚和控制。

1837 年，密尔重新开始写《逻辑学体系》，1840 年完成这部著作。1841 年，当他在忙于其他事务时，又着手重写《逻辑学体系》，在重写过程中，密尔吸收了从孔德那里得来的许多资料，并把反驳休厄尔的《归纳科学哲学》一书的意见写入此书。1843 年，密尔的《逻辑学体系》一出版，就引起了很大的反响，牛津大学和剑桥大学先后将其作为教科书，许多人都阅读了此书。在《逻辑学体系》中，密尔首次尝试全面阐述他的经验主义和功利主义观点，同时也对直觉主义进行了批判。特别是在该书的最后一卷即第六卷中，密尔试图将他的经验方法扩展至哲学、社会学和伦理学。1859 年密尔的《论自由》出版，该书一出版就引起了很大的反响。在《论自由》发表以后，密尔在当时政治气氛的影响下完成和出版了一本他几年前就开始写的小册子——《议会改革观感》。该书激烈反对现有的投票制度，并为少数派争取代表权，主张选票的多数应给予确实受过较高教育的人而不应给予财产多的人。他的这个主张几乎无人赞成。接着，密尔出版了由他和哈瑞特一同选编的、由其一些论文组成的，名为《论述与讨论》的论文集。

此后，密尔又分别于 1861 年和 1863 年发表了《代议制政府》和《功用主义》两部著作。在这段时间里，密尔应其妻子与前夫的女儿海伦·泰勒的要求写了《论妇女的从属地位》一书，但该书直到 1869 年才发表。密尔在该书中指出，根据法律，每一位维多利亚时代的妻子都是奴隶。即使所有的男性和众多的女性都对这种安排感到满意，这与"追求进步的基于人类永久利益的效用最大化"不一致。1861 年美国爆发南北战争，密尔坚定地支持北方废除奴隶制度，给予奴隶自由平等权。1862年 1 月，密尔写了一篇题为"美国的战争"的文章，发表在《弗雷塞杂志》上，引导英国国内形成了一个支援正义事业的舆论核心。在此后的两年里，密尔主要写作《汉密尔顿哲学之探讨》（1865 年发表），汉密尔顿是直觉主义的主要辩护者，直觉主义主张直觉的权威远远超过理性。特别是他们把人性中的差异归诸天生，且大部分不可改变的这种倾向，被密尔看成是合理研究重大社会问题的一个主要障碍和阻止人类进步的一个最大的绊脚石。所以，密尔认为彻底考察汉密尔顿的最重要理论和估价他获得哲学家卓著地位的一般主张也许对哲学是一种真正的贡献。随着密尔对汉密尔顿哲学批判的深入，汉密尔顿声誉受损的程度要比密尔起初想象的要重得多。

在完成论汉密尔顿的书后，密尔致力于论述和评价孔德的理论。虽然密尔于孔德在法国还不出名的时候就比别人更多地向英国人介绍过孔德对哲学思想所作的重要贡献，但孔德的后期著作中产生和增加了不少坏的成分，这些坏的成分与好的成分一样四处传播，所以密尔认为他有义务把孔德理论的正确与错误的地方区分清楚，于是密尔写了两篇评论，在《威斯敏斯特评论》上连续刊出，后来印成题为《孔德与实证主义》的小册子。

1865 年，密尔当选伦敦市威斯敏斯特区议员。在议会下院任职三年期间，帮助通过了 1867 年选举改革法案。密尔坚持妇女应有投票权和选举比例代表制，虽然未获通过，但引起了广泛的社会关注，特别是给予妇女选举权的提议获得了积极的响应。1867 年，密尔与几位妇女成立了世界上第一个妇女参政社，后来发展成为一个全国性的妇女参政团体。密尔为争取妇女平等参政权作出了巨大贡献。同年，密尔就任安德鲁斯大学校长。他积极倡导自由教育的理念与方法，大大地推动了高等教育的良性发展。此外，密尔赞成爱尔兰土地改革，反对贿赂选举，控告官员迫害牙买加黑奴。这充分显示了密尔维护民主人权与公正的政治理念。1868 年，他再度竞选议员失败。此后，密尔恢复了原来的写作生涯并在欧洲南部享受田园生活，每年轮番两次在伦敦附近住上几星期或几个月。1873 年 5 月 7 日，密尔逝世于法国的埃维昂。密尔被安置在埃维昂城外的圣·维兰公墓，安置在哈瑞特身边。密尔的自传开始写于 1853 年，后来一直续写，直到他去世后几个月才出版。

纵观密尔的一生，他从青年时代起就致力于传播对人类幸福非常重要的功利原则，并始终以功利原则去考察社会生活和政治制度；他始终站在人类幸福的立场，追求自由、民主、平等与正义，反对任何专制。"没有一位慈善家能花费更多的精力且能不间断地为人类幸福而努力。无论他有什么局限，他带来了不同寻常且明确的全部精力，广泛而公正的智力，去承担他那个时代最大的问题。"①

二　研究密尔的功利原则辩护伦理思想的意义

由密尔的生平及其思想发展的脉络可见，密尔始终是边沁功利主义思想的追随者和传播者。但密尔对边沁功利思想的继承和传播并不是刻板的照搬，而是在修正、发展基础上的继承和传播。边沁的功利思想有着许多不成熟甚至是缺陷的地方，尤其是以功利原则为道德的基本原则受到了许多责难和批评，密尔对边沁功利原则继承和传播的过程就是为功利原则辩护和修正的过程。正是由于密尔在为功利原则进行辩护的过程中对边沁思想体系的卓有成效的改造和创新，才使功利主义伦理学成为足以与其他同时代的伦理思想体系相抗衡的缜密的伦理学体系，从而真正确立了功利主义伦理学理论作为一种伦理学理论范型的地位，并使功利主义伦理学成了近代英国伦理思想的大汇合、近代英国伦理学理论的典型，在英国社会中享有极大的权威性和实用性，甚至构成了英国道德文化的一种基本特质。然而，密尔为功利原则辩护的思想被认为存在着许多自相矛盾的地方，甚至被认为是不成功的辩护。这种指责从密尔 1863 年发表《功用主义》一书起至今都存在着。那么，密尔为功利原则的辩护是否成功？如果成功，为何又遭受如此多的指责？如果不成功，为何功利主义又能够成为一种影响深远的伦理学理论范型？正是有感于这些问题，本书以密尔对功利原则辩护的伦理思想为研究的主题。

研究密尔为功利原则辩护的伦理思想不仅仅是基于笔者对这个问题的兴趣，更是基于研究这个问题的重大的理论和现实意义：

第一，回归规范伦理学的西方伦理学发展潮流为研究密尔对功利原则辩护的伦理思想提供了理论背景和现实契机。

经过密尔辩护和修正的功利主义思想，尽管它在有关人性假说、效果论及方法论等方面仍然面临一些困难和质疑，然而，功利主义伦理学以其在该时代思想政治上的巨大影响和启蒙作用，成为近代人文主义思潮发展脉络上的重要一环。然而，进入 20 世纪以后，功利主义由于不适应现代科学的发展和社会现实的急剧变化，而逐渐走向衰落，受到了强烈的冲

---

① [美] 苏珊·李·安德森：《密尔》，崔庆杰、陈慧颖译，中华书局 2003 年版，第 35 页。

击。1903 年 G. E. 摩尔发表了《伦理学原理》一书，批评功利主义犯了"自然主义的谬误"，使传统功利主义乃至传统规范伦理学受到了严重的挑战。此后，伦理学的理论重心开始转移，以逻辑语言分析为基本方法的元伦理学理论取代了规范伦理学而成为西方伦理学的主流，功利主义受到冷落。

进入 20 世纪中后期，由于单纯讨论道德命题的逻辑推论和语言性质，远离现实问题，使得元伦理学没有充分发挥其"实践哲学"的作用。随着元伦理学的局限性日益明显地暴露出来，规范伦理学重新受到人们的青睐。在英美及一些英联邦所属国，一些伦理学家在更新发掘功利主义这一传统理论的同时，运用现代哲学研究的方法对其进行重新整合和梳理，形成了新功利主义规范伦理学。新功利主义规范伦理学的兴起，使得重新研究作为古典功利主义集大成者的密尔的伦理思想具有重要的意义。

特别是罗尔斯《正义论》的出版，标志着伦理学研究方向从形式的问题转向实质性的问题，从怀疑和否定转向试图重新肯定，由实证的分析转向思辨的概括。这一转变在某种意义上可以说是对 19 世纪及其以前的古典的非怀疑的哲学、伦理学传统的复归，是对康德、密尔等所代表的规范伦理学传统的复归。

可以说，罗尔斯以社会政治、经济的宏观基本结构为视点来解析人类社会生活中的道德现象，他探讨政治道德问题的视角，乃至诺齐克从个人权利出发来检验和证明国家的合法性和正当性的探讨方式，都与密尔针对社会、国家对个人自由的干预的限度如何才是正当合理的这一问题的探讨方式相通。密尔在为功利原则进行辩护的过程中，对关于如何评判国家或社会干预个人自由权利的正当性问题，即关于功利与自由的问题、功利与正义的问题，都进行了极为详尽的论证。因此，要更好地理解 20 世纪的这些理论及其影响，不能越过密尔这些方面的伦理思想。可见，正义理论与权利理论的兴起使得重新研究密尔为功利原则辩护的伦理思想更具重要意义。

第二，研究密尔为功利原则辩护的伦理思想在我国进行现代化建设的今天也具有重要的现实意义。

密尔把功利原则即最大多数人的最大幸福作为个人和政府行为正当性的评价标准，避免了在行为评价方面的主观性。因为，密尔把最大多数人的最大幸福（或公共幸福、公共利益）界定为人类的自我发展（人类道德的和智力能力的发展），而不是物质利益的最大化，是由每一个个人的自我发展（每一个个人道德和智力能力的发展）所构成的，而不是个人物质利益或感性幸福的总和。特别是在发展市场经济的今天，人们的求利冲动获得了前所未有的激发，人人追求个人物质利益和感性欲望的满足，而忽视了道德品质的提升和智力能力的发展，并把物质利益最大化的"功利"当成密尔已经为其合理性进行过论证的"功利"。因此，重新研究密尔为功利原则进行辩护的伦理思想，明确密尔作为评判是非标准的功利原则所指的"功利"概念的真正内涵，了解密尔如何处理感官享受、物欲追求与道德和智力能力的发展之间的关系；了解密尔在处理个人利益与社会公共利益关系问题上的观点，对于我们每一个个人在如何处理个人的物质利益、感性欲望的满足与个人道德和智力能力的发展之间的关系，如何处理个人利益与公共利益之间的关系都有着重大的启示意义。

第三，密尔在探讨个人道德的同时强调社会、集体和政府等群体道德的重要性的伦理思想为我们探讨和解决许多现实问题提供了思考的新视角。

"在20世纪，最深重的文明灾难的创造者不是个体，而是实体，伦理的实体，恰恰是造就最严重、最巨大的文明危机的不道德的个体。那些将人类文明推向毁灭边缘的诸如生态危机、大规模战争杀戮的制造者并不是，也不可能是任何道德的个体，而是像国家、社会这一类的伦理实体"。[①] 其原因可以从20世纪西方最有影响的基督教哲学家之一的尼布尔的观点得到说明：政府作为一种人类的群体，与其他群体如阶级民族和国家一样都是自私的，因为"群体缺乏理性去引导与抑制他们的冲动，缺乏自我超越的能力，不能理解他人的需要，因而比个人更难克服自我中心主义"。[②] 因此，探讨密尔为何把最大多数人的最大幸福即公共的功利界定为人民道德的进步和智力能力的提升、并把公共的功利作为政府和社会行为的评价标准，政府及社会对个人自由和个人行为的干预限于什么程度才是正当的，政府的制度设计应如何才是合理的等问题，对于我们如何去评价和组织现有政府具有重要的现实意义。

---

①　樊浩：《伦理的实体与不道德的个体》，《学术月刊》2006年第5期。

②　[美]莱因霍尔德·尼布尔：《道德的人与不道德的社会》，蒋庆等译，贵州人民出版社1998年版，第3—4页。

三　密尔的功利原则辩护伦理思想的研究成果

密尔的伦理思想一直是伦理学界关注的视点之一，对密尔伦理思想的研究，学术界主要集中于密尔为功利原则辩护的主要思想。这种辩护包括直接辩护和间接辩护两大方面。研究者们还在研究密尔为功利原则辩护的思想的基础上，研究了密尔功利主义的性质和特点等方面的问题。

（一）关于密尔对功利原则辩护的伦理思想的研究

密尔为功利原则辩护包括直接辩护和间接辩护两大方面，而每一个方面又包含着几个方面的伦理思想内容。

1. 关于密尔对功利原则直接辩护的伦理思想的研究

密尔的伦理思想主要体现在他为功利原则辩护的思想中，对密尔伦理思想的研究也主要是对密尔为功利原则辩护的思想的研究。密尔对功利原则进行的直接辩护主要是从以下四个方面进行的：对快乐进行质与量的划分；以幸福而不是快乐作为行为的道德标准；对功利原则作为道德基本原则的合理性进行逻辑证明；阐明功利原则具有一切其他道德原则所具有的一切制裁力。因而，学术界对于密尔为功利原则进行直接辩护的主要观点的研究，可归纳为以下四个方面：

（1）关于密尔对快乐进行质和量区分的意义的研究

密尔认为，功利原则之所以遭到许多指责，是因为人们把功利看成快乐，而在边沁那里，快乐又只有量的不同而没有质的区分，这样就会导致在快乐的来源上人类与猪是相同的，配得上给猪做生活规律的也配得上给人做生活规律。为了避免功利原则被指责为猪的原则，为功利原则的合理性进行辩护，密尔提出了快乐不仅有量的不同，而且有质的不同的观点。针对密尔从质和量两个方面区分快乐的这一观点，学者们主要持反对意见，认为密尔对快乐的定义不当，把快乐划分为质与量是无意义的。如麦金太尔认为，快乐是一种特定目的的概念，但密尔把它转变成适用于任何目的的一般性概念，这样就使快乐概念对于评价和道德目的来说成了无用之物。格罗特认为，密尔对快乐的质的判断标准事实上仍是数量上的，密尔只不过断言较高级的快乐比较低级的快乐在量上更加令人感到快乐，因此，密尔本质上还是一个快乐主义者。① 斯马特认为，快乐本身没有这种质和量的区分。虽然较"高级"的快乐和较"低级"的快乐是不完全一样的，但人在快乐的感受效果上，"高级"的快乐和"低级"的快乐是完全一样的。斯马特坚持效果论的一元论，没有意识到这两者有什么区别，因而他认为，探讨不满足的苏格拉底和满足的傻子这个问题可能引起分歧，对实践伦理学产生了多大的影响，确实是个值得研究的问题。② 包利民认为，密尔试图改进边沁功利主义关于快乐定义的简单化倾向，而区分不同类型的快乐，"但是，这么一来，密尔也就丧失了功利主义的直觉中的一些重要东西"。③ 西季威克则认为，密尔是一个前后矛盾的快乐主义者，他主张回到边沁简单、一致的量的快乐主义上，以克服密尔的弊端。④

我国学者龚群认为，密尔将快乐区分为质与量，认为对于幸福的评判质优于量的观点，就将快乐的量置于一个次要的位置上了，这样必然会摧毁边沁仅建立在快乐量比原理上的效果论，虽然密尔对快乐的质与量的区分在社会政治哲学上有重要意义。⑤

（2）关于密尔的幸福概念及幸福作为行为标准的道德合法性问题的研究

密尔不仅指出应该从质和量两个方面区分快乐，而且还指出，作为行为标准的功利不仅仅是指快乐，而是指包含快乐于其中的幸福，幸福才是行为的道德标准，而幸福又是一个包含多种元素的复合的整体概念。对于密尔的幸福概念及幸福作为行为标准的道德合法性问题，有两派意见。持赞成意见的主要有龚群，他把密尔的幸福概念概括为三方面：一是具象化的幸福，即认为密尔将幸福概念具体化为人们对不同的具体目标、具体欲望的追求；二是德性幸福，认为密尔不仅把德性看成是幸福的工具，且德

---

① ［英］格罗特：《功利主义的一种省察》，转引自牛京辉《英国功用主义伦理思想研究》，人民出版社 2002 年版，第 144 页。

② ［澳］J. J. C. 斯马特、［英］B. 威廉斯：《功利主义：赞成与反对》，牟斌译，中国社会科学出版社 1992 年版，第 15 页。

③ 包利民、M. 斯戴克豪思：《现代性价值辩证论——规范伦理的形态学及其资源》，学林出版社 2000 年版，第 63 页。

④ ［英］亨利·西季威克：《伦理学方法》，廖申白译，中国社会科学出版社 1993 年版。

⑤ 龚群：《当代道义论与功利主义研究》，中国人民大学出版社 2002 年版，第 315—318 页。

性就是幸福；三是幸福与自我牺牲，认为密尔较之边沁有着更多的公益论的特色，这不仅体现在他强调个人幸福与公共幸福由于德性而内在一致，还体现在他认为个人为了公共幸福或最大幸福而牺牲个人幸福的合理性。①

持反对意见的学者则认为密尔的幸福概念不太合理，把幸福概念作为行为评价标准易导致危险。麦金太尔就认为，密尔把快乐和幸福这一适用特定目标的专门化概念转变成一般性概念，从而使"追求幸福"的训谕成为"努力实现你的欲愿"的训谕；在某些情况下还会使幸福与自由不能相容。② 摩尔也认为密尔把"每个人都欲求自己的幸福"这一点作为理由来说明"公共幸福是值得欲求的"这个论证思路是不成功的，因为密尔这样做会导致两种危险：一是会使他的论证成为对利己主义的证明而不是对功利主义的证明；二是如果密尔要为功利主义提供根据就会利用自然主义的谬误。③ 布劳德也认为，密尔由"每个人都欲求自己可欲求的幸福"而推出"人类的幸福是可欲求的"这个结论是不成功的。④ 西季威克则试图解决这个问题，他认为要使"最大幸福"成为行为的标准或适合于进行讨论，必须把"最大可能的幸福"理解为所能获得的快乐对于痛苦的最大余额，并认为"密尔和其他人所强调的质方面的差别仍然可以被视为优先选择的根据，但这只是就它们能被分解为量的差别而言的"。⑤斯马特认为，幸福是一个描述性的概念，之所以造成人们对幸福的理解有歧义主要在于对"幸福"这个概念赋予评价性成分。因此，把幸福看成一个评价性的概念是导致边沁式快乐主义和密尔式快乐主义的原因。⑥

（3）关于密尔对功利原则作为道德基本原则的合理性的逻辑证明问题研究

---

① 同上书，第 319 页。

② ［美］阿拉斯代尔·麦金太尔：《伦理学简史》，龚群译，商务印书馆 2003 年版，第 309—310 页。

③ ［英］乔治·摩尔：《伦理学原理》，长河译，上海世纪出版集团 2005 年版，第 101 页。

④ ［英］C. D. 布劳德：《五种伦理学理论》，田永胜译，中国社会科学出版社 2002 年版，第 150 页。

⑤ ［英］亨利·西季威克：《伦理学方法》，廖申白译，中国社会科学出版社 1993 年版，第 142—143 页。

⑥ ［澳］J. J. C. 斯马特、［英］B. 威廉斯：《功利主义：赞成与反对》，牟斌译，中国社会科学出版社 1992 年版，第 21—22 页。

　　密尔对功利原则的辩护极为重要的一个方面是对功利原则作为道德基本原则的合理性进行逻辑证明。对于密尔的这个证明，大多数学者认为并不成功。布拉德雷指出，密尔对功利原则的证明在逻辑上是错误的，他认为，最大幸福的目的同快乐的目的一样，在逻辑上是不可能的。西季威克认为，密尔把功利主义原则作为正当和错误的标准或行为的指导性规则提出来，意思是说，普遍幸福是每个人应当欲求的，或至少应当努力在行动中实现的东西。尽管密尔试图在心理原则和伦理原则之间建立一种逻辑的联系以说服他的作者，但是密尔的推理没有证明这一命题。因为"我们不可能从每个人都实际上在追求他自己的幸福这一事实中得出结论说他应当追求其他人的幸福"，① 而且"即使我们可以合理地说实际被欲求的东西就是值得欲求的东西，情况也是这样"。② 西季威克还认为，密尔实际上已经显示出直觉主义的倾向，虽然他在理论的确证中明确反对后者；密尔理论上的缺陷可以在直觉主义的基础之上加以克服。摩尔也在其《伦理学原理》一书中，对密尔为功利原则所作的证明进行了批判，他认为密尔对功利原则的证明犯了"自然主义"的谬误，荒谬地把"值得欲求的"同"所欲求的"混淆起来了，并且把手段的概念和目的的概念混淆起来了。③麦金太尔也认为，由于密尔在对快乐和幸福概念的界定方面并不严密，使得他有关功利原则的证明不能令人信服。但他不同意摩尔的观点——认为密尔试图从人们事实上欲求快乐这一前提推演出人们应当欲求快乐这一结论是不正确的。麦金太尔指出，正是密尔中心概念上的模糊不清，而不是从"是"到"应当"的过渡，致使密尔跌了跤。④

　　公茜认为，密尔对功利原则证明的每一步骤都有明显可见的理论和实践的错误，这些错误归纳为四个方面：一是近代经验主义的历史误会；二是被欲与可欲的谬误等同；三是幸福与美德的折中调和；四是逻辑上"不能推出"的谬误。⑤

---

① ［英］亨利·西季威克：《伦理学方法》，廖申白译，中国社会科学出版社1993年版，第426页。

② 同上书，第402—403页。

③ ［英］乔治·摩尔：《伦理学原理》，长河译，上海世纪出版集团2005年版，第72—73页。

④ ［美］阿拉斯代尔·麦金太尔：《伦理学简史》，龚群译，商务印书馆2003年版，第310—312页。

⑤ 周辅成主编：《西方著名伦理学家评传》，上海人民出版社1987年版，第552—553页。

（4）关于密尔的制裁理论的研究

对于功利原则所遭受的缺乏制裁力的指责，密尔也进行了辩护。密尔指出，通过外在的和内在的制裁力（良心），尤其是由功利原则培养起来的良心感情的制裁力与由其他道德培养起来的良心感情的制裁力一样强烈。对于密尔的制裁力理论，学者们也有赞成和反对两种观点。龚群认为，密尔的行为制裁力实际上是对他人利益与社会利益的尊重的感情所起的作用。并认为，密尔诉诸道德感证明最大幸福原则并不成功，而只能更加证明密尔离开了功利主义的利己主义基础，并不能回答别人的责难。[①]牛京辉则认为，密尔的良心观具有很大的合理性，他确立的是经验主义的良心起源论，认为良心不是先天秉有的，而是后天习得的，因而就避免了先验起源论借助于神秘的体悟来发挥良心作用所带来的弊端。但密尔没有注重分析社会中的经济利益冲突及其所产生的思想文化政治等各方面的利益分歧给良心观带来的影响。[②]

2. 关于密尔对功利原则间接辩护的伦理思想的研究

密尔不仅从正面对功利原则作为道德的基本原则的合理性进行了论证，而且也通过对功利原则遭遇指责较多的两个方面问题的回答从反面间接地对功利原则进行了辩护，这两个问题是指功利原则以功利最大化为行为目标会导致对正义和个人自由的侵犯。密尔认为，以功利原则为道德的基本原则并不会导致对正义与个人自由的侵犯，功利与正义之间、功利与自由之间具有内在的一致性。学术界对密尔这两个方面的辩护观点也进行了研究。

（1）关于密尔的功利与正义关系思想的研究

大多数学者认为，密尔对功利与正义之间关系的分析是不成功的。西季威克就批评密尔有关正义问题的论述并没有说透问题的实质，认为他对功利优先性的证明也是片面的，并认为仁慈原则也是不充分的，应以审慎的原则加以补充。也就是以有关分配的诸原则来补充最大幸福原则，并通过直觉来说明正义、分配的信念的自明性。[③]

龚群认为，密尔对于最大幸福原则与正义的核心原则是内在一致的关

①　龚群：《当代道义论与功利主义研究》，中国人民大学出版社 2002 年版，第 331 页。
②　牛京辉：《英国功用主义伦理思想研究》，人民出版社 2002 年版，第 118 页。
③　［英］亨利·西季威克：《伦理学方法》，廖申白译，中国社会科学出版社 1993 年版。

系的辩护实际上是用平等权利的理论来为功利主义的最大幸福原理辩护，这个辩护是不成功的，因为密尔实际上是根据平等权利原则提出我们应该给每个人同等好的待遇，而根据最大幸福原则是不可能得出这个结论的。因此，要对最大幸福原则作一个必要的限定而不能把功利原则作为行为评价的最根本的或最后的标准。① 苏珊·李·安德森认为，虽然密尔已经找到了一条回应对于功利主义的核心批评（认为功利主义理论不适合于正义的观念并且甚至支持不公正行为）的途径，并提出了正义概念的可靠基础是安全，也给出了一条解决"什么是正义的"这一问题的办法，并讨论了权利和应得之回报与正义的联系，但是，密尔是否把它们看作正义的截然不同的成分或者他是否相信用人们应该被对待的方式对待他们是人们的一项权利。在这些方面，他显得模糊。②

（2）关于密尔的自由与功利关系思想的研究

自从密尔在其著作《论自由》中提出了自由原则之后，学者们对密尔的自由主义思想进行了深入的研究，但这些研究大多数是从政治学的角度进行的。也有些学者对密尔关于自由与功利的关系问题进行了探讨。如郭夏娟从逻辑起点、基础、评价依据、归宿四个方面论述了密尔功利主义道德标准。她认为密尔的"自由"或"公民自由"是其功利主义道德标准的逻辑起点。③ 苏珊·李·安德森在其《密尔》一书中在梳理了密尔《功用主义》和《论自由》两本著作主要内容的基础上指出："《论自由》的中心论题并不是密尔全部哲学的中心论题，他整个哲学的中心论点是对功利主义的认可。"④ 并认为在《论自由》一书中，密尔仅仅关心对其公民行使大量权利的政府如何最佳地实现功利主义的目标。

综观国内外关于密尔为自由作论证的理论性质问题的研究有三种不同的观点：一是将密尔为自由所作的论证看作是具有功利主义性质的论证。这一观点的代表人物主要有罗伯特·蓝得逊（Robert Ladenson）、詹姆斯·柏根（James Bogen）、丹尼尔·费瑞尔（Daniel Farrell）、约翰·盖瑞

---

① 龚群：《当代道义论与功利主义研究》，中国人民大学出版社 2002 年版，第 332—337 页。

② ［美］苏珊·李·安德森：《密尔》，崔庆杰、陈慧颖译，中华书局 2003 年版，第 68—69 页。

③ 郭夏娟：《论密尔的功利主义道德标准》，《中州学刊》1994 年第 4 期。

④ ［美］苏珊·李·安德森：《密尔》，第 99 页。

（John Gary）和佛瑞德·柏格（Fred Berger）等。他们认为，密尔把自由
看成是个体性发展的必要条件，而个体性是发现和追求对个人最好的东西
的工具。并认为，关于自由和个体性具有内在可欲性的观点与其功利主义
的观点是完全一致的。所以，"密尔对个人主体性的论证是一种直截了当
的功利主义的论证"。① 二是将密尔对自由的论证归结为亚里士多德主义
性质的论证。这一观点的代表人物主要有阿尔伯特·莱维（Albert W. Le-
vi, 1959）、里查德·里彻曼（Richard Lichtman, 1963）和 C. B. 麦可费生
（C. B. Macqherson, 1962）等。他们认为，密尔在为思想的自由作论证时
具有功利主义的性质，但他为行为的自由所作的论证则表现出亚里士多德
主义的特性。② 三是将密尔为自由所作的论证归结为 "一种与功利主义和
本质主义有交叉关系的目的论"。③ 这一观点主要以黄伟合为代表。

（3）关于密尔的政府与功利关系思想的研究

在密尔的思想中，社会功利最大化的实现与个人的自由有关，而个人
自由的程度与政府的干预相关，即研究密尔的自由与功利的关系问题涉及
密尔关于政府的理论问题。密尔的政府理论主要体现在《代议制政府》
一书中，对于密尔的政府理论，学者们以往主要研究密尔关于代议制政府
的起源、职责及权力范围、精英人物与普通议员的矛盾、代议制政府的贵
族倾向以及投票制度等问题，而对这些问题的研究大多数学者是从政治学
的角度来进行的。近几年，已有一些学者对密尔关于政府与功利之间关系
的思想进行了研究。

周敏凯对密尔的代议制政府思想作了专门论述。他认为密尔关于
"复数投票权"、"多数人暴虐"等的论述，与 "最大多数人的最大幸福"
的功利主义原则相冲突。④ 林奇富、周光辉认为密尔以功利主义为理论基
础，在对启蒙时期的合法性与合理性理论进行批判的同时重构了公共权力
的合法性与合理性理论。并指出密尔将功利主义哲学观作为解释政治现象
的思想基础，反对启蒙思想家以理性法则来规范政治现象的做法，认为应

① Bogen, J. Farrell, D. M., "Freedom and Happiness in Mill's Defense of Liberty", *The Philosophical Quarterly*, 1978, 28 (113): 325–338.

② Levi, A. W., "The Value of Liberty: Mill's on Liberty 1859—1959", *Ethics*, 1959, 69: 41.

③ 黄伟合：《英国近代自由主义研究——从洛克、边沁到密尔》，北京大学出版社 2005 年版，第 113 页。

④ 周敏凯：《十九世纪英国功利主义思想比较研究》，华东师范大学出版社 1991 年版，第 108—114 页。

立足于利益需要和经验习惯来解释社会政治生活，公共权力合法性的来源和基础并不是什么不证自明的原则，而是"最大多数人的最大幸福"。在公共权力运行的效用问题上，密尔认为，公共权力的合理性不能从抽象的权利中推出而只能来自功利的分析；只能建立在对历史经验的考察和现实政治的分析的基础上。在公共权力形式的合理性问题上，密尔认为社会利益可以作为检验政府好坏的标准。① 何历宇在解读密尔《代议制政府》一书的基础上指出，密尔把知识与道德不仅看成现代民主制创立、运作的前提条件，而且将其作为评价现代民主制是否成功的根本标准。② 吴春华认为，密尔以功利为原则考察社会政治问题，认为国家的目的是为了被统治者的福利，保证人民过好物质生活和精神生活。由于对物质快乐和精神快乐的质的差别的认识，密尔更强调国家应当给人民带来更多的精神快乐，使人民得到具有更高价值的美德和智慧。并认为密尔对国家目的、个人与社会关系的诸多论述，淡化了边沁功利思想中的享乐主义和极端利己的个人主义色彩，突出了社会利益和公众利益，为他的自由思想提供了新的功利理论基础，使密尔的自由主义思想出现了新的特征。③ 王辉森认为，密尔在国家观上一方面赞同传统自由主义的基本原则，认为国家应当奉行不干涉政策。另一方面，密尔又根据功利主义原则，从他的"最大幸福主义"理论和当时的社会发展现实条件出发，重新审视政府的责任和职能，认为政府除履行诸如保护财产和人身安全，维持法律的公平公正等一般性职能以外，为了最大限度地增加人民的快乐，免除痛苦，国家不能只是一味地放任，还应积极地为人民提供更多的获得自由幸福的机会。④

（二）关于密尔对功利原则辩护的伦理思想的性质和特点的研究

由于密尔在为功利原则做辩护的同时也对边沁的功利主义作了修正，显现出了不同于边沁功利主义的性质和特点，为此，学者们在深入探讨密尔对功利主义进行辩护的各个方面是否成功的问题同时，也从各种视角对

---

① 林奇富、周光辉：《批判与重构：公共权力的合法性与合理性——约翰·密尔功利主义政治哲学探微》，《吉林大学社会科学学报》2001 年第 5 期。
② 何历宇：《知识与道德：现代民主制的基础——重温 J. S. 密尔〈代议制政府〉》，《中共浙江省党校学报》2005 年第 3 期。
③ 吴春华：《密尔政治思想的自由主义特征及其形成》，《浙江学刊》2002 年第 3 期。
④ 王辉森：《密尔政治思想体系中的折衷主义特征》，《江淮论坛》2004 年第 2 期。

密尔为功利原则辩护思想的性质和特点进行了探讨。

1. 关于密尔对功利原则辩护的伦理思想的性质的研究

对于密尔为功利原则辩护的性质问题，不同的学者有不同的看法。摩尔认为，密尔为功利原则的辩护是行动功利主义性质的辩护。厄姆森认为，密尔的功利主义是一种规则功利主义。① 大卫·古柏（David Copper）把密尔的理论解释为一种所谓"良心"理念的重述的效用主义。② 桑纳尔认为，密尔的理论不是（完全地）行动功利主义，但也不是（完全地）规则功利主义，而是以一种必然包含了对规则的基本考量的方式对各种行为作了评估。③ 大卫·莱恩斯（David Lyons）认为，密尔的学说更像是一种幸福论的功利主义。④

张伟认为，密尔的思想充满了对功利论伦理与道义论伦理基本思想的混合，这种混合恰恰是密尔意欲弥补边沁功利思想所做的全部努力，但这种努力又使边沁所开创的客观功利主义思想不时在左右摇摆中滑向了具有浓厚色彩的主观功利主义道路；在使边沁的功利主义思想突破了道义论伦理桎梏而开辟了新天地的同时，又笼罩上了道义论伦理的空洞说教的阴影。⑤

2. 关于密尔对功利原则辩护伦理思想的特点的研究

对于密尔为功利原则辩护的伦理思想的特点问题，学者们认为密尔为功利原则辩护的伦理思想与边沁的功利主义伦理思想相比较表现出了不同的特点，并认为这种不同主要由二者的功利观不同所致。浦薛凤认为密尔的功利观具有以下特点："侧重社会之乐"，"苦乐本身之品质有精粗优劣之差异"，"享受苦乐之能量，彼此不同"和"所谓趋乐避苦不必每人每事——自己权衡决定"。⑥ 周敏凯则认为密尔的功利观是二元的。其二元

① J. O. 厄姆森：《J. S. 密尔道德哲学解释》，《哲学季刊》1955 年第 3 期。

② 大卫·古柏：《J. S. 密尔的反覆性效用主义》，载威斯兰·左伯、卡·尼尔森、斯蒂芬·C. 帕坦主编《约翰·斯图亚特·密尔及效用主义新论集》，寺尔夫，安大略：加拿大哲学出版会 1979 年版，第 75—98 页。

③ L. W. 桑纳尔：《善的与对的》，载威斯兰·左伯、卡·尼尔森、斯蒂芬·C. 帕坦主编《约翰·斯图亚特·密尔及效用主义新论集》，寺尔夫，安大略：加拿大哲学出版会 1979 年版，第 99—114 页。

④ David Lyons, "Utilitarianism", in L. Becker, *Encyclopedia of Ethics*, Vol. Ⅲ, Routledge, 2001, 1739. 转引自高国希《道德哲学》，复旦大学出版社 2005 年版，第 190 页。

⑤ 张伟：《浅谈密尔个性自由主义功利思想》，《重庆社会科学》2005 年第 2 期。

⑥ 浦薛凤：《西方近代政治思潮》下册，台湾商务印书馆 1944 年版，第 772—773 页。

性表现在：快乐要兼顾低级快乐与高级快乐；幸福要兼顾个人的最大幸福与社会成员的最大幸福；功利原则是最高道德准则，但不否定美德；道德制裁既有内在的道德情感制约，又有外部的道德制约。① 宋希仁认为，就总体而言，密尔在他的理论中仍然贯彻了边沁的功利主义基本原则，坚持了边沁所奠定的功利主义理论的社会批判特点，并在此基础上对功利原理进行了更详细的论证，但密尔在扩大其理论深度和广度的同时，也给其理论带来了调和性的特点。② 牛京辉认为，密尔对边沁功利主义的修正是内向的修正，这表现为两点：第一，他虽然强调个人的自我发展或是个性的自由发展，但是他所指的并不是利己主义意义上的孤立的个人；第二，密尔在向内发掘的同时，没有忽视外在因素的作用。从总体上看，密尔的内向发掘理论更具有全面性和均衡性的特点。③

霍布豪斯认为，密尔"作为功利主义者，他对个人权利的看法是，公众的永久利益是同个人权利结合在一起的。社会利益不能与个人利益相矛盾，但是个人利益必须以理性的人的负责任生活为基础"。④ 另外，萨皮罗认为，密尔的功利主义偏重全体的快乐，他反对边沁主义把最大多数人的利益视为中产阶级的利益，明确地将每个受过教育的人，无论男女都纳入他对最大快乐原则的见解中，并试图以倡导包括妇女在内的普选权以及国家干涉经济生活来增进全民的利益。⑤

四　密尔的功利原则辩护伦理思想研究的得失与反思

综上所述，学者们从不同的角度对密尔为功利原则辩护的思想进行了极有益的研究，这些研究对我们进一步探讨密尔为功利原则辩护的思想具有重要的理论价值和借鉴意义。

首先，这些研究所涉及的问题不仅仅包括密尔在其《功用主义》著作中所阐述的思想，也涉及了其在《论自由》、《代议制政府》等著作中

---

① 周敏凯：《十九世纪英国功利主义思想比较研究》，华东师范大学出版社 1991 年版，第45—53 页。

② 宋希仁主编：《西方伦理思想史》，中国人民大学出版社 2004 年版，第 315 页。

③ 牛京辉：《英国功用主义伦理思想研究》，人民出版社 2002 年版，第 82—119 页。

④ ［英］霍布豪斯：《自由主义》，商务印书馆 1996 年版，第 53 页。

⑤ Salwyn Schapiro J. , "John Stuart Mill, Pioneer of Democratic Liberalism in England", *Journal of the History of Ideas*, 1943, 4（2）: 134.

的思想，为进一步研究密尔的伦理思想确定了广阔的问题域和研究视野。

其次，现有研究对密尔为功利原则辩护思想的某些方面进行了较为深入的研究，如对密尔为功利原则的证明是否成功的问题、密尔功利主义伦理学的性质和特点问题、密尔为自由作论证的性质问题、自由与功利的关系问题、功利与政府的关系问题等的研究，为从各个方面乃至从整体的视角进一步深入研究密尔为功利原则辩护的思想打下了坚实的基础。

但是，这些研究至少存在以下两方面的不足：

首先，现有理论研究大都从某一方面对密尔伦理思想进行研究，而且主要局限于密尔在《功用主义》一书中所阐述的思想的各个方面，而把《论自由》和《代议制政府》中所阐述的思想仅仅当成政治学或政治哲学研究的内容排除在其伦理思想的范畴之外，因而对密尔伦理思想的研究只是"见树木，而不见森林"，从而肢解了密尔伦理思想的整体性。

其次，虽然一些学者也注意到了密尔在《论自由》和《代议制政府》中所阐述的伦理思想与《功用主义》中的思想的联系，探讨了功利与自由、功利与政府的关系，但也只是局限于自由与功利的关系问题本身，没有找到密尔整个伦理思想的主旨，也没有考虑或真正理解密尔讨论这个问题的真正意图是为了说明政府或社会作为集体应置于伦理规范的约束之下，是为了说明政府或社会作为集体（或组织）也应是道德的主体，功利原则也是这些主体行为的是非评判标准。不了解这一点，就会把密尔在《功用主义》中的伦理思想与他在《论自由》和《代议制政府》中的思想割裂开来，仅仅把前者当成密尔伦理思想的内容，而把后者当成密尔政治学或政治哲学研究的范畴，进而肢解了密尔伦理思想体系的完整性。

导致这些问题的原因主要有两个方面：一是密尔著作本身易引起研究者的误会。因为密尔在其著作《功用主义》一书中主要为功利原则进行辩护，很显然是一部伦理学的著作。而密尔在《论自由》一书中以大量的篇幅论述了自由的重要性、社会和政府干预个人自由的权限，仅仅在第一章"引论"中阐明了他在该著作中的主要目的是要说明自由作为政治道德的哲学上和实践上的根据为何是功利这个问题。同样在《代议制政府》中，密尔也以大量的篇幅阐述了应如何组织好政府各部门，而仅在第一、第二两章说明政府形式为何应根据功利标准来进行选择，而且密尔在《代议制政府》中的"功利"概念所包含的内容已不同于《功用主义》中的"功利"概念所包含的内容。在《功用主义》一书中，"功利"

主要是指"利益、利便"的意思,而在《代议制政府》一书中,"功利"的意思主要是指"人民的美德和智慧的进步"。《论自由》和《代议制政府》两本著作在形式安排上和内容方面的这种特点,使得研究者难以把握其思想的主旨,而把注意力集中于其书中大量论述的内容上以致忽视了其论述的目的。二是由于研究者局限于学科的视角和立场,仅仅根据密尔著作的名称和主要内容而把它们划分为伦理学著作和政治学著作,使得伦理学者把《功用主义》一书作为研究密尔伦理思想的主要的甚至是唯一的著作材料;而政治学者则把《论自由》和《代议制政府》看成是研究密尔政治自由主义的著作材料。

总之,学术界对密尔伦理思想的某些方面进行了较为深入的研究,为进一步研究密尔的伦理思想确定了广阔的问题域和研究视野,但这些研究或是较为分散的,或是只局限于某部著作中的思想,并没有统一于密尔为功利原则辩护这一伦理思想的主旨之下,也没有把密尔所有著作中的思想贯穿起来进行研究,以致使不同的研究者得出不同的乃至相互冲突的结论。因此,对密尔伦理思想的研究一方面需要从整体性出发,在全面解读文本的基础上,揭示密尔伦理思想的主旨及贯穿于密尔伦理思想的内在逻辑关系;另一方面需要从更广泛的视角把密尔的所有著作尤其是《论自由》、《代议制政府》、《逻辑学体系》等所包含的伦理思想纳入未来研究的视野之中,进而从总体上研究和把握密尔的伦理思想。

第一章　为功利原则辩护的
密尔伦理思想主旨

边沁指出，功利原则是这样的原则："它按照看来势必增大或减小利益有关者之幸福的倾向，亦即促进或妨碍此种幸福的倾向，来赞成或非难任何一项行动。"[①] 功利原则不仅是评判个人行为正当性的标准，而且是评判政府行为和法律是否正当的标准。然而，边沁的功利主义受到了许多批评，密尔作为边沁功利主义的追随者和继承者，为功利原则做辩护就成了他不可推卸的责任。其实，为功利原则辩护，不仅是密尔的责任，而且也是他伦理思想的主旨。密尔以功利原则的辩护作为他伦理思想的主旨，不仅因为边沁功利主义遭到了批判，而且也与密尔所处的时代背景相关。密尔的伦理思想是近代西方尤其是英国伦理思想发展脉络上的重要一环，是在近代西方尤其是近代英国伦理思想发展的基础上形成的，因此，为功利原则辩护成为密尔伦理思想的主旨，与密尔之前的西方尤其是英国近代伦理思想发展的状况、近代伦理学探讨的主题密切相关。不了解密尔伦理思想形成的思想背景，就不可能把握密尔伦理思想的主题，也不可能真正了解和评价密尔的伦理思想。

第一节　近代思想家对功利原则的探索

中世纪结束以后的近代西方社会，兴起了民族主权国家。民族主权国家主要的伦理关系已经不再是宗教—伦理关系，而是让位于市民社会—国家的关系。新的伦理关系要求人们不只是需要考虑个人行为的道德合理性，也要考虑国家行为的道德合理性。伦理学要解决的问题包括两个方

---

① ［英］边沁：《道德与立法原理导论》，时殷弘译，商务印书馆 2002 年版，第 58 页。

面：一是寻找社会改革的原则，即寻找评价政治制度合法性和合理性的标准；二是寻找衡量个人行为道德价值的根据和标准。即在这个变革的时代，重新思考和探索新的伦理原则成为时代发展的内在要求。而牛顿力学原理的发现又使得整个自然科学建立在唯一一个法则之上成为可能；使得发现一个能够有助于建立一个有关道德和社会生活现象之综合科学的类似原则成为希望。正是在这种希望的激励下，近代思想家对功利原则进行了初步的探索，即功利原则就是将牛顿原理应用于政治与道德事物所做的一种尝试工作。

一　探索普遍伦理原则的时代背景

在中世纪结束以后，西方社会经历了欧洲主权国家的兴起（13—17世纪）和这些主权国家向资产阶级民族国家的过渡（17—18世纪）两个关键性跳跃。随着民族主权国家的兴起，人首先是作为一个民族主权国家的公民而后才是作为一个宗教团体的信徒。生活于这种国家模式下的人既是国家的公民，又是与国家政治生活相分离的市民社会的一分子。市民社会的独立意味着个人的自由、平等和独立，因此民族主权国家主要的伦理关系已经不再是宗教—伦理关系而让位于市民社会—国家的关系。市民社会—国家的伦理关系的出现必然导致市民伦理的建构。为了建构市民资产阶级伦理意识，市民资产阶级把传统伦理意识结构实行现代转换，这种转换包括古代美德传统的现代转换与中世纪基督教伦理的现代转换两个方面。

（一）民族主权国家的兴起及市民社会—国家伦理关系的构建

自民族主权国家兴起后，经过三百多年的嬗变，西方的社会结构模式进入了资产阶级民族国家的革命时代。革命必将促进资产阶级市民道德的建构，因为革命的根本任务不是改变自身统治和管理上的操作问题，而是为新的权利主体——资产阶级的自由、平等、独立、博爱进行道德合法性的申辩问题。传统伦理的现代转换尚不足以满足资产阶级政治国家和市民社会的需要，因此，道德合法性是资产阶级民族国家革命时代的最强音。资产阶级市民道德的建构一方面要为资产阶级民族国家提供道德合法性确证；一方面又要为资产阶级市民阶级的社会意识提供道德合法性依据。

对以上两方面应该如何进行论证呢？在启蒙学者看来，道德的政治国家依赖于道德的社会，道德的社会依赖于道德的个人（道德自我）。因此，要为市民社会和资产阶级政治国家的道德合法性进行论证，必须首先论证道德自我的合法性。也正是基于"市民社会—国家"的伦理关系，启蒙学者从两个方向上对资产阶级现代市民伦理意识进行了构思："从确立道德个人的方向上诉诸市民社会，从确立道德社会的方向上诉诸政治国家。"①

为了确证道德自我的合法性，启蒙学者采取了把人性假定为自然人性，在基于自然人性假定的前提下进行道德自我合法性的确证，并在此基础上对以往价值实施颠覆的策略。然而，从自然人性出发并不能够合乎逻辑地推导出人的道德性。启蒙学者们试图通过对国家政权形式的设置和制度安排的伦理思考来寻求保障现代市民的道德方案。这样，通过启蒙和革命，现代市民道德被推向了人类社会制度安排合法性的语境。由市民社会对国家所作的观察，则要求道德原则同时也成为个人和国家普遍适用的原则。

为了确立这种普遍适用的原则，主要受到以契约论为基础的罗马法传统和希腊理性传统影响的启蒙学者，为了避免自然人性论所导致的人与人之间的冲突，构思了一种契约论的伦理思维。在英国，霍布斯和洛克根据契约伦理思维为现代国家提供了道德合法性和合理性论证。虽然在英国的资产阶级革命时代，霍布斯和洛克对资产阶级民族国家的道德合法性进行了论证，他们的思想影响着观念的进程。但是，由于霍布斯没有门徒、而沿着洛克开拓的新道路前进却会得出不同于他自己的观点。这些著作家的作品并没有为一个共同的信条进行阐明和辩护的共同思路。在17世纪中后期兴起的有着复兴性质的新柏拉图哲学运动之后，功利主义因其以一个共同的信条和一套简明的学说而受到共同的遵从并被运用到各种不同的领域，且一帮热情的工作者由于崇拜他们的老师而团结起来，为着同一目标努力地工作着，使得功利主义成为"代表了一种英国哲学史无前例的现象"。

这种要求寻找普遍伦理原则的时代背景，以及边沁功利主义发展势头之于霍布斯、洛克思想发展的优越性，使得以功利原则作为普遍原则的探讨成为可能。

---

① 田海平：《西方伦理精神——从古希腊到康德时代》，东南大学出版社1998年版，第294页。

（二）自然科学的发展

自然科学的发展使得探索一个统合社会科学的单一原则成为希望。1687年，牛顿的巨著《自然哲学的数学原理》问世，书中提出的万有引力定律，将人们过去认为互不相关的地上物体运动规律与天体运动规律概括进一个完整的力学理论体系之中。牛顿力学原理的发现使得整个自然科学建立在唯一一个法则之上成为可能；使得发现一个能够有助于建立一个有关道德和社会生活现象之综合科学的类似原则成为希望；也使得按照对物质进行的物理研究同样的方式指导对作为个体和社会存在的人进行研究成为可能。当时的人们认为，如果发现了一些一般性的简单法则，就能够像牛顿那样，通过综合与演绎的方法解释所有现象的全部细节。当然，这要取决于学科的特性。"如果心灵科学与社会科学显示出与牛顿物理学类似的实验和精确科学的特性，那么，根据这些学科建立一种科学的道德与法律理论——建立普遍实用的科学——不也应该是一种可能吗？"① 在边沁所处的整个世纪，这个问题一直是激发英国人思考的问题。从这个意义上说，功利主义就是将牛顿原理应用于政治与道德事物所做的一种尝试工作，只不过是"在这种道德牛顿主义中，观念的联想原理和功利原理取代了万有引力原理的位置"。②

总之，要求寻找普遍伦理原则的时代背景，以及牛顿力学原理的发现使得整个自然科学建立在唯一一个法则之上成为可能，尤其是边沁功利主义发展之于其他探讨伦理普遍原则思想发展的优越性，使得以功利原则作为普遍原则的探讨成为可能。

二　近代思想家对功利原则的初步探索

把联想原理和功利原则作为一种普遍的一般性的道德法则予以探讨，在近代的英国最早的人并不是边沁而是盖伊（Gay），他被看成功利主义道德学说和联想主义心理学的真正创始人。盖伊在1730年由威廉·金大夫著（盖伊的名字没有出现在标题中）的《论恶的起源》一书中发表了题为《论美德的原理与标准，以及激情的起源》一文。盖伊在这篇论文

---

① ［法］埃利·哈列维：《哲学激进主义的兴起——从苏格兰启蒙运动到功利主义》，曹海军等译，吉林人民出版社2006年版，第6页。
② 同上。

中的思想虽然还存在着神学的成分，但盖伊在其中的思想已经隐含了功利原则和联想原理。撇开盖伊哲学思想中精神之外的因素，以及那些自我消解的成分，盖伊的哲学思想可以归纳如下：① 所有人都是趋乐避苦的；寻求快乐是必要的，这也是所有人类行为的一般法则，且行动都有产生幸福的义务。虽然所有人都能够在追求的目的（幸福）上达成一致，却无法在采用何种手段达到这一目的的问题上取得共识，这是由于观念的联想是因人而异的，不是每个人都会将幸福与同样的观念联系起来；但是，这些个体的变量本身服从于一种法则（联想原理），道德学家如果希望给人们带来幸福，他们必须了解这一法则。

在盖伊的这些思想中，隐含了功利原理和联想原理的发展线索，但这两个原理在事实中还存在着模糊性与复杂性，直到边沁，这两个原理才日益明朗起来。

关于联想主义原理，其公认的创始人是大卫·哈特莱。大卫·哈特莱于 1749 年发表了《对人、人的身体、人的义务、人的希望的观察》一书，他在书中表明，希望建立一门有关人与动物智能的作为自然哲学分支的心理学理论。认为只要通过"分析"手段发现了支配"现象"的"一般法则"，心理学就成了一种具有演绎或"综合"特征的科学。这样，哈特莱公开地把牛顿的方法引入了心理学之中。

1774 年，普里斯特利（Priestley）在阅读了里德大夫（Dr. Reid）的《人类心灵探究》后，认为前辈大师们根据人类心灵现象建立实践科学的尝试面临着落空的危险。他对哈特莱的《对人的观察》进行了修订，并把其中的振动学说省略掉了，而仅仅把联想学说作为该书中唯一的和基本的假设，并于 1775 年出版了《哈特莱的人类心灵理论，论观念的联想原理》一书。该书一出版就得到了迅速而广泛的流传。该书的成功证明英国公众认可了普里斯特利通过联想原理解释所有精神生活现象的观点。边沁在他的《道德与立法原理导论》的一个注释中也提到了这一点，并指出通过联想原理的作用可以解释习性的影响。②

事实上，在哈特莱之前，休谟已经在其 1739 年出版的《人性论》及

---

① ［法］埃利·哈列维：《哲学激进主义的兴起——从苏格兰启蒙运动到功利主义》，曹海军等译，吉林人民出版社 2006 年版，第 7 页。

② ［英］边沁：《道德与立法原理导论》，时殷弘译，商务印书馆 2002 年版，第 73 页。

稍后的《人类理解探究》著作中，对根据观念的联想原理解释所有精神生活现象进行了尝试，而且也可以说休谟是比哈特莱更深刻的思想家，但休谟哲学中存在着一种根本的模糊性。休谟借助于印象、观念与情感发生这三者的关系，反复地叙述同情联想的发生机制，但休谟的论证思路远不如哈特莱的思路清晰明快。正是由于这种模糊性常常使得联想学说的拥护者在将休谟视为祖师的问题上犹豫不决。

但不管是盖伊、哈特莱还是休谟，他们在观念的联想中都发现了形成一种既具有理论性又能够转化为艺术的社会科学的基础。当盖伊在他的论文中提出延伸其联想原理以解释所有精神现象时，目的是为了以功利原理为基础建立一种道德科学。根据盖伊的观点，没有什么途径比将功利主义道德学说建立在联想主义心理学之上更清楚而又容易理解的了。

哈特莱提出心理联想原理，并把心理的快乐与痛苦和道德的善恶联系起来，为功利原则的确立提供了较为可辩护的基础。边沁还在《道德与立法原理导论》中承认他从哈特莱那里学到了将幸福视为通过联想整合起来的简单快乐的总和。哈特莱认为，观念可分为简单观念和复杂观念，而一切简单观念都可以借联想进而变为复杂观念。当人们小时候被教以美德与恶习、职责与罪过之间的对立与区别，并被告知前者是善良的、愉快的、美丽的、高贵的、适宜的，而后者是可恶的、痛苦的、可耻的、应受惩罚的时，在儿童们的心中就早已发生了将善恶概念和适意或不适意联系在一起的联想了。"当我们一反省我们自己的道德的情绪和行为时，我们就会得到一个概括的、混合的、愉快的观念和意识。但反之，当我们反省我们自己的不道德的情绪和行为时，我们就会有一惩罚过错和不安之感"。① 哈特莱还指出，由于在希望的快乐与责任之间，在恐惧的痛苦与罪过之间形成了强烈的联想，而这些联想的印象又总是反复重现，这就使得我们最终把责任变成了快乐，罪过变成了痛苦。②

休谟在 1739 年出版的《人性论》中就以一个基本的概念"同情"来阐述了他的心理联想原理。休谟认为，在人性中"最为引人注目的，就是我们所有的同情别人的那种倾向，这种倾向使我们经过传达而接受他们的心理倾向和情绪，不论这些心理倾向和情绪同我们的是怎样不同，或者

---

① 周辅成编：《西方伦理学名著选辑》下卷，商务印书馆 1987 年版，第 155 页。
② 同上书，第 156 页。

甚至相反"。① 根据休谟的观点，人们对外在社会事物的任何感情都是借同情而注入心中的。人们在印象与观念间的类似关系会促进同情，而"我们与任何对象的关系越是强固，想象就越容易由此及彼进行移动"。② 休谟认为，人们的（道德）情感都是由想象发生的，快乐与痛苦心理都是在同情的基础上与道德的善联系在一起的。"慈善是由所爱的人的快乐而发生的一种原始的快乐和由他的痛苦而发生的一种痛苦；由于这些印象间这种相应关系，就连带发生了一种希望他快乐的欲望和不愿他痛苦的厌恶心理"。③

　　然而，休谟阐明联想原理并不仅仅为了围绕道德区别而揭示道德感受（快乐和不快乐的感受）得以发挥作用的源泉和原则，而是试图在对心理联想原理进行分析和证明的同时，通过阐明个人价值的构成而从理论上解决个人之间、个人与社会之间在利益和幸福上的关系，寻求个人与社会利益的统一。因为个人利益与社会利益之间的矛盾如何协调的问题，在产业革命后的英国社会已经成了一个尤为突出的问题。为此，休谟指出，基本德性之所以被人们重视的根本原因在于其有用性，许多自然的德性都有导致社会福利的倾向，而那些在道德品质中占着最大比例的品质如慈善、博爱、慷慨、温和、公道等，通常被称为社会的德，是为了标志出它们促进社会福利的倾向。德性的有用性是与使人感到愉快的特性联系在一起的，因此，有用性和愉悦性是德性的两个并列的根本性质。而"个人价值完全在于拥有一些对自己或他人有用的或令自己或他人愉快的心理品质"。④ "一个人的那些使我感到愉快的品质都被认为是对那个人有用的，并且是有促进他的利益和快乐的倾向的。虽然这个人的幸福只是通过同情来影响我，但凡有促进这种幸福的倾向的那些品质的出现，都对我的想象有一种愉快的结果，并引起我的敬爱"。⑤ 因此，"各个观察者所视为同一的唯一利益或快乐，就是被考察的那个人自己的利益或快乐，或者是与他交往的人们的利益和快乐……我们也只承认它们是德性和道德的唯一标准"。⑥

---

① ［英］休谟：《人性论》下册，关文运译，商务印书馆1980年版，第352页。
② 同上书，第354页。
③ 同上书，第425页。
④ ［英］休谟：《道德原则研究》，曾晓平译，商务印书馆2001年版，第121页。
⑤ ［英］休谟：《人性论》下册，关文运译，第631页。
⑥ 同上书，第634页。

可见，休谟以功利（利益或快乐）作为德性和道德行为的唯一标准。而在对人们行为的功利性进行判断时，不仅要考察它对于人们自身的功利（利益或快乐），还要考察它对于他人功利的影响。但是，个人的快乐是他所欲求的天然对象，痛苦是他所反感的天然对象，为何我们可以而且应该考虑一般的功利或他人的功利呢？休谟认为，联想原理可以解决这个问题，并以联想原理（同情原则）作为解决个人利益与社会公共利益矛盾的方法和手段。休谟还指出，各种社会正义制度和法律的确立，其目的都是为了社会功利的实现。"增进人类的利益是所有这些法律和规章的唯一目的"。①

总之，盖伊、哈特莱将快乐和痛苦的概念与善恶的概念联想起来的理论探讨为功利原则的确立奠定了基础；而休谟试图采用牛顿的方法将功利原理引入伦理学之中，也为边沁功利主义伦理学确立功利原则作为道德的普遍原则打下了坚实的基础。此外，18 世纪一些被视为"功利主义者"的理论家在这方面也作出了贡献。如约翰·布朗、沙夫茨伯里就表达过功利观念，哈奇逊在其《道德哲学》一书中有一章就包含了边沁学派中道德微积分的某些要素，在《关于道德善恶的探究》第三章中就已经使用了在后来边沁那里成为经典公式的思想——评判一行为在"道德上善恶与否"的标准是"悲惨的程度，与不幸的数量"，因此，最佳行为是成就最大多数人的幸福的行为。② 近代思想家们对功利原则作为道德的基本原则的探讨，为后来边沁系统地阐明功利原则作为道德的基本原则奠定了基础。

三 功利原则与利己主义矛盾的两种解决方式

尽管休谟等思想家试图将功利原则作为道德哲学的普遍原则并进行了探讨，但是，在边沁之前的英国道德哲学的发展过程中，利己主义倾向是一种普遍的倾向。在 18 世纪的道德哲学家那里，利己主义被看成即使不是排他性的，至少也是人性的主导倾向。既然利己动机是人们行为的主导动机，那么，强调公共利益的功利原则如何能够成为道德的普遍原则呢？

---

① ［英］休谟：《道德原则研究》，曾晓平译，商务印书馆 2001 年版，第 44 页。
② ［法］埃利·哈列维：《哲学激进主义的兴起——从苏格兰启蒙运动到功利主义》，曹海军等译，吉林人民出版社 2006 年版，第 13 页。

休谟认为，利己主义的行为准则在事实上可能是错误的，但在政治领域则是正确的观念，但他又认为利己主义与社会情感之间的冲突是不可能存在的，利己主义与功利原则的矛盾可以依据同感原理予以解决。这样，就使得他在承认功利原则的同时必然顺理成章地承认同感原理，因为陌生人的幸福只有通过同感才能对我们产生影响。因此，在休谟那里，道德的普遍原则不是一条而是两条：功利原理和同感原理。①

究竟是联想原理还是功利原理是道德哲学的第一原则呢？协调个人利益与社会利益之间的矛盾除了运用同感原理之外，是否就没有别的解决方式呢？事实上，即使承认利己动机是行为的主要动机，在当时也仍然存在着使功利原则成为根本原则的两种解释方式。一种是利益天然同一的解释方式，另一种是利益人为同一的解释方式。②

利益天然同一解释方式的论证思路是：即使承认人类行为的主导动机是利己动机，为了维系人类的生存和繁衍，各种形式的利己主义会自愿实现和谐并自发地产生整个人类的善。曼德威尔在其 1723 年发表的《蜜蜂的寓言》中就阐明了私恶即公利的思想。自亚当·斯密以来的政治经济学仰赖的就是利益天然同一原理，认为通过交换机制和劳动分工，追求各自利益的个人在不知不觉中就直接地实现了公共的利益。

利益人为同一的解释方式的思路是：我们既可以承认每个人都是利己的，也可以承认利己主义体系不会自然地即刻或最终走向和谐，但是，为了诸多个人的利益，个人的利益必须与普遍的利益同一，立法者的任务就是实现这种同一。休谟赞成政治学家的普遍假设：每个人都应该被看成无赖，这样政治的艺术就在于通过个人自身的利益来控制众多的个人，并创造某种技巧使诸多的贪婪和野心勃勃的个人为公共利益而合作。否则，个人的自由和财产根本无法得到保证。③

爱尔维修认为，人们行为的普遍动机和根本标准是利益，因此，每个人所谓的正直，不外乎是那些"于己有利的行为的惯常表现"④ 而已。个人为自身利益着想，那么个人利益如何与社会利益协调起来呢？爱尔维修

①　[法] 埃利·哈列维：《哲学激进主义的兴起——从苏格兰启蒙运动到功利主义》，曹海军等译，吉林人民出版社 2006 年版，第 14 页。
②　同上书，第 15—17 页。
③　同上书，第 17 页。
④　周辅成编：《西方伦理学名著选辑》下卷，商务印书馆 1987 年版，第 45 页。

认为可以通过利益的人为同一原理解决这个问题。爱尔维修与休谟一样，把"公共的利益，亦即最大多数人的最大幸福"看成道德的基本原则，他指出："公共的福利——最高的法律"，① "公共福利就是美德的目的"。② 这种公共的福利或利益不仅支配着我们对各种行为和观念予以褒或贬，而且还指导着我们对一项法律是否正义的评判。他说："任何一个人，要是上溯到了这个根本原则，我敢说一眼就可以看出一种立法的缺点"。③ 同时，他认为正义就是有益于最大多数人的实践行为，而不义，实际上就是"违犯一种为了多数人的利益而制定的协议或法律。因此不义不能先于一种协议、一种法律和一种共同利益的建立"。这就决定了要使自爱自利的个人关心公共的福利，成为正义的人和有美德的人必须通过良法。因此，立法者就既是一个教育学家，又是一个道德学家，道德与立法就成了同一门学科，整个立法艺术就在于通过人们的自爱感使人们之间公正相待；整个道德学的研究就在于确定奖惩的运用，协助人们将个人利益与普遍利益联结起来。④ 爱尔维修还进一步指出，要使法律成为卓越，"必须存在着将所有的法律简化为简单原则的可能性，诸如公共功利的原则，亦即最大多数人服从于同一个政府形式；没有人知道这一原则的整体范围和丰富性；这是一个囊括整个道德与立法的原则"。⑤

四　功利主义在英国的兴起

爱尔维修的思想在英国得以流传之前，在意大利已经开始盛行。贝卡里亚在其1764年出版的名著《论犯罪与刑罚》中，就试图系统地将爱尔维修的思想应用于刑法的内容中。贝卡里亚在该书的导言中指出，只要是对人性作过冷静观察的人，就知道怎样把众人的行为归结为一点，在制定法律制度时，就只考虑一个目的，即"最大多数人的最大幸福"。⑥《论犯罪与刑罚》出版后的18个月中用意大利文连出了6版，1766年法文译本出版，1767年英文译本出版。作为贝卡里亚的学生同时也是爱尔维修学

---

① 周辅成编：《西方伦理学名著选辑》下卷，商务印书馆1987年版，第68页。

② 同上书，第50页。

③ 同上书，第68页。

④ ［法］埃利·哈列维：《哲学激进主义的兴起——从苏格兰启蒙运动到功利主义》，曹海军等译，吉林人民出版社2006年版，第20页。

⑤ 同上。

⑥ ［英］边沁：《政府片论》，沈叔平等译，商务印书馆1997年版，第29页。

生的边沁，比贝卡里亚更进了一步，他试图应用功利原则解决整个司法问题。一方面他规划并着手草拟一部普遍的法典，起草一部完整的刑法典，还曾打算称他的《道德与立法原理导论》为刑法典导论；另一方面，他充分吸收贝卡里亚《论犯罪与刑罚》一书中关于功利主义思想的真知灼见，在其中发现了比爱尔维修更为明确的"最大多数人的最大幸福"的公式，意识到了道德微积分的首批要素——强度与持续性，时空接近性与确定性，从而赋予了功利主义哲学以数学般的精确。[①]

终于，在经过边沁不断地从法国和意大利的功利主义思想中寻找灵感并积蓄良久之后，加上盖伊、哈奇逊、休谟、布朗等思想家的不断探索和完善，功利主义道德围绕着边沁，在英国得到了持续的发展。然而，功利主义学说在英国的这一次出现最主要体现在两位教士普里斯特利和佩利的著作中。

普里斯特利在其 1768 年发表的论文《政府的第一原理，论政治、公民与宗教自由的本质》中提出了运用"至上基准"（grand criterium）——"成员的善与幸福，亦即国家中多数成员的善与幸福"来解决所有政治问题的观点。同样，佩利在 1785 年出版的《道德与政治哲学原理》中，提出了以功利原则来解决道德和神学问题的观点。佩利还将幸福界定为快乐的总和超过痛苦的总和，快乐的不同仅仅是在持久性和强度上的不同而已，并认为法律的基准是功利，执掌奖惩的上帝使个人利益与公共利益结合起来。[②] 佩利的这本著作迅速成为剑桥大学的经典道德学文本，并使他在长达半个世纪的时间里一直被公认为功利主义学说的代表，直至边沁主义学派确立之后，其学派才逐渐宣告终结。

第二节　边沁对功利原则合理性的论证及其道德哲学困境

虽然边沁在 1768 年已经在牛津女王学院附近的哈珀咖啡馆附设的一个小型巡回图书馆里看到了普里斯特利的《政府的第一原理，论政治、公民与宗教自由的本质》这本小册子，并深受书中关于功利原则思

---

① ［法］埃利·哈列维：《哲学激进主义的兴起——从苏格兰启蒙运动到功利主义》，曹海军等译，吉林人民出版社 2006 年版，第 21 页。

② 同上书，第 22 页。

想的影响，认为这本小册子和其中的关于功利原则的那句话使他确定了"关于公众道德的和私人道德问题的原理"。① 但是，边沁一直异常地懒于出版他的手稿和提供他著作的印刷校样，使得他的著作迟迟没有面世。尤其是边沁 1772 年以来一直致力于改革法律科学的工作，直到1776 年，他才在 1775 年已经完成了的、对英国著名法学家布莱克斯通出版于 1765—1769 年间的《英国法释义》（或译为《英国法律诠释》）批判的书稿《对释义的评论》中抽出了若干篇章，出版了《政府片论》一书。虽然边沁在《政府片论》中提出了以功利原则解决政治问题乃至任何实践问题的观点，即功利的原则"本身就是解决任何实践问题的唯一和完全充分的理由"，② 但边沁并没有在这部著作中对功利原则作系统的阐明。该书的主要目的是批判布莱克斯通以社会契约论、自然法学说来解释主权、法律和制度的方法，并从功利原则出发，对主权者的权力性质、来源及其可能采取的形式提出了独到的见解。此后，边沁虽然没有终止写作，但主要精力还是放在监狱的体制改革方面。直到1789 年，在朋友的督促下，才出版了《道德与立法原理》一书。他在书中系统地阐明了功利原理。

一 边沁对自然法理论的抨击

从启蒙知识分子为资产阶级民族国家进行道德合法性论证的伦理思维——契约伦理来看，他们强调的是国家和政府的合法性在于其对公民自然权利的保护。这种伦理思维也在资产阶级国家政权的创建中得以体现。1776 年的美国独立宣言就以简明扼要的语句，体现了人生而平等、拥有不可剥夺的天赋权利的信条，这些权利包括生命权、自由权以及追求幸福的权利；而且，为了保证这些权利，在人们中成立政府，政府的正当权利只能够来自被统治者的同意。③

正是大不列颠在美洲的殖民地最终分离并宣布独立，使得大不列颠民族中经由盖伊、哈奇逊、休谟、布朗、边沁等思想家逐渐完善起来的功利主义政治伦理思潮与以自然法为基础的契约伦理思潮遭遇了。边沁对作为

---

① ［英］边沁：《政府片论》，沈叔平等译，商务印书馆 1997 年版，第 36 页。

② 同上书，第 158 页。

③ ［英］H. L. A. 哈特：《法理学与哲学论文集》，支振锋译，法律出版社 2005 年版，第195 页。

契约伦理基础的自然法理论进行了极为尖锐的抨击，并同时阐明了其功利原则。

就是在《独立宣言》签署的三个月前，边沁出版了他的第一部著作《政府片论》。在书中，他阐明了功利原则，向全世界表明了他的观点：政府产生于契约的观念已经过时，无论是政府的形成还是对政府的限制，其正当性都来自与契约原则不同的功利原则：政府的合法性和正当性的根据不是个人的各种自然权利，而是被统治者（人民）的幸福。"利益铺平了通向信仰的道路"，"当国王的行为与他的人民的幸福相抵触时，最好的办法就是不再服从他"。① 人们之所以服从政府的统治，"那是因为服从可能造成的损害小于反抗可能造成的损害"，"就是因为这是出于他们的利益"。② 同样，边沁认为功利是"评断法律和制度优劣的标准"。③ 因为功利原则立足于事实本身，根据功利原则就是根据未来的事实，即"根据服从所带来的灾难比反抗所带来的灾难的比率会小些，还是会大些"，④ 来判断是应该拥护还是反对一项法律，就会使那些拥护一项法律和反对这项法律的人们清楚地认识到他们之间的分歧在哪里，认识到他们争论的真正原因，从而使他们之间的调和成为可能。离开功利原则，争吵无意义，立足于功利原则的争论，才可能"最后会达成一项协议，或者至少得到一个明显而清晰的争论点"。⑤

同年，边沁又参与了由他亲密的朋友与合作者林德出版的《答宣言》一文的写作。在这篇文章中，他们对整个自然权利与天赋的、不可剥夺的权利之观念进行了简明而又尖锐的批评，对自然权利学说整个地进行了驳斥。他们把自然权利学说看成"自相矛盾的胡说"或"可以理解但十分危险的教条"。⑥ 正如边沁在这篇《答宣言》中问道："如果追寻幸福的权利是一项不可剥夺的权利，那么为什么要禁止盗贼通过盗窃来实现这种权利呢？为什么要禁止谋杀者通过谋杀、叛逆者通过叛逆来实现这种权利

---

① ［英］边沁：《政府片论》，沈叔平等译，商务印书馆 1997 年版，第 152 页。
② 同上书，第 155 页。
③ 同上书，第 117 页。
④ 同上书，第 223 页。
⑤ 同上书，第 224 页。
⑥ ［英］H. L. A. 哈特：《法理学与哲学论文集》，支振锋译，法律出版社 2005 年版，第 196 页。

呢？……"① 同样的指控在边沁为回应法国 1791 年发布的《人权宣言》所作的《无政府主义的谬论》一文中以更为扩展的形式进行了重复，指控自然权利学说部分的是胡言乱语；部分的是危险的无政府主义，对好的与坏的政府的破坏都是相似的，是无尽的"纸上宣泄"。②"不仅仅是胡言乱语"，而且是"高跷上的胡言乱语"。③ 边沁认为，政府存在于人们之间，并非由于存在着先于政府且需政府保护的权利，而是如果没有政府和法律的话，人们将没有任何权利可言，且将一无所有。对好政府的检验标准不在于自然权利，而是被统治者的总幸福。

边沁主要以两种方式攻击自然权利概念。

第一，边沁通过阐明自然法不能成为人们是否拥有权利的客观标准来批评自然法理论。边沁指出，那种认为权利并不是由实在法创设的概念是一种自相矛盾，就如"冷热"或"光辉的黑暗"这样的术语一样。④ 边沁认为，权利都只能来自实在法，那种认为自然法是权利的来源、权利先于或独立于人定法的观点是错误的，因为自然法不能作为评判一个人是否拥有权利的客观标准。当发生了一个人是否拥有某些法律的权利以及权利的范围如何的争论时，可以援用实在法或由法律来解决；但是当发生了人们是否拥有自然法权利的时候，则没有理性的解决方法或客观的裁决程序。也没有大家都认同的客观检测标准来确定是否存在自然权利。没有先于法律的权利，也没有与法律相反的权利。边沁认为，"人们谈及他们的自然权利的时候，是在他们希望为所欲为而又无需为它大费口舌的时候"。⑤

第二，边沁通过批评自然法会导致无政府主义或成为空洞无物的东西来批评自然法理论。边沁认为，在政治性论辩、对人定法的批评以及社会制度中使用自然的权利概念而不是法律的权利概念，必然会导致两种情况的出现：要么自然权利概念不可能与政府权力的运作相协调从而导致无政

---

① ［英］H. L. A. 哈特：《法理学与哲学论文集》，支振锋译，法律出版社 2005 年版，第196 页。

② 同上书，第196 页。

③ 同上。

④ 同上书，第200 页。

⑤ 同上。

府主义的危险；要么它们根本上就是空洞无物的东西或者白费口舌。① 因为，一方面，如果人们以一种绝对的形式来主张自然权利，并且不允许其他不同价值的存在，或不与其他价值相妥协时，那些强烈反对某些既定法的人就会通过援引高于人定法、看似客观的自然法来说人定法的无效，并对法律所能够做的或要求做的方面进行限制。另一方面，如果自然法是一种以允许一般性例外存在的形式，而不是以一种绝对的形式来表述，就会成为一种空口白话。如在美国一些新州的宪法中，既说自由是一种自然权利，又不反对奴隶主将其奴隶视为个人财产。这样，把自由看成自然权利就只能是空口白话了。

边沁对自然法理论的批评除以上两个方面以外，还包括其他的反对意见，但以上两个方面的批评在英国的政治理论中已经根深蒂固，特别是"只可能存在法律的权利，认为权利先于法律或能与法律对抗的观念是荒谬的，这种持论在一个相当长的时期里成了传统智慧的一个部分，并且被许多英国的社会思想家作为公认的真理来接受"。②

二　边沁对功利原则合理性的论证

边沁对自然法理论的批评是为他阐明以功利原则作为解决道德与立法问题的基本原则这个根本观点服务的。边沁作为爱尔维修的学生，我们可以认为，他接受了爱尔维修的观点，"是按照特定的利益人为同一的形式认可功利原则的"。③ 即我们可以认为，边沁像爱尔维修一样，认为人普遍追求个人自身的利益和幸福，但通过道德和立法艺术的制裁，可以使个人利益与社会公共利益协调起来，实现最大多数人的幸福。事实上，边沁不仅同意爱尔维修"要使法律成为卓越，必须存在着将所有的法律简化为公共功利原则的可能性"的观点，而且也同意贝卡里亚将功利原则应用于刑法内容中的做法，因为，当边沁在对贝卡里亚设立的构成痛苦引力的要素进行分析时，他曾经指出："哦，先生，你是第一个理性福音的传播者，是你使得意大利走在了英国的前面，我还要加上法国，如果没有爱尔

---

① ［英］H. L. A. 哈特：《法理学与哲学论文集》，支振锋译，法律出版社 2005 年版，第200 页。

② 同上书，第 201 页。

③ ［法］埃利·哈列维：《哲学激进主义的兴起——从苏格兰启蒙运动到功利主义》，曹海军等译，吉林人民出版社 2006 年版，第 27 页。

维修,没有关于法律这一主题的论著,就无法帮助你,并为你提供基本的思想观念;你提到了有关法律的推理,而在法国那里只说行话:然而,与英国的行话比较而言,这种行话本身就是理性;你为进入功利的路径进行了如此之多的探索,我们还能做些什么呢?——不要偏离那个路径"。① 边沁在这里实际上也表明了他要像贝卡里亚一样,将功利原则引入刑法领域。事实上,边沁比贝卡里亚更进了一步,他要把功利原则应用于整个政治领域和法律领域,以解决政治问题和立法问题。边沁认为,国家之所以产生,是因为社会出现了治者和被治者的划分,是由于服从的需要,归根到底是由于功利。他指出,当一大群人大体已具有服从的习惯,服从一人或一批明确可指的人即国王或执政者时,这些人合起来可以在一个政治社会中共处了,国家于是就产生了。这样,国家就是由大量的单个人所组成的集合体,目的是"为了维护他们的安全和便利,并企望像一个人那样去共同行动"。② 人们之所以服从国王及其执政者,是因为"服从可能造成的损害小于反抗可能造成的损害"。③ 而当国王或执政者的行为与他的人民的幸福相抵触时,最好的办法就是不服从他。

为了实现人们的幸福这个目的,边沁认为应该从两个方面着手:一方面,国王或执政者必须承诺依照"他的人民的幸福"这个根据来统治,但这个根据不够明确,为此,需要更明确更准确的另一规则作为根据,这一规则至少有一部分是法律,因此,"法律的文字便构成了统治规则的要旨"。④ 国王或执政者蔑视法律就是摧毁人民所赖以实现其幸福的权利和特权。另一方面,国家必须对个人的行为予以规范,因此,国家的最高权力就是制定法律的权利,即"规定公民行为的规则的权利"。⑤ 国家通过法律,使社会各个成员的行为符合大多数人的利益。同样,"政府的职责就是通过奖惩来促进社会的幸福","行政官员有如导师,靠引导国家全体成员的希望和恐惧来管理他们。的确,在一个认真讲究的政府之下,一般的教师,甚至家长本身,就像仅仅是行政官员的代表。其支配性影响在

---

① [法]埃利·哈列维:《哲学激进主义的兴起——从苏格兰启蒙运动到功利主义》,曹海军等译,吉林人民出版社 2006 年版,第 21 页。

② [英]边沁:《政府片论》,沈叔平等译,商务印书馆 1997 年版,第 197 页。

③ 同上书,第 155 页。

④ 同上书,第 153 页。

⑤ 同上书,第 197 页。

这方面有别于普遍教师，是它左右人一辈子"。①

可见，边沁认为，法律和政府的目的都是为了规定和引导各个社会成员的行为符合社会的利益和大多数人的利益，从而法律和政府就成了实现社会利益和大多数人利益的手段，它们的正当性就在于它们是否实现它们的目的。而功利原则又是这样的原则："它按照看来势必增大或减小利益有关者之幸福的倾向，亦即促进或妨碍此种幸福的倾向，来赞成或非难任何一项行动"。② 因此，功利原则就成了评判政府行为和法律是否正当的标准。边沁在阐明功利原则的适应范围时，也明确地指出：功利原则所赞成或非难的行动"是无论什么行动，因而不仅是私人的每项行动，而且是政府的每项措施"。③ 他要把功利原则"当做旨在依靠理性和法律之手建造福乐大厦的制度的基础"。④

为了说明功利原则不仅是道德而且是立法的基本原则，边沁做了以下两个方面的工作：

第一，边沁把"个人道德"和立法看成"一般的道德"或伦理领域中的两个范畴，甚至将立法看成是"一般的道德"的一个特定的分支。因为边沁把一般的道德（也称为伦理）界定为指导人的行为产生最大可能数量的幸福的艺术。他指出：所谓"一般的道德"，就是"指导人们行为的艺术，以使那些盼望利益的人产生最大的幸福"。⑤ 立法这种艺术是从属于"一般的道德"这个范畴的。"整个伦理可以定义为这么一种艺术：它指导人们的行为，以产生利益相关者的最大可能量的幸福"。⑥ 如果这种艺术意欲指导其行为的人是个人自身的行动，这种艺术就是支配个人自身的"自理艺术"或"私人伦理"或"个人道德"；如果这种艺术支配的是未成年人，则这种艺术就称为教育艺术；如果这种艺术指导的是成年人，指导其行为的目的是产生最大多数人的最大幸福，那么，这种艺术或称为立法或称为行政。当这艺术本身所据以表现的措施是持久性的措施时，这种艺术就被称为立法；当这种艺术本身所据以表现的措施是暂时

---

① ［法］埃利·哈列维：《哲学激进主义的兴起——从苏格兰启蒙运动到功利主义》，曹海军等译，吉林人民出版社 2006 年版，第 27 页。
② ［英］边沁：《道德与立法原理导论》，时殷弘译，商务印书馆 2002 年版，第 58 页。
③ 同上。
④ 同上书，第 57 页。
⑤ 宋希仁主编：《西方伦理学思想史》，湖南教育出版社 2006 年版，第 410 页。
⑥ ［英］边沁：《道德与立法原理导论》，时殷弘译，商务印书馆 2002 年版，第 348 页。

性的、凭当时事态决定的措施时，这种艺术就被称为行政。① 可见，边沁把"私人伦理"（个人道德）、立法、教育与行政这几个范畴都归结为一般的道德（伦理）领域中的几个分支，而这些分支都服从于一个目的——指导人们的行为以产生最大可能数量的幸福。个人道德与立法的共同之处在于，都以幸福为目的，与社会上每个人的幸福和行为相关。因此，功利原则不仅是道德的基本原则，也是立法的基本原则。

事实上，边沁尤其强调要把功利原则作为立法的基本原则。边沁指出，要使人们清楚地认识法律特别有所规定的行为的性质，唯一的方法就是指出这些行为的功利或祸害。边沁由此得出结论："因此，我们便把功利称为一种原则，它可以用来控制并指导这门科学所研究的某些制度或制度组合体的分类。唯有用这种原则来解释这些制度的组合体所具有的名称，才能使它们的分类变得清晰而令人满意"。② 边沁不仅把功利原则作为指导法律科学进行分类的标准，而且指出，根据功利原则，我们便可以很容易发现恶劣的法律及其祸害。恶劣的法律，就是禁止没有祸害的行为方式的法律。根据功利原则，我们至少可以使恶劣的法律在这种分类中难以找到自己的位置。因此，"组成共同体的个人的幸福，或曰其快乐和安全，是立法者应当记住的目的，而且是唯一的目的。它是唯一的标准，依此应当在立法者确定的程度上，使得每个人都将自己的行为规范得符合该标准"，③ 且"功利是他们评断法律和制度优劣的标准"。④

第二，边沁批驳各种非功利原则，试图在此基础上阐明只有功利原则才是道德和立法的基本原则和根本标准；只有功利原则才是社会科学的基础。

边沁认为，道德原则不是道德学家主观偏好的表达，而是对客观人性法则的呈现。而快乐和痛苦是人的最基本的经验，人性的自然天性是趋乐避苦。"自然把人类置于两位主公——快乐和痛苦——的主宰之下。只有它们才指示我们应当干什么，决定我们将要干什么。是非标准，因果联

---

① ［英］边沁：《道德与立法原理导论》，时殷弘译，商务印书馆 2002 年版，第 348—349 页。

② ［英］边沁：《政府片论》，沈叔平等译，商务印书馆 1997 年版，第 116 页。

③ ［英］边沁：《道德与立法原理导论》，时殷弘译，第 81 页。

④ ［英］边沁：《政府片论》，沈叔平等译，第 117 页。

系，俱由其定夺"。① 而功利原则承认人的这种天性和自然经验，根据一种行为给人（自己或与此行为相关的他人）带来快乐或痛苦的倾向来赞赏或谴责该行为，因此功利原则是对客观人性法则的呈现，是一条人们根据习惯不假思索就可以适用的原则。至于如何证明这条法则的问题，边沁认为，它是不受直接证据的影响的，因为这是一个经验性的事实，并且，用于证明万物的存在本身是无法得到证明的。但是，这一原则会受到间接性证据的证明，"当一个人试图反驳功利原理时，他所用的理由实际上是从这个原理本身抽引出来的，虽然他对此浑然无知"。② 这里，边沁所说的功利原则受到间接性证据的证明，实际上是指他对其他非功利原则（如禁欲主义原理、同情和厌恶原理）自身中的矛盾特性的揭示和批驳，并进而阐明该非功利原则不能成为社会科学的基础，间接地就证明了功利原则的科学性。为此，边沁对禁欲主义原理、同情和厌恶原理进行了批驳。

首先，边沁对禁欲主义原理进行了批驳。边沁认为，禁欲主义原理说到底也只是对功利原理的误用，因为禁欲主义原理是指这样的原理："它像功利原理那样，根据任何行动看来势必增大或减小利益有关者的幸福的倾向，来赞许或非难该行动；不过，这是以一种逆向方式来赞许或非难，即行动趋于减小其幸福便予以赞许，行动趋于增大其幸福便予以非难"。③ 边沁还指出，禁欲主义原理所赞赏或非难的行为，实际上也是符合功利原理的行为。边沁认为，禁欲主义提倡禁欲、提倡自我牺牲，但自我牺牲往往是出于两种目的：一是为了获得未来更大的快乐或避免未来遭受更大的痛苦而牺牲眼前的快乐；二是为了公共利益而牺牲个人利益。很显然，前一种情况的自我牺牲行为其根据仍然是出于功利原理。后一种情况也不例外，因为共同体的利益"是组成共同体的若干成员的利益的总和"，④ 为了共同体的更大利益而牺牲个人利益的行为仍然是符合功利原理的。"当一项行动增大共同体幸福的倾向大于它减小这一幸福的倾向时，它就可以说是符合功利原理，或简言之，符合功利。"⑤ 所以，自我牺牲的行为仍

① ［英］边沁：《道德与立法原理导论》，时殷弘译，商务印书馆 2002 年版，第 57 页。
② 同上书，第 60 页。
③ 同上书，第 64—65 页。
④ 同上书，第 58 页。
⑤ 同上书，第 59 页。

然是符合功利原理的行为。

　　此外，边沁还指出，禁欲主义原理从未也永远无法由任何生灵自始至终贯彻到底，"只要有十分之一的地球居民坚持实行之，一天之内他们就会使地球变成地狱"。① 禁欲主义原理即使被其信徒当作个人行为的准则来信奉，但其无论如何不能作为政府科学的基础，不能成为政府行为的标准，这是因为禁欲主义原理无法加以普遍化："不管一个人可能认为使得自己受难会成就何种德行，他们中间任何人看来都从未产生过使得别人受难可以是一种德行的想法，更未想到这是一种责任，尽管假如一定量的苦难如此令人想望，它是每个人自取的还是一个人加诸他人的就似应无关紧要"。② 边沁的意思是：一个人为了磨炼自己的肉体和修炼自己的灵魂，可以自愿让恶人蹂躏，但任何人，即使是宗教狂也不会认为将同样的苦难加诸无辜的他人或自己的教友或会友是正当的行为；任何国家的统治者由于疏忽和愚蠢，确实曾使国家遭受一定的祸害，但没有任何统治者为了使其国民遭受苦难、使其国家蔓生路匪、盗贼和纵火犯而费神出力、刻意立法的，即遭受苦难不可能成为人们的道德和法律的义务。因此，禁欲主义原理不可能成为政府科学的基础。

　　其次，边沁对另一条与功利原理相反但在政府事务中有着极大影响的原理，即被他称为同情和厌恶的原理（或他在别处所说的任意或任性原理）进行批驳。边沁对所有的同情和厌恶原理进行了概括，指出所谓的"同情和厌恶原理，是指所以赞许和非难某些行动，并非由于它们趋于增大利益有关者的幸福，亦非由于趋于减小其幸福，而只是因为一个人自己感到倾向于赞许之或非难之"。③ 即同情和厌恶原理对一个行为的赞许或非难，并不考虑外在的理由，而仅仅根据情感本身。但是，这样的原理是不能满足人们对一个原理的需求的。因为"人所期望于一个原理的，是它能指示出某种外在考虑，以此为手段来证实和指引内在情感——赞许和非难，而一个无非是举出这些情感作为其本身理由和衡量标准的命题，远未达到这一期望"。④ 所以，边沁得出结论：同情和厌恶原理是个有名无实的原理。

---

① ［英］边沁：《道德与立法原理导论》，时殷弘译，商务印书馆 2002 年版，第 69 页。
② 同上书，第 67 页。
③ 同上书，第 69—70 页。
④ 同上书，第 72 页。

边沁还指出，同情和厌恶原理无论如何不能成为道德科学和政府科学的基础。因为同情和厌恶原理仅仅根据情感本身来赞许或非难一个行为，这实际上就是将个人的本能和偏好强加于人。如果每个人都竭力地将其本能的、不假思索的偏好强加于人的话，这种任意性的情感原理就会成为一个专断的原理；而如果每个人都有自己的标准、自己作出道德判断和感觉的方式，那么这个任意性的情感原理就会变成一个无政府的原理。然而，科学是不会为专断（权威）主义和主观主义留有余地的。正是由于各种同情和厌恶原理为了"规避诉诸任何客观标准的责任，并诱使读者把作者的情感或观点当作它本身的、而且是充足的原因接受下来"，① 使得同情和厌恶原理成了权威主义和主观主义的原理，而难以成为道德科学和政府科学的基础。

最后，边沁还对神学原理作了说明。边沁认为，神学原理并非一项独立的原理，它无非是上述三项原理中的这项或那项，因为，虽然我们可以承认，凡是正确的都符合上帝的意愿，但是，我们首先必须知道一件事情是否正确，然后才能由此知道它是否符合上帝的意愿，而要知道一件事情是否正确，无外乎是根据上述三项原理作出判断。所以人们所说的上帝的意愿，无非是那个在讲他相信或装作相信是上帝意愿的人的意愿。以致"在何为上帝意愿这一问题上所能说的任何东西都不能说明是非标准"。② 诉诸上帝的意愿来确定是非标准的神学原理只能从属于功利原理、禁欲主义原理或同情和厌恶原理，没有任何人想要把这个原理应用于决定私人行为和政治管理。

由此，边沁得出了只有功利原理才是道德科学和政府科学的基础的结论："行动的唯一恰当的、在逻辑上有效的理由，终究是功利考虑……唯有功利才能是为何可以为之、或者应当为之的理由"。③

三　边沁使功利原则科学化的努力

边沁虽然通过上述两个方面确证了功利原则作为道德科学、政府科学的基本原则的合理性，但边沁认识到，要使功利原则真正成为评判一个行

---

① ［英］边沁：《道德与立法原理导论》，时殷弘译，商务印书馆 2002 年版，第 73 页。

② 同上书，第 79 页。

③ 同上书，第 80 页。

动和一项法律的标准，必须引入定量研究的方法。因为，一方面，在边沁那里，功利原则所说的功利是指客体倾向于给利益相关者带来的幸福，或倾向于防止给利益相关者遭受不幸的性质，即功利可以归结为幸福，而幸福就是快乐和痛苦的免除。在边沁看来，如果把快乐和痛苦的因素去掉，幸福一词就会失去意义。① 人们行为的动机是对快乐或免除痛苦的期待，追求快乐或避免痛苦是人们行为的最终目的。因此，功利原理要求一切政治和法律制度的目标就是最大限度地实现人的幸福，即追求快乐和避免痛苦是立法者应考虑的目的。

另一方面，边沁认为，使人们遵守法律或行为规则的约束力有政治的、道德的、宗教的和自然的四种，而前面的三种约束力都可以化约为最后一种约束力；所有的约束力之所以能够发挥约束作用，都是因为约束力均由对某些快乐的希望和对某些痛苦的恐惧所构成。即立法者用以实现其追求快乐和避免痛苦的目的的手段同样也是快乐和痛苦。

以上这两方面决定了立法者必须考虑快乐和痛苦的值（values），尽可能精确地把握快乐和痛苦的量值，这样才能够使功利原则得到切实的贯彻。

于是，边沁在《道德与立法原理导论》中的第四章，阐明了如何估算快乐和痛苦的值的问题。边沁指出，对于一个人来说，在估算每一项快乐或痛苦本身时所要考虑的情况应该包括以下四种：一是其强度；二是其持续性；三是其确定性和不确定性；四是其临近或偏远。这四种情况被边沁称为痛苦的值的要素或维度。然而，在估计任何一项行动所造成的苦乐倾向而考虑其值时，单单依据以上四种要素还不够，还必须考虑其他两种情况：其丰度，指随同种感觉而来的可能性，即乐有乐随之，苦有苦随之；其纯度，指相反感觉不随之而来的可能性，即苦不随乐至，乐不随苦生。就一群人来说，联系其中每个人来考虑一项快乐或痛苦的值，则不仅要依据前面的六种要素，还要增加第七种要素——其广度，即其波及的人数，或者哪些人受其影响。

边沁还试图根据这些要素尽可能简单地界定道德微积分的规则，它所涉及的所有数量都不属于同一种类。道德微积分的操作在种类上也不尽相同，但是，边沁并不期望这种计算方法在未经修正的情况下应用于所有赞

---

① 宋希仁主编：《西方伦理学思想史》，湖南教育出版社 2006 年版，第 404 页。

成或非难的道德判断以及立法行为之中。然而，这种计算可以常留心间；我们愈服从于此，就愈加趋于将精确科学的属性归之于道德。① 边沁认为，只有根据我们对这些要素的知识，功利原则或最大多数人的幸福的公式才获得了科学的意义。

为了使功利原则科学化，边沁除了采用定量研究的方法探讨快乐和痛苦的量以外，还特别注重运用分析的方法来探讨快乐和痛苦的构成成分，引起快乐和痛苦的各种根源，与快乐和痛苦密切相关的各种复杂的人类心理动机等问题。如边沁区分了各种不同类型的快乐和痛苦，提供了一份快乐和痛苦的分类表，仅仅是简单的快乐，他就把它区分为感官之乐、财富之乐等共计 14 种类型，把简单的痛苦分成 12 种类型，而诸如感官之乐又被分解为 9 种类型。边沁还分析了痛苦和快乐与其原因的非完全相称性，由某些相同的原因所引起的快乐和痛苦的量在不同的人那里是不同的，原因在于各个人对苦乐的感受程度与他们的敏感性有关。而影响人的苦乐感受的敏感性的状况包括性别、年龄、精神状态等 32 种状况。边沁还把影响敏感性的状况进一步区分为主要的或次要的，先天的或后天的，自身的或外在的，有关身体的或有关心灵的，涉及知性的或涉及情感的。所有这些都体现了边沁注重分析和细节的思想倾向和方法倾向。

边沁正是通过对苦乐的定量研究和分析研究，试图使功利原则更具有可操作性和科学性。正如边沁自己所言："笔者要冒昧地重申（因为以前已经有人说过）：只有通过数学那般严格、而且无法比拟地更为复杂和广泛的探究，才会发现那构成政治和道德科学之基础的真理"。②

四　边沁功利原则所面临的道德哲学困境

功利原理在经由具有非凡阐释能力的边沁的阐释后，尤其是边沁为了扩大功利主义的实际影响而制订详细的改革计划的热情，使得功利主义在一开始的时候，尽管遭受了忽略，后来又遭受了批评，但在长时期里，它最终成为英国社会中占统治地位的社会思想。在 19 世纪的大半阶段，功利主义几乎成为英国政治与社会思想革新的代名词。相反，自然权利学说

① ［法］埃利·哈列维：《哲学激进主义的兴起——从苏格兰启蒙运动到功利主义》，曹海军等译，吉林人民出版社 2006 年版，第 31 页。

② ［英］边沁：《道德与立法原理导论》，时殷弘译，商务印书馆 2002 年版，第 56 页。

则渐渐地从实际的政治决策或论辩中消隐。"在 19 世纪的英国——甚至包括美国，很少有宪法或法律改革的鼓吹者，还在援用这种观念。"① 边沁也正是试图通过利益的人为同一方式，去解决利己主义与功利原则之间的矛盾，以确立功利原则在法律和道德科学中的地位，类似于万有引力定律之于物理科学中的地位，从而为处于社会变革和思想变革的 19 世纪的英国确立了社会改革的原则，确立了评价政治制度、法律制度合理性的标准，也确立了衡量个人行为道德价值的根据和标准。

然而，虽然功利主义在 19 世纪对许多政治思想和社会改革家产生了极大的影响，但边沁的功利主义仍然遭到了许多批评（虽然这些批评不是伴随着自然法学说的复兴而来的）。这些批评最终归结为一点：边沁的功利主义哲学是一种低级的、粗俗的哲学。因为边沁继承了英国近代的经验主义传统，将人们感官体验到的苦乐作为人们行为价值的根据和道德的标准，这样，任何高尚、崇高、责任与神圣的东西，就被边沁置于人类感性的地平线上了，道德也因此成为完全屈服于功利的手段和服务于简单快乐的工具。当一切神圣、高尚的东西在受到这种感性快乐与痛苦的最终裁决、服从于这个粗俗的感性本体的判断之后，都必将失去其神圣的光环，道德原则和道德义务也必将失去其应有的普遍性和崇高性。特别是边沁认为不同的行为所产生的不同的苦与乐，只有量的区别，而没有质的区别，小孩玩图钉游戏的快乐与成人欣赏诗歌的快乐是没有区别的，这种观点更是人们指责其功利主义粗俗化的原因。

边沁功利主义所遭受的最严肃的哲学上的批评是关于功利主义的运算问题，或在计算幸福、快乐或福利总净余额时所面临的理论上与实际上的困难。② 由于边沁的功利主义根据行为的结果，即行为最终所导致的苦乐的净余额来判断行为的价值，这就必然要对行为所导致的苦乐值进行计算，而要对苦乐进行计算，必然要对不同的人的痛苦或快乐进行比较、加减，以便在这基础上来确定能够普遍地产生最大幸福的净余额的行为。虽然边沁对苦乐进行了定量的与分析的研究，但由于快乐与痛苦是人的心理感受，这种心理感受在每个人那里程度是不同的，因而不同的人在感观上

---

① ［英］H. L. A. 哈特：《法理学与哲学论文集》，支振锋译，法律出版社 2005 年版，第197 页。

② 同上书，第 205 页。

的快乐或痛苦是难以准确地度量和比较的；而且这种心理感受本身也是不可量度的。这就使边沁的功利原则在实际应用中遇到了困难。甚至一些批评家如赫兹里特（Hazlitt）、卡莱尔（Carlyle）以及狄更斯（Dickens）将功利与人生和幸福的享受相对照，把功利看成了仅仅意味着通过艰苦劳动而获得的物质产品的产物。[①]

此外，还有观点认为边沁在阐释功利原则时已经涉及了功利的分配即功利的正义问题，但他只是在原则上要求把个人利益与公共利益协调起来，而并未为这种协调一致提出切实可行的具体思路。[②] 更有观点认为边沁的简单快乐和效果主义不能解释和正当地捍卫伦理学中的一些重要命题和人类常识所支持的一些重要的道德律如良心、义务和正义等，所以从一开始就受到许多道德哲学家的批评。可以说，康德就是从对此的批判中开始构建他的义务论伦理学的。康德以来的哲学家们，大多以一种在道德上居高临下的姿态嘲讽边沁的粗俗与缺乏良知。即使是马克思，他虽然深受英国古典经济学的影响，也曾对边沁这样评价道：边沁把"现代的市侩、特别是英国的市侩说成标准的人。凡是对这种标准人和他的世界有用的东西，本身就是有用的"。[③] 诺齐克也指出，如果把快乐当成衡量善的标准的话，那么，吸毒也可以带来快乐，是否也可以说吸毒是一种道德的生活方式呢？

以上种种对边沁功利原则的批评与指责，使边沁花费许多精力予以论证的功利原则陷入了困境。

第三节　密尔主要伦理学著作为功利原则辩护的思想主旨

密尔的父亲詹姆斯·密尔是边沁忠实的朋友、边沁功利主义理论的热心支持者和合作者，他一直教密尔运用边沁的"最大幸福"原则来观察事物，要求密尔阅读边沁的《立法论》。在阅读边沁的《立法论》后，边沁关于道德和立法的一般推理方式给密尔一种特别清新的印象。密尔感觉

---

① ［英］H. L. A. 哈特：《法理学与哲学论文集》，支振锋译，法律出版社2005年版，第206页。

② 舒远招、朱俊林：《系统功利主义的奠基人——杰里米·边沁》，河北大学出版社2005年版，第156页。

③ 李强：《自由主义》，中国社会科学出版社1998年版，第97页。

到边沁超出以往所有的伦理学家，他的理论的确是思想上新时代的开端。特别是边沁分析各种行为结果的不同种类和等级，科学地把幸福原则运用到行为的道德性上这一点，更增加了密尔对边沁的钦佩。密尔发现，如果按照边沁提出的"快乐和痛苦后果"的伦理原则，并完全按照边沁提出的详细方法，把科学的分类法应用到"可罚行为"这个重大而复杂的主题上，他感觉"仿佛被带到高处，从那里能俯览浩瀚的精神领域，把视力展向远方才能看到无数智力的硕果。我继续往下读，我觉得除了理论的清晰透彻以外，还有实际改进人类事务的令人振奋的前景"。① 这是因为边沁《立法论》的主题虽然是立法，但法理学只是它的形式，他书中强调的是法律的伦理，主要阐明人类应该具有怎样的思想和制度，才能使思想与制度达到应有的状态，这个应有的状态和现在的状态相距有多远。所以在读完边沁《立法论》后，密尔说："我的思想完全变了。像边沁那样理解的，像边沁在三卷《立法论》中那种方式运用的'功利原则'，确实成为把我分散零碎的知识和信仰融合一起的基本原理，使我对事物的概念统一起来。现在我有各种思想；一个信条、一个学说、一种哲学和一种宗教（从这个词的最好含义去理解），其宣传和灌输值得作为一生的重要目标"。②

事实上，密尔在其早期的著作——1843 年发表的《逻辑学体系》一书的结束部分就明确表明了他对功利原则的态度。他指出：必定存在着判断善恶的唯一标准，但这种标准不能来自道德感或直觉。因为，即使这种直觉的道德原则是正确的，它也只能适用于道德的领域，而对于生活实践中的其他部分，仍然要寻找一些一般的原则和标准。密尔认为，如果一个道德原则能够被正确地选择，那么，这个原则就不仅能够成为经济领域、政治领域和鉴赏领域的第一原则，而且也能够成为道德领域的第一原则。而这样的原则是一个什么样的原则呢？密尔指出："所有实践规则所必须遵从的，并据以检验之的一般原则，就是导致人类及其他一切有感觉力的存在物的幸福的原则；换言之，增进幸福是目的论的第一原则"。③

---

① ［英］约翰·穆勒：《约翰·穆勒自传》，吴良健、吴衡康译，商务印书馆 1987 年版，第46 页。

② 同上。

③ John Stuart Mill, *System of Logic: Ratiocinative and Inductive*, London: Longmans, Green, and Co., 1886, p. 621.

密尔并不认为边沁是功利原则的发明者。密尔实际上从苏格拉底和亚里士多德的哲学中发现了功利原则。① 但密尔在他 1843 年发表的论文《论边沁》中指出，边沁对功利原则的运用确实在价值论的方法论方面作出了无可估量的贡献。密尔认为，边沁关键的贡献在于道德原则必须建立在某些东西的基础之上。但由于边沁在表达上的模糊和不清晰，他的贡献往往被否定掉。② 无论如何，密尔指出，在"正确的解释下"，他愿意接受边沁的功利原则。③

至此，边沁提出的功利原则以及以功利原则改革法律的思想、边沁所打开的改善人类条件的宏大灿烂远景，点燃了密尔生命中的熊熊烈火，并确定了他坚定地信仰与传播功利原则、以实现其改善人类社会的抱负。

然而，边沁所阐明的功利原则陷入了困境，为了使他所信仰和推崇的功利原则摆脱困境，密尔要为之辩护。在《功用主义》一书中，密尔就从正面对功利原则进行了辩护，对于这一点，对于研究密尔的学者来说似乎没有异议，但不少学者却止步于此，认为密尔为功利原则辩护的思想仅仅限于《功用主义》一书中，而他在《论自由》与《代议制政府》等著作中的主题不是为功利原则辩护的。这种观点的流行，使得人们在理解密尔的伦理思想时仅仅限于密尔在《功用主义》中的阐述，并导致了密尔为功利原则辩护的许多观点受到了质疑和批评。如果我们仔细阅读密尔的这几本著作后就会发现，不仅在《功用主义》中，而且在《代议制政府》和《论自由》中，密尔的主题都直接地或间接地是在为功利原则作辩护，尽管每一部著作的论题不同，但都是在为功利原则作辩护，只是视角不同而已。密尔的伦理学思想正是围绕着对功利原则的辩护而展开的。

一　为功利原则提供哲学依据的《功用主义》

密尔在《功用主义》一书的第一章《绪论》中就指出，道德的第一原理或道德原则问题，即道德的基础或道德上是非的标准问题，历来是个争论的题目或主要难题；对于解决这个争论，以往的进步很少。即使在花费了许多心思之后，也难以形成统一的看法，相反倒是形成了许多的宗

---

① ［英］约翰·穆勒：《功用主义》，唐钺译，商务印书馆 1957 年版，第 1 页。

② John R. Fitzpatrick, Reconciling Utility with Liberal Justice——John Stuart Mill's Minimalist Utilitarianism［the Paper of Doctor of Philosophy］, Knoxville: The University of Tennessee, 2001, p. 145.

③ Ibid. , p. 147.

派。而"因为缺乏一个明认的第一原理，所以与其说伦理学是人的实际
感情的指导，不如说它是对这些感情的供奉"。① 为此，寻找一个公认的
第一原理是非常必要的。密尔认为，功利原则或最大幸福原则可以成为道
德的第一原理，即使有人轻蔑地否认功利原则，功利原则也应该可以成为
这样的原则，因为人们对事物的爱憎极大地取决于这些事物对他们的幸福
的影响；况且，功利原则，在伦理学说的形成上曾经起了大作用。但是，
功利原则在作为道德标准方面遭到了一些反对和抗议，而且，功利原则在
应用方面也遭到了抗议和反对，而这种抗议和反对有的是起源于对功利原
则的意义的误会，有的与这种误会密切相连。于是密尔试图通过例解去打
消这种抗议和反对。正如密尔所言，要使人们采纳或摈弃功利原则作为道
德的基本原理和道德上义务的来源，就要对这个原理进行"证明"，即
"提出种种理由，能够左右理智使它对于这个学说认可或否认"。② 鉴于
此，密尔明确指出，他在《功用主义》一书中要完成的任务有两个：一
是阐明功利原则的性质；二是说明功利原则能够成为道德的基本原则的哲
学根据。为此，密尔在该著作中的整体安排是首先"提出这个学说自身
的一些例解，用意在使我们更加明白它是什么性质，它与非功用主义的标
准有什么区别"；然后"讨论要承认功用主义的标准有什么哲学根据"。③

为了完成第一个任务，密尔在该书的第二章《何谓功用主义》中，
对功利的含义、功利原则能够成为道德标准的不可缺少的条件、功利原则
作为道德标准的优缺点、可能遭遇的实践难题如相互冲突的功利如何权衡
轻重的问题，如何权衡行为是否有益于公共福利的问题，功利原则作为第
一原理与次要原理的关系如何的问题等作了阐明，以便使人们了解功利原
则的性质，消除人们对功利原则的误解与反抗。

为了完成第二个任务，密尔接着在该书的第三章中阐明了功利原则作
为道德标准的最后制裁力问题，以便说明功利原则作为道德的标准也有任
何别的伦理学理论体系所具有的一切制裁力。在第四章中对功利原则进行
了逻辑上的"证明"。

在思想史上，导致人们不容易接受功利原则的最有影响的观念之一就

---

① ［英］约翰·穆勒：《功用主义》，唐钺译，商务印书馆 1957 年版，第 3 页。
② 同上书，第 5 页。
③ 同上。

是公正观念，这种观念认为，以功利原则作为道德的基本原则会导致不公正现象的出现。为了说明功利原则与公正观念的相容性，密尔在该书的第五章《论公道与功用之关系》中阐明了功利与公正的关系，并指出："公道始终是这些非常重要的社会的功用的适当名词"。①

从上述我们对密尔在《功用主义》一书中所阐述的内容可见，密尔《功用主义》的主要目的是为功利原则作辩护。

二　证明自由原则的根据在于功利的《论自由》

在《论自由》一书中，密尔虽然在第一章《引论》中就指出："本文的目的是要力主一条极其简单的原则……这条原则就是：人类之所以有理有权可以个别地或者集体地对其中任何分子的自由进行干涉，唯一的目的只是自我防卫。这就是说，对于文明群体中的任一成员，所以能够施用一种权利以反其意志而不失为正当，唯一的目的只是要防止对他人的伤害"。② 在这里，密尔讨论的确实是自由原则（或称不伤害原则），自由原则评判的是社会或政府对个人自由干预的合理限度的标准。自由原则似乎与功利原则的辩护无关。然而，只要我们对密尔为何把自由原则作为他在《论自由》一书中力主的原则的原因进行分析，并分析自由原则的合理性根据，我们就能够明白自由原则和功利原则的关系，也才能明白密尔《论自由》的真正目的。

密尔事实上继承了边沁关于国家和政府的目的在于促进其人民的功利的观点。至于如何促进人民的功利，边沁认为可以通过两个方面：一方面，国王或执政者必须承诺依照"他的人民的幸福"这个根据来统治，但为了使国王或执政者易于遵照，这个根据必须明确化，至少有一部分必须称文化为法律；另一方面，国家必须通过制定法律即规定公民行为的规则来对个人的行为予以规范。根据边沁的观点，要协调统治者与广大人民的利益、个人与社会公共利益的关系，政府必须制定出好的法律。因为国王们在治理国家时，为了避免使用会导致臣民不幸福的手段，一般来说，必须按照已经制定的法律行事。如果法律是不合理的，那么，一位君主可以极大地损害人民的幸福而没有违反任何一条法律条文，因而也不会受到

① ［英］约翰·穆勒：《功用主义》，唐钺译，商务印书馆 1957 年版，第 69 页。
② ［英］约翰·密尔：《论自由》，许保骙译，商务印书馆 2005 年版，第 10 页。

制裁或谴责。

　　密尔则比边沁更进了一步，他认为，如果统治者和人民没有良好的品质，即使是具有再好的法律，也难以真正保护人民的幸福，所以，检验政府好坏的标准不是孔德等人所说的秩序、进步或永恒性，而是社会利益的总和，或是"政府在增加被统治者（集体地和各个地）的好品质的总和方面所能达到的程度"。因此，在如何评价政府的好坏问题上，主要是看这个政府的行动，看它是如何训练公民和对待公民的；是倾向于使人民进步还是使人民堕落。根据密尔的观点，要使人民具备良好的品质，适当的自由是必需的。如密尔就认为，如果人民有参政的自由，即普通公民有参加公职的机会，给他们一些有益公众的事情做，就可以培养人们的公共精神，使他们成为有教养的人。即使是政府为了协调个人利益与公共利益的关系，为了促进大多数人的功利而必须制定法律和规则，政府对于人民的约束也不能过于强大，否则不仅不能够促进他们的利益，而且不利于民族性格的发展和人民道德的提升，而这些也是人民的利益而且是更重要的长远利益。他认为，任何保护他人利益的意图，不管多么真诚，都不能使束缚他们双手的事变得安全或有益，只有靠他们自己的双手，才能作出对他们的生活情况的任何积极的和持久的改善。"一切自由社会，比之任何其他社会，或者比自由社会在丧失自由以后，既更能免除社会的不公正和犯罪，又可达到更辉煌的繁荣"。①

　　然而，现实的社会境况不容密尔乐观。密尔认为，在平民政府尚未出现之前，人民认为无须对这个政府的权力进行限制，因为这种权力是自己施加于自己的；而当民主共和国真正出现时，通过对现存事实的考察，发现这个政府并未真正成为人民自己的政府，人们并没有获得真正的自由，社会通过公共权威的措施或通过集体意见对个人自由进行了过于强大的干预，甚至达到了施虐的程度。

　　政府对公民自由的干预之所以如此强大，主要是因为政府对人民的影响是通过两个途径来实现的：一是公共权威的措施，即以刑罚为后盾的政治机构作出的措施；二是集体意见的干预，即得势舆论、得势感想的干预。前者具有强制性，后者具有普遍性，能够深入到生活细节、奴役到灵魂，束缚个性的发展。在这两条途径的作用下，人民几乎没有自由可言。

---

① ［英］J. S. 密尔：《代议制政府》，汪瑄译，商务印书馆 1982 年版，第 46 页。

丧失了自由的个人，不仅无法实现自己的功利，而且也无法促进社会的普遍繁荣；丧失了自由的社会，必然导致全社会的平庸、懒惰，缺少真知灼见和决策的合理性，最终导致总体功利的巨大损失。因为在密尔看来，要实现个人和社会的功利，人类的事务应该基于具有普遍性和真理性的两个原则之上："第一个原则是，每个人或任何一个人的权利和利益，只有当有关的人本人能够并习惯于捍卫它们时，才可免于被忽视。第二个原则是，从事于促进普遍繁荣的个人能力愈大，愈是富于多样性，普遍繁荣就愈达到高度，愈是广泛普及"。① 而人们能够捍卫自己的权利和利益、提升自己的能力的必不可少的条件是人们能够拥有自由。但密尔在这里所说的自由不是不受任何束缚的自由，他并没有否定边沁协调个人利益与公共利益关系的利益人为同一原理，而是在承认一定的社会控制的前提下来讨论公民的自由。既要保证社会适度的控制以使个人利益与公共利益相协调，又要给予人民适度的自由以更好地促进个人利益与公共利益。至于社会对个人控制的限度究竟应该如何的问题，密尔认为："我们并没有什么公认的原则，习惯地用来测定政府干涉之当与不当"。② 因而人们实际遵循的准则是把自己的意见作为准则强加于人，由于没有准则或原则，人们对于自由的限度无法掌握，以致"不是不适当地乞灵于政府的干涉就是不适当地加以谴责"。③ 为此，密尔提出应当以自由原则或伤害原则为社会控制个人自由的原则，即"任何人的行为，只有涉及他人的那部分才须对社会负责，在仅只涉及本人的那部分，他的独立性在权利上则是绝对的"。④

　　虽然密尔认识到了自由的重要性，也认识到在一切宣称宗教宽容和自由制度的国家中，自由已经在相当分量上形成了政治道德的一部分，但是，由于世界上存在着一种把社会凌驾于个人之上的权利不适当地加以增强的趋势，所以，除非能够构筑一道坚强的道德信念的堤障，对个人自由的侵犯是不易消除的。而要使自由成为坚定的政治道德信念，首先要使人们透彻地理解：自由为何能够而且必须成为政治道德的一部分的哲学根据和实践根据是什么。因为这些根据还不为一般人所熟悉，而

---

① ［英］J. S. 密尔：《代议制政府》，汪瑄译，商务印书馆 1982 年版，第 44 页。

② ［英］约翰·密尔：《论自由》，许保骙译，商务印书馆 2005 年版，第 10 页。

③ 同上。

④ 同上书，第 11 页。

人们对这些根据的正确理解具有极为重要的意义："那些根据，一经受到正确的理解，就不只适用于这总题的一个部分，而可以有宽广得多的应用；这也就是说，对于这个问题的这一部分的彻底考虑乃是对于其余部分的最好的导言"。① 这些根据是什么呢？密尔在分析了思想自由和讨论自由对于人类精神福祉的必要性后，又讨论了个性自由与人类福祉的关系，指出人类自由的哲学和实践上根据概而言之就是人类的利益、人类的福祉。

可见，密尔《论自由》一书的目的是：找到自由作为政治道德的哲学上和实践上的根据，即说明自由在道德上和实践上正当性的根据在于功利。人们只有拥有适度的自由，才能够促进社会功利，因为思想自由和言论自由有利于趋向真理；个性自由有利于个人的自我发展。密尔因此得出人们自由的限度和社会控制个人自由的界限：社会凌驾于个人的权威的限度应该为"凡主要关涉在个人的那部分生活应当属于个性，凡主要关涉在社会的那部分生活应当属于社会"。②

总之，尽管密尔在《论自由》中明确表明，他的这篇文章所力主的社会干预个人自由的原则是伤害原则，他的直接目的是要阐明社会干预个人自由的限度应该遵从的原则是伤害原则，但他在阐明为何要遵从伤害原则的过程中，实际上阐明了遵从伤害原则的根据在于功利、在于人类的福祉，自由的正当性或道德性的根据在于功利，因此，密尔力主的伤害原则并不与他把功利原则作为第一原则相矛盾。事实上，密尔承认功利原则作为第一原则，并不是主张在任何时候都把功利原则当作直接评判行为是非的标准，并不是把功利原则当成一个实践的规则和一种行动的理论，他只是在"假如有几个原理或规律，应该其间有一定的先后次第"的时候，始终把功利原则当成第一的和首要的原则而已，或者是在"各原理彼此冲突时候"，功利原则作为"出来判定是非的规律"③而已。

密尔在其《论边沁》一文中就指出，功利和幸福是非常复杂和不十分确定的目的，为了实现这样的目的，必须通过各种第二层次的目的作为

---

① ［英］约翰·密尔：《论自由》，许保骙译，商务印书馆 2005 年版，第 16 页。
② 同上书，第 89 页。
③ ［英］约翰·穆勒：《功用主义》，唐钺译，商务印书馆 1957 年版，第 3 页。

中介。"人们往往在最高原理上持不同见解，而在第二层次的目的方面则有许多共同标准。……那些把功利主义作为最高原理的人，也只有通过许多第二层次的原则才能真正地应用功利主义原理；而拒斥功利主义的人，一般也不过是把种种第二层次的原则提升为最高原则罢了。仅仅是当两个或更多的第二层次的原则发生冲突的时候，才有必要直接地诉诸最高原则"。①

密尔实际上把评判行为是非的标准分成了不同的等级，功利原则处于最高层级，在特定的领域中，对具体行为的评判主要以这个领域的二级原则为具体的评判标准。当多条二级的原则发生冲突时，才需要诉诸作为终极原则的功利原则，而不能直接运用功利原则来决定行为。边沁"习惯上是用某种特定的行为和由计算这种行为的普及所导致的后果来决定赞扬和谴责"。② 所以密尔批评边沁混淆了功利原则和效果原则之间的区别，把功利原则作为一种选择与决定的理论，认为好的行为在于增加快乐的总量而错误的行为倾向于减少快乐的总量。密尔认为，这种把功利原则当成道德选择和决定的直接原则、对行为进行评价的直接依据的做法是必定要失败的。

功利原则在密尔那里只是一个终极的原则，而不是道德行为选择和决定的直接原则与对行为进行评价的直接依据，难怪密尔说："的确，在一切道德问题上，我最后总是诉诸功利的"。③

密尔与边沁一样，始终是以功利原则作为评判政府行为的标准，但密尔又比边沁进了一步，认为政府一方面要制定好的法律和规则来约束人民的行为，以协调个人利益与社会利益的关系；另一方面又要给予人民适度的自由，以更好地促进个人利益与公共利益，因此政府对个人自由的干预应该有一个界限，但不管是干预人们的行为还是给予人们以自由，评判政府行为的标准最终都是功利原则。因此，在《论自由》中，密尔的主旨也是为功利原则作为第一原则而辩护的。

---

① 黄伟合：《英国近代自由主义研究——从洛克、边沁到密尔》，北京大学出版社 2005 年版，第 91 页。

② 同上。

③ ［英］约翰·密尔：《论自由》，许保骙译，商务印书馆 2005 年版，第 12 页。

三　阐明政府形式或政治制度评价的标准在于功利的《代议制政府》

同样，在《代议制政府》中，仍然体现了密尔为功利原则辩护的主题。密尔在该书的前言中就指出："承蒙读过我以前著作的人，也许从目前这本书中得不到任何强烈的新奇印象；因为其中所叙述的原则是在我大半生中逐渐形成的"。① 密尔在其大半生中所形成的原则显然就是功利原则。密尔在前言中作这样的声明，就是为了说明在这本书中虽然讨论的是政府的问题，但这种讨论不是离开功利原则的讨论，而恰恰是讨论功利原则为何是选择政府形式的标准，具体的行政制度的安排和设置为何要遵循功利原则以及如何遵循功利原则的问题。这一点在《代议制政府》一书的结构安排上就可以得到证明。

在该书的第一章中，密尔首先探讨了政府的形式在多大程度上是个选择的问题，指出：政治制度的根源和全部存在都依赖于人的意志，而且，政治机器不能自行运转，需要人民的积极参与，所以，要选择一种政府形式，必须考虑三个条件："为人民而设的政府形式必须为人民所乐意接受，或至少不是不乐意到对其建立设置不可逾越的障碍；他们必须愿意并能够做为使它持续下去所必要的事情；以及他们必须愿意并能够做为使它能实现其目的而需要他们做的事情"。② 也正是因为人们选择政府的形式要考虑这三个条件，所以密尔的结论是：在这三个条件所规定的界限内，制度和政府形式是个选择的问题。

既然在一定的条件下，特定国家的政府形式是服从选择的，那么，根据什么标准来指导这种选择呢，这就是该书第二章的主题——探讨好的政府形式的标准。好的政府形式的标准是什么呢？密尔指出，由于政府整个说来是一个手段，而手段的适当性必须依赖于它的合目的性，即评价政府好坏的标准要依据政府的目的来确定。对于政府的目的是什么的问题，密尔认为，由于政府对人们的直接干预除了人类的生存以外，几乎没有任何必然的界限，"政府对社会福利的影响简直可以按照整个人类利益来考虑或估价"，③ 即政府干预社会的目的是为了整个社会的福利和社会利益，

---

① ［英］J. S. 密尔：《代议制政府》，汪瑄译，商务印书馆 1982 年版，第 3 页。

② 同上书，第 7—8 页。

③ 同上书，第 17 页。

"我们因此不得不把社会利益的总和这样一个复杂的对象作为检验政府好坏的标准"。①

如果社会利益的总和是检验政府好坏的标准，那么，社会利益的总和由哪些因素组成呢？密尔试图通过进一步对"社会利益"进行分类来说明这个问题。密尔指出，不能像一些思想家那样把社会利益划分为"秩序"和"进步"两类，因为"秩序"意味着服从和通过停止私人暴力来保持和平，所以秩序表示的可以是政府的条件而不能够作为政府的目的或检验政府好坏的标准。而且，"进步"意味着改进，"秩序"包括在"进步"之中，所以，说好政府就是有助于进步的政府比说好政府就是有助于保有"秩序"的政府，在哲学上更正确一些。然而，"进步"一词同样不适宜作为检验好政府的标准，因为"进步"一词所暗示的是前进的意思，在这里也表示防止倒退的意思。密尔认为，管理良好的制度可能在不确定的长时间内阻止倒退，但如果把防止倒退看成好政府的标准，就会对改进和提高人类本性和人类生活所应做的努力的重要性严重估计不足，而人类的一切愚蠢、一切邪恶、一切疏忽、懒惰和苟安的存在，使得一股使人类事务趋向于更加恶化的潮流总是长流不息，因此，一旦忽视了对改进和提高人类本性和人类生活所应做的努力，社会就不仅会停止进步，甚至会倒退。

既然秩序和进步都不能够成为好政府的标准，应以什么作为检验好政府的标准呢？密尔认为，政府的唯一目的是被统治者的福利，政府要实现这个目的，必须依靠开动政府机器的动力——被统治者的好品质，因为政府是由人组成的，没有良好品质的公民，就不可能有为人民利益而工作的政府；政府管理是由人们的行为组成的，如果群众是无知的、愚蠢的和具有可悲偏见的人，就不可能有管理良好的政府。因此，好政府主要的和超越其他一切的原因和条件是：组成作为统治对象的社会的那些人的品质，即好政府的第一要素是组成社会的人们的美德和智慧。"任何政府形式所能具有的最重要的优点就是促进人民本身的美德和智慧"。②"因此，我们可以把政府在增加被统治者（集体地和各个地）的好品质的总和方面所

---

① ［英］J. S. 密尔：《代议制政府》，汪瑄译，商务印书馆1982年版，第17—18页。
② 同上书，第26页。

能达到的程度，看作区别政府好坏的一个标准"。①

　　密尔除了把能够增加人民本身的美德和智慧作为评价好政府的标准外，还把政府本身的性质，即政府在每个时候所能够组织的那些有助于实现正当目的的社会成员的好品质的程度，看成好政府的第二个优点，认为，一个国家的制度所能组织的这种好品质越多，组织形式越好，政府也就越好。

　　据此，密尔得出了政府形式或政治制度影响社会福利的两种工作方式：一是它作为国民教育机关的工作方式，即政府或政治制度是促进社会普遍的精神上的进步的一种手段；二是它作为一种在现有教育情况下管理社会公共事务的安排，即政府或政治制度是一种将现有道德的、智力的和积极的价值组织起来，以便对公共事务发挥最大效果的一种手段。"政府既是对人类精神起作用的巨大力量，又是为了公共事务的一套有组织的安排"。② 因此，好政府所影响的社会利益的类别可以分为"促进人民本身的美德和智慧"以及"将现有道德的智力的和积极的价值组织起来"两类，而不是"秩序"和"进步"两类，因此，评价一个政府的好坏，就应该根据它对人们和对事情所采取的行动，根据它对待公民和训练公民的方式是促进人民的进步还是使人民堕落，根据它为人民和依靠人民所做的工作。至此，密尔得出了评价一个政府形式或政治制度好坏的标准：根据政府或政治制度促进社会普遍的精神上的进步的程度，以及它将现有道德的、智力的和积极的价值组织起来，以便对公共事务发挥最大效果的程度。这个标准实际上就是功利标准，因为组成这个标准的两个部分内容实际上就是政府影响的，或作为政府的目的的社会利益的两个类别。

　　把人民的道德和智力的提高看成国家和政府所要实现的基本利益，是国家和政府这个机器的动力这一观点，密尔在《论自由》最后一章和他的自传中也作过明确的表述："国家的价值，从长远看来，归根结底还在组成它的全体个人的价值。一个国家若只图在管理技巧方面或者在事务细节实践上所表现的类似的东西方面稍稍较好一些，而竟把全体个人智力的扩展和提高这一基本利益推迟下来；一个国家若只为——即使是为着有益的目的——使人们成为它手中较易制驭的工具而阻碍他们的发展……由于

───────────

① ［英］J. S. 密尔：《代议制政府》，汪瑄译，商务印书馆1982年版，第27页。

② 同上书，第29页。

它为求机器较易使用而宁愿撤去了机器的基本动力，结果将使它一无所用"。① "我现在把政治制度的选择看作是道德和教育问题，而不是一种物质利益问题"。② 因此，密尔在《代议制政府》一书的第二章中所阐明的评价政府或政治制度好坏的标准就是功利标准，不过这里的"功利"不是指物质利益而是指人民道德和智力的促进与提高。

在确立功利标准为评价政府好坏的标准之后，密尔在《代议制政府》一书第二章以后的各章中均围绕着功利原则来探讨与政府相关的问题，如根据功利原则应该选择的政府形式是什么？代议团体应该具备什么样的职能？选举权限和选举阶段应该如何划分？采用什么样的投票方法，等等。

从上面关于密尔《代议制政府》一书的结构安排上可见，正如密尔自己所说的那样，他在该书中所叙述的原则的确是他在大半生中逐渐形成的功利原则。他写作此书的间接目的仍然是为功利原则作辩护。

四 密尔主要伦理学著作为功利原则辩护的体系性

由上面的分析可见，密尔伦理学主要著作中的主题都是为功利原则进行辩护。然而这些辩护并不是孤立的，在密尔那里是自成体系的。

在《功用主义》中，密尔主要从正面为功利原则作为道德原则的合理性提供证明。为了证明功利原则作为道德原则的合理性，密尔首先提出功利主义学说的一些例解，以使人们明白功利主义的性质，以及它与非功利主义标准的区别，然后讨论功利原则作为道德原则的哲学根据。

然而，功利原则作为道德的是非评判标准，在密尔看来不只是评价个人的行为，也评价集体的行为。社会作为集体，其行为的正当性标准最终也应诉诸功利原则。社会对人民的干预主要通过两个途径来实现：一是公共权威的措施，即以刑罚为后盾的政治机构所作出的措施；二是集体意见的干预，即得势舆论、得势感想的干预。第一条途径由政府及其下属的各级政治机构实施，第二条途径主要由社会的道德舆论实施。针对这两条途径的实施主体，密尔在《论自由》中探讨了公民自由或社会自由与功利

---

① ［英］约翰·密尔：《论自由》，许保骙译，商务印书馆2005年版，第137页。

② ［英］约翰·穆勒：《约翰·穆勒自传》，吴良健、吴衡康译，商务印书馆1987年版，第103页。

的关系、社会所能合法施用于个人的权力的性质和限度等问题，指出思想自由和言论自由有利于趋向真理；个性自由有利于个人的自我发展；人们只有拥有适度的自由，才能够促进社会功利。并由此得出结论：人们应该遵从两条格言："第一，个人的行动只要不涉及自身以外什么人的利害，个人就不必向社会负责交代。……第二，关于对他人利益有害的行动，个人则应当负责交代，并且还应当承受或是社会的或是法律的惩罚，假如社会的意见认为需要用这种或那种惩罚来保护它自己的话"。① 所以，在密尔看来，公民是否应该拥有自由，或者社会应该如何控制个人，其最终的根据是社会的功利。

当然，社会对个人的干预不是直接根据功利原则来进行评判的，而是根据自由原则："人类之所以有理有权可以个别地或者集体地对其中任何分子的自由进行干涉，唯一的目的只是自我防卫"。② 所以，密尔在《论自由》中主要讨论公民自由问题以及社会所能合法施用于个人的权力的性质和限度问题，而不是直接讨论功利原则问题。但对于这两个问题的解决，密尔始终立足于自由之于功利的影响之上。

然而，政府的作用不仅仅是消极地控制个人的行为，它更主要的作用在于"促进社会上普遍精神上的进步"和组织"现有道德的、智力的和积极的价值"，即"政府既是对人类精神起作用的巨大力量，又是为了公共事务的一套有组织的安排"。③ 政府的第一种职能对社会的影响是间接的，但是，政府的第二种职能对社会的影响则是直接的。因为政府形式或政治制度设置的好坏，直接影响到社会的福利，也即影响到人民的道德水平、才智水平、能动性的高低，所以，密尔在《代议制政府》中着重讨论了政府形式的选择为何应该根据功利原则来选择，具体的政治制度为何以及如何根据功利原则来设置等问题。

可见，密尔各主要伦理学著作都是为功利原则作辩护的，而且这种辩护又不是互不相关的，而是自成一体的。他既从个人的层面阐明了功利原则作为道德原则的哲学根据，又从社会层面阐明了功利原则作为评判集体（社会或政府）行为标准的理论根据。不论是从个人层面还是从社会层面

---

① ［英］约翰·密尔：《论自由》，许保骙译，商务印书馆 2005 年版，第 112 页。
② 同上书，第 10 页。
③ ［英］J. S. 密尔：《代议制政府》，汪瑄译，商务印书馆 1982 年版，第 29 页。

对功利原则的阐明，密尔的最终目的都是为功利原则作为道德原则的合理性进行辩护。

本章小结

在近代西方伦理学理论以寻找一条普遍的伦理原则为主题，近代思想家对功利原则进行了初步探索，尤其是边沁对功利原则的阐释和论证并不充分，在功利原则遭到许多责难的背景下，密尔作为边沁学说的推崇者和继承人，为功利原则辩护就成了他的伦理思想的主旨。密尔为功利原则的辩护不仅体现在《功用主义》，也体现在《论自由》、《代议制政府》等著作中。为此，要评判功利主义所遭受的批评是否恰当，评判密尔为功利原则的辩护是否成功，就要研究密尔在这些著作中是如何为功利原则进行辩护的。

第二章　密尔对边沁功利概念的修正

密尔认识到人们对功利原则的指责主要来自对功利概念的误解，因而指出，人们对于功利主义有两种无知的错误认识：那些奉"功利"为是非标准的人将"功利"与"快乐"对立起来；而那些反对功利主义的人又狭隘地和庸俗地理解"功利"，把"功利"等同于顶下流的快乐。这种情形正如一个作家所言："将功利置于快乐前面时显得不切实际的枯燥乏味，而将快乐置于功利前面时又显得过于现实而近于淫荡。"密尔认为，功利主义从伊壁鸠鲁到边沁，都把功利与快乐联系起来，但这种联系并不意味着这种学说就把人生看成除了快乐就没有更高贵的目的，因而是"全然卑鄙而堕落的学说，只配给猪做主义"。[1] 这些错误的认识都源于他们对"功利"概念的误解，而这些误解又与边沁"表达上的模糊和不清晰"有关，[2] 所以，密尔对功利原则的辩护，首先体现在他对边沁"功利"概念的澄清和修正上。

第一节　边沁的功利概念及其缺陷

以往，研究者们把密尔看成与边沁一样的简单快乐主义者，认为密尔的幸福概念与边沁的功利（快乐）概念是相同的，都同样承认快乐本身具有内在的价值，快乐是值得欲求的，而痛苦是要避免的。其实，这种观点是不符合密尔的思想的。虽然在边沁和密尔那里，"功利"与"幸福"、"快乐"这些词都是在同等意义上使用的，但这些词在边沁那里和在密尔

---

① 龚群：《当代道义论与功利主义研究》，中国人民大学出版社 2002 年版，第 314 页。

② John R. Fitzpatrick, Reconciling Utility with Liberal Justice——John Stuart Mill's Minimalist Utilitarianism [the Paper of Doctor of Philosophy], Knoxville: The University of Tennessee, 2001, p. 145.

那里是不完全相同的。在密尔那里，这些词包含着更丰富的内容，所以密尔以"幸福"而不是"快乐"来表示功利。但是，密尔在讲功利时，确实也把快乐称为功利，所以，要了解密尔的功利（幸福）概念与边沁的功利（快乐）概念究竟有何不同，我们分别要对边沁的功利概念和密尔的幸福概念加以了解。

一　边沁的功利概念

边沁认为："整个伦理可以定义为这么一种艺术：它指导人们的行为，以产生利益相关者的最大可能量的幸福"。[①] 因此，能够作为伦理学基本原则的就只能够是功利原则。"当一项行动增大共同体幸福的倾向大于它减小这一幸福的倾向时，它就可以说是符合功利原理，或简言之，符合功利"。[②]

在边沁看来，功利就是幸福，然而，无论是个人幸福还是社会幸福，都是由人们的快乐和安全感所构成的。他认为任何一种行为只要是增加了快乐，减少了痛苦，就是幸福的。即幸福就是快乐和痛苦的免除，如果把快乐和痛苦的因素去掉，幸福一词就会失去意义。这样，在边沁那里，功利就是快乐和痛苦的免除："功利是指任何客体的这么一种性质：由此，它倾向于给利益有关者带来实惠、好处、快乐、利益或幸福（所有这些在此含义相同），或者倾向于防止利益有关者遭受损害、痛苦、祸患或不幸（这些也含义相同）"。[③] 评价道德上的善恶、政治上的优劣、法律上的权利都是以这种减轻痛苦、增加快乐为唯一标准的。而且"不管要干何事，除痛苦或快乐之外，没有什么能够最终使得一个人去干"。[④] 因此，如果要寻找功利主义道德原则的约束力量，首先必须寻找存在于自然与社会中的影响人的快乐与痛苦的诸因素，即寻找苦乐的来源。边沁把苦与乐的来源分为四种：自然的、政治的、道德的、宗教的。来自这四种来源之一的苦和乐，既然都能给任何的行为法律或行为规则以一种约束力，所以它们都可统称为约束力。但自然的约束力是最基本的，其他三者通过它才起作用。

---

① ［英］边沁：《道德与立法原理导论》，时殷弘译，商务印书馆 2002 年版，第 348 页。
② 同上书，第 59 页。
③ 同上书，第 58 页。
④ 同上书，第 81 页。

在边沁那里，快乐和痛苦是一切人类行为动机及合理性依据的来源，也是人类行为的最终目的。即使是人类的其他一切义务、正义、责任和德性，也都与快乐和痛苦有关。如果从它们那里抽掉了快乐和痛苦因素，这一切就会变得毫无意义。一个人之所以考虑他人及社会的幸福，甘愿遭受痛苦，主要由于这种行为也会产生一种"仁慈的快乐"。

边沁把快乐和痛苦看成人类行为的动机和合理性标准，他也认识到了快乐和痛苦有不同的种类，因而特别注重运用分析的方法来探讨快乐和痛苦的构成成分、引起快乐和痛苦的各种根源、与快乐和痛苦密切相关的各种复杂的人类心理动机等问题；他还区分了各种不同类型的快乐和痛苦，提供了一份快乐和痛苦的分类表；并提出了根据快乐的强度、持续性、确定性和不确定性、临近或偏远、丰度、纯度、广度七个因素来度量快乐的量，以便确定应该选择哪一个行为去行动。

边沁之所以认为快乐可以采用数量方法进行计算，是因为他认为不同的快乐和痛苦只有量的不同，而不存在质的区别，小孩的图钉游戏的快乐与大人从诗中所得到的快乐、欣赏一幅经典名画与饱餐一顿美食所获得的快乐其性质是一样的，只有量的区别。并且所有的"苦"与"乐"都可以通过身体所感受的"苦"与"乐"进行计量。即边沁把复杂的快乐看成在量的方面扩大了的简单快乐，一切"苦"与"乐"都可以归为感官的"苦"与"乐"并进行计量。

二　边沁功利概念的实质及其缺陷

边沁把功利看成快乐和痛苦的免除，认为快乐是唯一有内在价值的东西，但在讲快乐时，边沁只强调快乐的数量，而否认快乐的质的差别，因而边沁的快乐主义是一种简单的快乐主义。他的功利主义由此被称为简单快乐主义的功利主义。他的功利概念实质上是简单的快乐主义的快乐概念，其内容仅仅包含感官的快乐和痛苦的免除这一单一的内容。边沁的这种简单的快乐主义的功利概念具有三方面的缺陷：

第一，可能会导致庸俗的快乐观。因为边沁认为，人们追求的快乐只有量的不同而不存在质的不同，而且这种快乐主要是指感官的快乐，依照边沁的方法分析，只要一种行为能够产生较大量的快乐，那么，这个行为就是值得我们去做的。假如我们"一周只有几个小时的工作，有自动化的工厂，人们整日悠然自得，没病没灾，通过按电钮连续用电流刺激大脑的各个区域来产生愉快的方式打发时光",① 那么，这种"电极人"的生活似乎就可以成为我们的理想生活。显然，这并不是我们人类所追求的最终目标。边沁只强调感官的快乐和量的快乐这一点，容易导致庸俗的快乐观，以致他的学说被谴责为"猪的哲学"。

第二，边沁的快乐概念只是一种抽象的观念形态的东西，难以成为行为的真正动因。因为边沁所认为的快乐只是一种期待中的快乐，并不是一种已经实现了的快乐，而这种期待中的快乐就其作为动机而言，只是一种观念的东西而已。事实上，行为的动因应该是一种具体的快乐感而不是一种欲望的快乐观念。即是因为我想到了或者正在从事的那种活动，使我产生了快乐感。也正是这种快乐感的存在，才促使我去行动。边沁把观念形态的快乐当成行为动机的论点受到了元伦理学创始人摩尔的批评。

第三，边沁的苦乐计算存在困难。因为任何人的快乐与痛苦都不可能像机械力学那样精确，可以进行定量与定性的准确计算。人的苦乐感是人的一种心理感受，这种心理感受不是确定的或衡常不变的，要受到外物和自身状况的影响，同一个人在不同的环境和心境下对同一个东西所引起的苦乐感的程度是不同的；不同的人对同一个东西所引起的苦乐感也不同，所以难以对苦乐进行准确的计算。

正是由于边沁功利概念的不完善导致了他所力倡的功利原则受到了攻击。为了替功利原则辩护，密尔把修正边沁的快乐概念作为其首要任务。这种修正表现为以一个具体的、包含着多种元素的整体的幸福概念来代替边沁的快乐概念，以克服边沁功利概念的抽象性和内容的单一性。密尔在讲功利时，确实也把快乐称为功利，也用快乐表征功利或幸福，所以我们要了解密尔的功利概念，首先要了解密尔的快乐概念。

第二节　密尔的快乐概念

密尔所说的快乐概念与边沁所说的快乐概念是不同的。如果把边沁的快乐主义称为边沁式的快乐主义，那么，密尔的快乐主义就是非边沁式的

---

① ［澳］J. J. C. 斯马特、［英］B. 威廉斯：《功利主义：赞成与反对》，牟斌译，中国社会科学出版社1992年版，第18页。

快乐主义，密尔的快乐概念就是非边沁式快乐主义的快乐概念。边沁快乐
主义所指的那种快乐，只是密尔所指的快乐（幸福）概念内容中的一个
重要组成部分，而不是快乐概念的唯一内容，所以，密尔更多的是以幸福
而不是以快乐作为道德的标准。但是，快乐是密尔幸福概念的重要组成部
分，甚至是幸福概念所有构成成分的表征，所以，要了解密尔如何以其幸
福概念来修正边沁的功利概念，首先要考察密尔的快乐概念。

一　密尔快乐概念的性质和内容

（一）非边沁式快乐主义的快乐概念

密尔虽然认为可以用幸福概念来代替边沁的快乐概念，但并不是说完
全不用快乐这个概念，而是认为如果要用快乐来表示人类的幸福，则必须
澄清快乐概念所应包含的内容。因此，密尔在《功用主义》第二章中对
快乐这个概念进行探讨时，一开始似乎是以边沁式快乐主义的语言进行
的，密尔的这种探讨方式，使他被许多哲学家看成是边沁式快乐主义的功
利主义者，[①] 他所说的快乐概念也被看成与边沁的快乐概念是一样的。其
实，密尔的快乐概念是非边沁式的。

虽然快乐主义都主张快乐是善，痛苦是恶，但不同类型的快乐主义关
于快乐和痛苦的概念和理论是不同的。简单的量的快乐主义认为，快乐和
痛苦只是一种简单的量的精神状态和感受，只有强度和持久度的变化而没
有质的变化。而偏好快乐主义则认为快乐和痛苦是一种功能状态：快乐是
一种感觉，它激起意志朝着保持它或产生它的方向行动；痛苦也是一种感
觉，它激起旨在消除它或厌恶它的行动。[②] 西季威克的快乐主义就属于偏
好快乐主义，边沁的快乐主义就属于简单的量的快乐主义，因而，边沁的
快乐概念属于简单的量的快乐主义的范畴。简单的量的快乐主义的观点
是："快乐是善或唯一导致善的东西、痛苦是恶或唯一导致恶的东西"。[③]
感官的快乐是唯一有内在价值的东西；所有其他的东西只有外在的价值，

---

① Robert W. Hoag, "Happiness and Freedom: Recent Work on John Stuart Mill", *Philosophy and Public Affairs*, 1986; 15 (2): 188–199.

② ［英］亨利·西季威克：《伦理学方法》，廖申白译，中国社会科学出版社1993年版，第65页。

③ Davud O. Brink, "Mill's Deliberative Utilitarianism", *Philosophy and Public Affairs*, 1992, 21 (1): 71.

它们在能够直接或间接产生内在价值的时候才具有外在的价值。据此，行为、活动等只有外在的价值，它们的价值完全依赖于它们自己所能够产生的快乐的强度。任何东西所产生的快乐的量与快乐的强度、持续的时间呈正相关关系。一个活动如果产生的快乐的量大于另一项活动，那么，这个活动就比另一个活动更有价值。正如边沁所说的那样，智力的活动（如吟诗）并不比倾向于感官享受的活动（如钉图钉）内在地更有价值。如果说前者更有价值，只是因为智力的追求从长远来看比后者能够产生更大量的快乐。作为简单的量的快乐主义的边沁快乐主义的特征主要表现为两个方面：一是快乐是唯一有内在价值的东西；二是快乐是一种感官的或心理的感受。

正因为如此，把密尔的快乐概念看成边沁式的快乐概念的学者，常常以下面两个方面来充当他们的论据：第一方面是密尔在《功用主义》第二章中对幸福这个概念进行探讨时，似乎是把快乐看成唯一具有内在善的东西；第二方面是密尔在证明功利原则的合理性时运用了心理快乐主义。

其实，根据这两个方面的论据并不能够得出密尔的快乐概念是边沁式的快乐概念，因为对于第一个论据，虽然密尔在《功用主义》第二章中，对幸福这个概念进行探讨时曾指出："承认功用为道德基础的信条，换言之，最大幸福主义，主张行为的是与它增进幸福的倾向为比例。幸福是指快乐与免除痛苦；不幸福是指痛苦和丧失掉快乐。……而且，一切可欲的事物……是因为它自身本有的快乐，或是因为它是增进快乐避免痛苦的方法而成为可欲的事物"。[1] 如果单独考察这一段话，密尔是把快乐看成唯一具有内在善的东西，但是，如果我们联系整部著作的上下文来考察这段话，就会发现，密尔这里所指的"快乐"不是指感官的快乐。因为从这段文章的外在结构来看，所谓的密尔的快乐言论的前一段话，是对功利主义错误认识的一个简短小结。密尔的目的是，指出不能够把功利主义所说的快乐，看成"含有超乎轻佻举动和仅仅顷刻的快乐"，[2] 而是"要对于这个学说所立的道德标准作明了的观察，定须还说许多话；尤其，对于痛苦与快乐的观念包括什么事物的问题，并这个问题多少是有待再讨论这两

---

① ［英］约翰·穆勒：《功用主义》，唐钺译，商务印书馆1957年版，第7页。
② 同上书，第6页。

方面"。① 接下来，密尔指出人们对功利主义的人生观误解和厌恶的原因，在于误解了功利主义的快乐概念，把功利主义所说的快乐看成是与动物的感官快乐一样的。为此，密尔指出，如果人类除了猪所能受用的快乐以外，不能受用别的快乐，快乐的来源对于人类和猪来说都是一样的话，那么，配得上给猪做生活规律的也配得上给人做规律。密尔认为，人类的快乐与兽类的快乐是不同的，人类有比动物的嗜欲更高级的能力（facilities），人类的快乐应该包括这些能力的满足，因而人类的快乐也可以称为幸福。如果人类的幸福概念并不包含对人类各种能力的满足，那么，他们就会对这个意义上的幸福感到不满足，所以密尔指出："兽类的快乐够不上人类的对于幸福的概念"。②

为了更进一步说明人类的快乐为何不同于动物的快乐，为何人类的快乐概念可以称为幸福，密尔接下来对人类快乐品质上的差异进行了最著名的讨论。目的正如柏格所指出的那样，"密尔试图提供一个有关快乐与痛苦概念的哲学意义上分析"，代替他曾表达的、"他一直致力于的幸福概念的分析，在此暗示出按照快乐的方式，幸福概念应该包括什么"。③

所以，从密尔的这段文章的外在结构和内容来看，都不能够说明密尔在这里所讨论的快乐概念是简单的快乐主义式的。相反，密尔在这里所说的快乐，实际上是以快乐的方式表达的幸福概念。

把密尔看成边沁式的快乐主义者的另一方面的根据，是密尔运用于证明功利原则的心理快乐主义。④ 他们认为，心理快乐主义在证明功利原则中的作用，表明了快乐本身具有内在的价值。密尔认为，证明幸福是可欲的唯一证据是，人们确实欲求幸福。⑤ 既然密尔认为，人们只是欲求他们自身的快乐，那么他就必定承认，快乐是唯一内在善的东西，这就证明了密尔的幸福概念是边沁式的快乐概念。

实际上，这是对密尔思想的一种误解。尽管，密尔和他的父亲追随边沁，持一种被称作心理快乐主义的心理学理论，这种理论认为，一个人总

---

① ［英］约翰·穆勒：《功用主义》，唐钺译，商务印书馆1957年版，第7页。

② 同上书，第8页。

③ Robert, W. H., "Happiness and Freedom: Recent Work on John Stuart Mill", *Philosophy and Public Affairs*, 1986, 15（2）: 191.

④ Ibid., p. 189.

⑤ ［英］约翰·穆勒：《功用主义》，唐钺译，第37页。

是去追求未来最大净量的快乐（或最小净量的痛苦），但密尔的理论已与边沁和他父亲所持的观点不同了，这表现在两个方面：

一方面，在密尔那里，引起行动的快乐和痛苦，不一定是期待中的快乐或痛苦，也可能是先于行动而出现的快乐和痛苦。密尔在《边沁哲学评论》中指出："……期望中的痛苦和快乐决定着我们所有的行动，我们对痛苦和快乐的期望是我们行动的结果……这是自然的真理，任何情况下都被坚持着。决定行动的痛苦或者快乐的情感，先于行动而出现与在行动之后出现的频率是一样的。一个人，无论是男人还是女人……由于做出犯罪的想法而退缩……他的（或她的）表现是被痛苦决定的；但是痛苦先于行动，而不是在行动之后出现"。① 在《逻辑学体系》和《论边沁》中，密尔也指出："行为受快乐或痛苦的支配，这种快乐或痛苦或是由行动所产生的预期的痛苦或快乐，或是要做这个行动的想法所产生的快乐或痛苦"。②

另一方面，在密尔那里，引起行为的动机可以是习惯，而习惯并不直接出于对快乐的追求。密尔认为，一个行动最初可能产生于快乐和痛苦，而由于这个行动总是与快乐或痛苦相连，人们在通过一定数量的训练之后，一想到这些行动就会想到与这些行动相连的先前的快乐或痛苦，因此，这些先前的快乐或痛苦也能够成为动机。更为重要的是，经过这些训练之后，人们通过联想的方式，就形成了以某种方式做某事的习惯。这些人的行为动机是习惯而不是任何欲望和预先想好的东西。所以，密尔在《逻辑学体系》中指出："动机并不总是意味着或唯一地由快乐或痛苦参与……因为，我们之所以形成一种做某一个特殊的行为，或做一个行为的特殊方式的习惯，并习惯于做某一个特殊的行为或做一个行为的特殊方式，是由于它是快乐的。最终，在没有涉及到它是快乐的情况下，我们继续这样做。"③

并且，在密尔看来，一个成熟的人的极其复杂的动机，是受与快乐或

---

① Henry R. West, *An Introduction to Mill's Utilitarian Ethics*, Cambridge: Cambridge University Press, 2004, p. 102.

② Robert, W. H., " Happiness and Freedom: Recent Work on John Stuart Mill", *Philosophy and Public Affairs*, 1986, 15（2）: 189.

③ Henry, R. West, *An Introduction to Mill's Utilitarian Ethics*, Cambridge: Cambridge University Press, 2004, pp. 102–103.

痛苦相连的情感所推动的。密尔在评论他父亲的文章《人类精神现象的分析》时，对于动机与联想的关系这一节内容，曾以赞赏的态度指出："这解释了我们是怎样获得我们与那些引起我们快乐情感或缓释我们痛苦情感的人或习惯性的伴随物之间的联系，也就是说，那些人是通过联想而使他们自己的快乐变成为我们的快乐；以及通过大量的与他们相联系的、各种各样的令人快乐的想法而变成为我们的，这些从联想中产生并成为我们自己的快乐将比由我们的体质产生的快乐更稳定，甚至更强，而且，这种总体的快乐对于我们而言，要比任何一种原始的快乐更有价值。这些思考表明：道德感、责任感以及对道德认可和不认可的情感是怎样成为可能的"。① 在《边沁哲学评论》中，密尔对边沁的动机论进行了批评。密尔认为"人的动机是许许多多的"，但"在激发人们的各种动因中，边沁仅仅看到了其中的一个部分"，② 把物质性效果视为人类行为的唯一的动机和原因，而忽视了人的精神状态也是人类行为的重要结果，因而是人类行为的重要动因这一方面，"在边沁的动机一览表上虽然也包括了同情，但遗漏了良心或关于责任的感情"。③

所以密尔认为，人们通过联想可以"达到一种做某种行为的欲望，而不用考虑快乐和其它善的东西"；也可以培养同情心和"构成人类本质的其它社会情感"；甚至还可以发展成一种人们欲求的"善良的"性格，或者是出于对行为自身的缘故去做一个正确的行为而不考虑它预期的快乐。④ 因此，假如一些行为是受欲望和习惯的指使来完成的，就可以认为密尔不是心理上的快乐主义，因为在密尔看来，一些欲望和习惯并不以快乐作为他们的目的。

以上这种解释在《功用主义》中也可以找到证据。例如，密尔在讨论美德时主张："为美德自身而欲望美德的人，他们这样欲望，是因为觉得有美德是件快乐，或是因为觉得没有美德是件痛苦，或是因为两种理由

① Henry R. West, *An Introduction to Mill's Utilitarian Ethics* (Cambridge: Cambridge University Press, 2004), p. 98.

② 黄伟合：《英国近代自由主义研究——从洛克、边沁到密尔》，北京大学出版社 2005 年版，第 36 页。

③ 同上书，第 37 页。

④ Robert W. Hoag, "Happiness and Freedom: Recent Work on John Stuart Mill", *Philosophy and Public Affairs*, 1986, 15 (2): 189.

合在一起"。① 在这里，密尔实际上认为，人们对美德的欲求不是由于考虑到美德的预期快乐，而是通过联想美德与快乐和痛苦之间的关系来达到的。"因为美德这样与苦乐相联，人会觉得它自身就是福利"。② 密尔曾经明确地指出，经验事实可以证明：欲望某事和认为某事可乐是一致的，它们"不过是对于同一心理上事实给予两种不同名称罢了"。③ 密尔认为，对于一个东西的欲望程度与对这个东西想象的可乐程度应该是成比例的，否则，在自然方面和形而上学方面（physical and metaphysical）都是不可能的事情。④ 在密尔看来，认为某物可乐或对于某物有一个快乐的观念或想法并不仅仅是由于该物是快乐的，或是该物能够产生快乐。事实上，密尔始终认为，不是所有的欲望都以感官的快乐为目的。因此，密尔的道德心理学在证明功利原则中的作用，并不能够作为支持密尔的快乐概念是简单快乐主义的快乐概念的证据。

　　事实上，虽然密尔与边沁一样也常用"快乐"一词，但密尔所用的"快乐"一词与"幸福"、"功利"、"有价值的"、"可欲的"这些词是一样的。他虽然借用了功利主义学派的哲学前辈们所用的快乐主义的词汇，但他的"快乐"概念是扩大了的快乐概念，不仅仅是指感官的快乐，而是包括了所有类型的快乐，即包括感官的、情感的、智力的、审美的或者其他种类的快乐。这一点可以从《功用主义》一书中找到许多例子予以证明："把一个东西认为可欲的，（除了因为它的后果之外）跟把它认为可乐的是同一件事情"。⑤ "假如功用原理不就是说'幸福'和'可欲'是同意义的名词，功用原理是什么东西呢"？⑥ 他还指出："许多人知道假如很静稳，就是快乐很少，他们也能够满意"；⑦ 并且，"做一个不满足的人比做一个满足的猪好"。⑧ 可见，密尔所说的快乐并非是单纯感官的快乐。密尔的快乐概念与边沁的快乐概念是不同的。密尔的价值论在本质上是非边沁式的快乐主义，尽管密尔也可以称为是快乐主义者。

---

① ［英］约翰·穆勒：《功用主义》，唐钺译，商务印书馆1957年版，第41页。
② 同上书，第40页。
③ 同上书，第41—42页。
④ 同上书，第42页。
⑤ 同上。
⑥ 同上书，第67页。
⑦ 同上书，第14页。
⑧ 同上书，第10页。

正因为如此，密尔经常把"幸福"而不是"快乐"，看作是他的价值
论的基本概念和道德标准。但密尔并不否认一般功利主义著作家所说的快
乐（快乐的精神状态或感受）对于幸福的重要意义。正如伯格所认识到
的那样，密尔始终认为，快乐是有价值的，但不在于快乐本身，而是在于
它与幸福的关系："幸福具有价值"，并且"快乐作为人们幸福的构成部
分时也是有价值的"。① 密尔在关于快乐的价值问题上，接受简单快乐主
义论者认为的快乐是有价值的、一些快乐（精神上的快乐如理智的、情
感的、想象的快乐以及道德情操的快乐）比其他的东西更具有价值的观
点，但是他对快乐的价值的解释与简单快乐主义论者是不一样的。在把幸
福解释为道德标准时，密尔没有把快乐或快乐的感觉作为达到善的标志，
相反，他说："一些快乐对幸福来说是非常重要的，因此，快乐才显得更
具价值性"。② 因此，正如塞缪尔（Samuel）所认识到的那样，"对于密尔
来说，'快乐'只是他用来指称最大幸福原则所指的'幸福'的众多术语
中的一个，'快乐'甚至并不是最终善的必要术语，而只是作为幸福的构
成部分如'可欲的'、'有价值的'、'值得做的'等的表征"。③

　　至于密尔为何用快乐一词来表征幸福的所有构成成分的问题，可以说
是密尔为了保护他从其父亲和边沁那里继承下来的快乐主义的语言所做的
一个努力。④ 密尔一方面要继承而不是直接地反对其父亲和边沁的快乐主
义的话语，另一方面又要扩大"快乐"一词所包含的内容，以使他的幸
福概念不只是包括快乐主义所指的快乐这一内容。

　　（二）密尔快乐概念的内容

　　既然密尔的快乐概念与边沁的快乐主义的快乐概念是不同的，那么密
尔的快乐概念，即作为密尔幸福概念所有构成成分表征的快乐概念包括哪
些内容呢？

　　密尔认为，虽然在主张功利论的思想家那里，"功利"是指"快乐和

---

　　① Robert, W. H. , "Happiness and Freedom: Recent Work on John Stuart Mill", *Philosophy and Public Affairs*, 1986, 15 (2): 191.

　　② Ibid. .

　　③ Samuel Evans Kreider, John Stuart Mill, "Utility, Liberty, and Eudaimonia" 〔the paper of Doctor of Philosophy〕, Kansas: Proquest Information and Learning Company, the University of Kansas, 2005, p. 16.

　　④ Ibid. , p. 17.

免除痛苦"，快乐的东西包含了"美、装饰或娱乐"① 等东西，但在普通大众（包括著作家在内）那里，快乐往往被误解，快乐中所包含的美、装饰或娱乐等成分常常被忽视或被抹杀，把功利主义所说的快乐看成"含有超乎轻佻举动和仅仅顷刻的快乐"。② 密尔认为，这种用法是错误的，是一种"乖张的用法"，③ 而且这种乖张的用法又是对这个名词的唯一通俗的用法。正是这种错误的用法，使得下一代对"功利主义"一词的含义形成了片面的理解。所以密尔指出："要对于这个学说所立的道德标准作明了的观察，定须还说许多话；尤其，对于痛苦与快乐的观念，包括什么事物的问题，并这个问题多少是有待再讨论这两方面"。④ 密尔认为快乐不仅有量的区别，而且也有质的不同，所以可以以质区分不同的快乐，区分的标准是对两种快乐都有体验的人。从质的方面来看，快乐包括较低级的快乐和较高级的快乐，较高级的快乐优于较低级的快乐。

1、较高级快乐与较低级快乐的区分

密尔认为，作为幸福表征的快乐应该包括快乐的质和量两个方面，否则就是错误的。因为，既然"幸福是指快乐与免除痛苦；不幸是指痛苦和丧失掉快乐。……这个人生观就是承认只有快乐，并免痛苦，是因它是目的而认为可欲的事物"，⑤ 那么，快乐对于人就是有价值的。我们在估计一切其他东西的价值的时候，都把品质与分量同时考虑，如果在估计快乐时只按量来估价，那么就必定是荒谬的。⑥ 所以，"依照上文所解释的最大幸福主义（功用主义），我们最后目的乃是一种尽量免掉痛苦，尽量在质和量两方面多多享乐的生活"。⑦

密尔认为，既然快乐有质的区别或者说一种快乐比其他的快乐更有价值，那么就应该以质来区分不同质的快乐。这些不同质的快乐可划分为较低级的快乐和较高级的快乐。至于较高级的快乐和较低级的快乐各包含哪些方面，密尔没有很明确地进行说明。但我们可以通过他在其著作中的阐述进行大概的概括。在《逻辑学体系》一书中，当密尔谈到什么是人类

---

① ［英］约翰·穆勒：《功用主义》，唐钺译，商务印书馆1957年版，第6页。

② 同上。

③ 同上。

④ 同上书，第7页。

⑤ 同上。

⑥ 同上书，第8页。

⑦ 同上书，第12页。

的幸福时，他指出："这种幸福既包括较低级意义上的快乐和痛苦的免
除，也包括较高级意义上的练就性的生活（rendering life），虽然这种意义
上的幸福现在还不够普遍，普遍存在的是平庸的和无意义的生活，但人们
会关心人类能力的更高发展，并拥有能力高度发展的人类"。① 密尔在
《功用主义》一书中对快乐的品质进行讨论之前也指出，"理智的、情感
的和想象的快乐以及道德情操的快乐"比"仅仅感官的快乐，以快乐论，
有高得多的价值"。② 密尔在说明那些有享受高级快乐能力的人，为何偶
尔也会放弃对高级快乐的追求，而去追求较低级的快乐这个问题时，就把
这些人对这两种快乐的选择看成是"对肉体的与精神的快乐间的取舍"。③
根据密尔这几个地方的阐述可以看出，密尔所说的较低级的快乐是指感官
的快乐，是生理方面的快乐；较高级的快乐是指具有理智的、情感的、想
象的以及道德情操方面属性的快乐，是精神方面的快乐；这些较高级的快
乐是从人类独特的、较高级的能力中产生的快乐。"倘若这些情感与判断
以为由于高等心能的快乐，（强度的问题不论）比除开这些心能的兽性所
能感受的快乐，在种类上更为可取"。④ 而要锻炼和发展那些能够产生较
高级的快乐的人类较高级的能力，离不开练就性的生活，因而人类较高级
的快乐，就主要地包括能够锻炼和发展人类独特的、较高级的能力的行为
种类和生活方式。事实上，密尔在对两种形式的快乐进行比较时，就当成
是对两种生活方式的比较。他指出，"两件快乐哪一件值得享有"的问题
就是"两种生活哪一种更可以怡情"的问题。⑤

　　可见，密尔所说的较高级的快乐包括两个方面：一方面是指一种精神
的以及品格方面的状态，包括智力、情感、想象以及道德情操方面所达到
的程度和状态，即密尔所说的"精神的快乐"；另一方面是指一种行为的
种类和生活的形式，是能够提升人类的高贵品格、锻炼和发展人类的各种
能力的行为种类和活动方式。由于前一方面的快乐主要是由后一方面的快
乐产生的，所以，格雷把密尔的较高级的快乐归结为一个方面即"行为

　　① John Stuart Mill, *System of Logic*: *Ratiocinative and Inductive*, London: Longmans, Green, and Co., 1886, pp. 621–622.
　　② ［英］约翰·穆勒：《功用主义》，唐钺译，商务印书馆1957年版，第8页。
　　③ 同上书，第11页。
　　④ 同上书，第12页。
　　⑤ 同上书，第11页。

的种类和活动的方式"。① 伯林克也持与此类似的观点，伯林克认为，密尔的较高级的快乐是一种客观的快乐，是非精神状态的概念，"是一种能够引起快乐的精神状态和锻炼人的高级能力的行为、活动和追求"。② 但我们认为，如果要把密尔所说的较高级的快乐概括为一个方面的话，把密尔的较高级的快乐看成一种"精神状态"，即道德和智力能力的发展似乎更合适，因为：

第一，密尔之所以把那些能够提升人类的高贵品格、锻炼和发展人类的各种能力的行为种类和活动方式，归为较高级的快乐，是因为这些行为种类和活动方式有利于提高人们的道德和智力能力。第二，密尔也把快乐称为功用，功用分为"私人的功用"和"公共的功用"。③私人的功用是指"某些少数的人的利益或幸福"，④ 公共的功用是指人类的自我发展，是"人民本身的美德和智慧"的促进⑤以及"现有道德的智力的和积极的价值"的组织⑥两类。所以，把较高级的快乐界定为是"道德和智力能力的提高"这样一种精神状态，是与密尔把公共的功用界定为"人民本身的美德和智慧的促进"相一致的。第三，在密尔那里，较低级的快乐是指感官的快乐，是生理方面的快乐，那么，把较高级的快乐界定为道德和智力能力的发展这样一种"精神状态"，在形式上似乎更易于理解。所以我们认为，即使密尔把那些能够提升人类的高贵品格、锻炼和发展人类的各种能力的行为种类和活动方式归为较高级的快乐之一，但是，如果要把密尔所说的较高级的快乐概括为一个方面的话，我们更倾向于把密尔的较高级的快乐看成一种"精神状态"，即人们道德和智力能力的发展。

2. 判断快乐品质高低的方法

如果不同的快乐在品质上是不同的，快乐有高低的区别，那么，应该以什么标准来判定快乐品质的高低呢？密尔认为，判断不同快乐品质高低

---

① Robert, W. H., "Happiness and Freedom: Recent Work on John Stuart Mill," *Philosophy and Public Affairs*, 1986, 15 (2): 194.

② David, O. B., "Mill's Deliberative Utilitarianism," *Philosophy and Public Affairs*, Winter 1992, 21 (1): 72 – 73.

③ [英] 约翰·穆勒：《功用主义》，唐钺译，商务印书馆 1957 年版，第 20 页。

④ 同上。

⑤ [英] J. S. 密尔：《代议制政府》，汪瑄译，商务印书馆 1982 年版，第 26 页。

⑥ 同上书，第 29 页。

的方法是诉诸对于两件快乐都有经验的人，①密尔称之为"唯一的审判员"。② 密尔在 1854 年发表的一篇期刊文章中，就提出了这个方法。他指出："道德行为或道德标准的唯一真实或确定的原则是最大幸福原则，但首先必须对幸福作哲学上的评估；快乐的质和量都要考虑；质较高而量较少的快乐比质较低而量较大的快乐更可取。测定哪一种质的快乐更可取，要由对两种快乐都有经验的人来进行。苏格拉底宁愿选择作不满足的苏格拉底，而不会选择作满足的猪。猪的看法可能不同，那么这是由于猪只知道这个问题的一方面，苏格拉底知道两个方面"。③

在《功用主义》中，密尔作了同样的阐述："如果有人问我说所谓快乐的品质上差别是什么意思，并且问一件快乐，只以快乐论，除了它分量更多以外，有什么使它比其他快乐更为可贵，那么，就只有一个可能的答复。两件快乐之中，假如一切或是差不多一切对于两件都有经验的人，不管有任何应该偏好那一件的道德义务的感想，对于其中一件断然偏好，那末，那一件就是更可欲的快乐。假如两件快乐中有一件，被充分认识这两件的人置于其他一件之上，被他们认为那么远胜其他，纵使明知它附带着更大的不满足，也还是偏好它，并且不肯放弃它把它去换任何巨量的他们能享受的别种快乐，那么，我们就有正当理由承认这件受偏好的娱乐在品质上是优胜"。④

然而，那些对于两件快乐都了解的人，有时在裁定哪一件快乐的质更高的问题上，也有不同的意见，那么哪一方的意见更正确呢？密尔认为应以大多数人的判断为最后的定案。⑤ 密尔认为这种裁决快乐的质的方法，是我们所能采用的唯一可能的和可信的方法。因为，一个东西是可欲的和这个东西是可乐的是一致的，所以，区分快乐之间的质只能采用经验的方法来澄清究竟哪一种快乐更可欲。因此，密尔认为，在关于两种快乐哪一种更值得享有、更值得怡情的问题上，那些了解这两种快乐的人的判断是最后的定案，在快乐品质的高低问题上没有别的方法可以裁决，以致在经

① ［英］约翰·穆勒：《功用主义》，唐钺译，商务印书馆 1957 年版，第 9 页。
② 同上书，第 11 页。
③ Michael Joshua Mulnix, Mill's Liberty Principle and the Conditions of Happiness（the Doctor of Philosophy degree），Iowa：The University of Iowa, 2005, p. 102.
④ ［英］约翰·穆勒：《功用主义》，唐钺译，第 8—9 页。
⑤ 同上书，第 11 页。

过"这些唯一的审判员判决之后，没有上诉的可能"。① 人们只能而且必须毫不迟疑地采纳这种方法。

当然，由于这种判断是经验性的，我们不能绝对地断定某种快乐在质上比另一种快乐更高级。② 然而，即使是快乐的质的高低的区分是相对的，也不能否认这样的事实："对于两件快乐一样认识并一样能够赏鉴享受的人，的确对于其中行使他们的比较高尚的心能的快乐偏好得顶厉害"。③ 如果不是因为他们眼前的不幸福到了极端，他们是不会以拥有较高尚的心能的快乐来换取拥有较低级的快乐的满足的。这是因为，一方面，人有比动物的嗜欲更高尚的心能，一旦人认识到自己的这种本性，他就不会把那种不能够满足这些心能的事情当作幸福；另一方面，由于每个人都有自尊心，并且，这种自尊心与人所有的高等心能作某程度的比例，"在自尊心强烈的人，这是他幸福的重要部分，重要到一切与自尊心冲突的事物，除在顷刻间以外，不能够成为他们欲望的对象"。④ 正是由于人所拥有的高等心能和自尊心，使得人们往往宁愿追求那些较少量的但在质方面较高级的快乐，而舍弃较大量的但在质的方面较低级的快乐。

3. 较高级的快乐优于较低级的快乐

虽然密尔把判断快乐高低品质的审判权交给了对两种快乐都有经验的审判员，但密尔认为快乐之所以被划分为高低不同的品质，不是纯主观的，而是有其经验根据和理论根据的。

（1）较高级的快乐优于较低级的快乐的经验根据

密尔认为："对于两件快乐一样认识并一样能够赏鉴享受的人，的确对于其中行使他们的比较高尚的心能的快乐偏好得顶厉害；这是一件毫无可疑的事实"。⑤ 在密尔看来，面对两种快乐，人们会特别偏爱其中的较高级的那种快乐是有经验根据的。这种根据表现在：

极少人会因为约定给他尽量享受兽欲的快乐而答应变成比人类下等的动物，没有心地明白的人肯答应变成傻瓜，没有受过教育的人肯变成无知的人，没有有情感有良心的人肯变成自私的卑鄙的人。即使能够说服他

① ［英］约翰·穆勒：《功用主义》，唐钺译，商务印书馆1957年版，第11页。
② 同上书，第103页。
③ 同上书，第9页。
④ 同上书，第10页。
⑤ 同上书，第9页。

们，使他们相信傻子、蠢材或者流氓，对于自己的境遇比他们自己对于他们的境遇更觉得满意，他们也不情愿交换。密尔解释说，这是由于人的自尊心。"这个自尊心，一切人都有的……在自尊心强烈的人，这是他幸福的重要部分，重要到一切与自尊心冲突的事物，除在顷刻间以外，不能够成为他们欲望的对象"。① 密尔说，如果有人认为这种偏爱是以牺牲个人幸福为条件的，那么，这些人就混淆了幸福和满足这两个概念。享受能力低下的人，完全满足其能力的机会最大，但这并不意味着他是幸福者；享受能力较高的人完全满足其能力的机会要小一些，但这并不意味着他不幸福。"做一个不满足的人比做一个满足的猪好；做一个不满足的苏格拉底比做一个傻子好"。② 如果傻子或是一头猪，不同意这一观点，那是因为他们只知道这个问题的他们自己那方面，苏格拉底一类的人却知道这个问题的两方面。

密尔承认，许多享受能力高的人们也会选择较低级的快乐，而不选择较高级的快乐。密尔认为，这并不与较高级的快乐所具有的内在优越的品质相矛盾。密尔认为，这些人之所以这样做，并不是因为较高级快乐的品质不优越，而是因为他们自己的品格不健全。正是这种不健全的品格，使得他们明知较切近的利益或较低级的快乐比较不可取，还是选取它们，这种选择不仅表现在对两种肉体的快乐之间的选择上是这样，而且也表现在对肉体的快乐与精神的快乐之间的选择上也是这样。

密尔也承认，许多人在年轻的时候都较热衷于较高级的快乐，但随着年龄的增长，就趋向于热衷较低级的快乐了；一些人在刚开始认识较高级的快乐品质的优越时，也都对所有高尚的快乐抱以年轻人所特有的巨大的热情。但经过一段时间之后，他们便变得懒散，以自我为中心。密尔认为，人们之所以会出现这种情况，并不是因为较低级的快乐在品质上优于较高级的快乐，而是因为他们的生活地位，使他们执行的事务、他们所投身的社会，不利于他们常常运用较高等的能力，从而导致了这种能力的消失。因为"比较高尚的情感的能力是一根很脆弱的植物，不特容易受敌对的势力摧残，并且容易因为缺乏培养而至于枯死"。③ 而一旦人没有机

---

① ［英］约翰·穆勒：《功用主义》，唐钺译，商务印书馆 1957 年版，第 10 页。
② 同上。
③ 同上书，第 11 页。

会享受到较高级快乐的趣味之后，他们就会失掉追求高级快乐的兴趣。所以密尔相信，在那些人全力追求低等快乐之先，他们就已经不能够享受较高等的快乐了。"人沉溺于下等快乐，不是因为他们处心积虑地拣择这些快乐，乃是因为只有这些快乐，他们可以得到，或是还能够享受。"①

所以密尔认为，虽然在那些能够认识到两种性质的快乐的人那里，较高级的快乐被认为具有某种优越性，但密尔认为，并不仅仅因为是人就必定偏爱较高级的快乐，这种偏爱是人性在经过漫长的实践、教育、培养和训练之后发展起来的结果。而且，只有当人们在能够恰当地体验到一些他们能够具有的更高级的享受后，他们才会认识到这种更高级的快乐的价值，也才会更愿意去追求这种快乐。那些不特别偏好这种快乐的人或是因为品格不全，或是因为这方面的能力已经枯竭，以致无法偏好这种快乐。密尔因此认为，即使是一些人认识不到也不追求这种快乐，但由于人类具有某些独特的能力，所以一个幸福概念如果不包含那些能力的行使，那么，人们就会对这个意义上的幸福感到不满足。即使存在着认识不到也不追求这种较高级快乐的人，也不能够成为阻碍高等心能的快乐成为在质上是较高级的快乐的障碍。

可见，在密尔看来，较高级的快乐优于较低级的快乐是有经验根据的。即使是有些人趋于选择较低级的快乐也不能够抹杀这一点。

（2）较高级的快乐优于较低级的快乐的理论根据

密尔认为，人类较高级的快乐比较低级的快乐更为重要，这个论点不仅有其经验根据，也有其理论根据。这些理论根据表现在：

一方面，从道德的构成来看，密尔认为："道德由两部分构成，其中的一部分是自我教育；通过人类自身而进行的情感和意志的训练。这部分在边沁的体系中是空白。其他的那部分，即人们外在行为的调节，如果没有第一部分，这部分总而言之必定是跛脚的和不完全的。……将甚至影响到我们自己和其他人的世间利益，除非我们把它在调节我们的、或者他们的情感和欲望方面的影响，接纳为问题的一个部分。"② 即密尔认为，道德不仅仅在于对人们外在行为的调节，更重要的在于人们的自我教育，在

---

① ［英］约翰·穆勒：《功用主义》，唐钺译，商务印书馆1957年版，第11页。

② John R. Fitzpatrick, Reconciling Utility with Liberal Justice—John Stuart Mill's Minimalist Utilitarianism ［the Paper of Doctor of Philosophy］, Knoxville: The University of Tennessee, 2001, p. 150.

于人们内在品格的自我提升，后者对于个人自身的幸福和人类的幸福都具有更为重要的意义。"对个人来说，品格本身之所以是最重要的目的，仅仅在于人们如果拥有完美的高贵品格，或者较近于达到拥有这样的品格，那将远远超过其他任何东西而能使他们的生活更加幸福"。① 而对于整个人类来说，"如果一种可以使人们在某种情况下忽视幸福的情感得以培养，那么，总的来说，这个世界上将会存在更多的幸福"。② 因此密尔认为："完美高贵的品格对于个人来说应该是一个目的；而对于人们来说，在任何情况下，如果在追求自己特殊的幸福或他人特殊的幸福时，与完美高贵的品格发生了冲突，则应该让位于后者（除非这种幸福包括了完美品格的概念）"。③ 密尔也承认，拥有高尚品格的人或许并不因此而更加幸福，但这种品格对于整个人类来说是大有益处的。"我们或许可以不相信高尚的人总会因为他的高尚而更加幸福，但他的高尚使别人更加幸福，并且世界全体因为他的高尚而大大受益是无可怀疑的。……但一般人都养成高尚品格，那末，功用主义才能够达到它的目的"。④

另一方面，从人类的特性来看，密尔认为，人有比动物的嗜欲更高级的能力（facilities），"倘若他曾经觉得有这种能力，那么，他就不会把任何不包含这些能力的满足的事情当作幸福"。⑤ 那些具有较高等心能的人，比较低等心能的人需要较多的东西才能够使他快乐，因为人都有自尊心，而自尊心与人所有的高等心能成某程度的比例，所以，在自尊心强的人那里，高等心能的满足应该是他幸福的重要组成部分，重要到一切与自尊心冲突、与高等心能的满足冲突的事物，"除在顷刻间以外，不能够成为他们欲望的对象"。⑥ 所以，功利主义所指的快乐不是"含有超乎轻佻举动和仅仅顷刻的快乐"，人类的快乐与兽类的快乐是不同的，人类有比动物的嗜欲更高级的能力，人类的快乐应该包括这些能力的满足。而正是使这些能力得到满足所产生的快乐才是人类所应该拥有的快乐。

正是由于上述经验的和理论的根据，密尔不仅把快乐划分为较高级的

---

① John Stuart Mill, *System of Logic: Ratiocinative and Inductive*, London: Longmans, Green, and Co., 1886, p. 621.

② Ibid., p. 62.

③ Ibid..

④ ［英］约翰·穆勒：《功用主义》，唐钺译，商务印书馆1957年版，第12页。

⑤ 同上书，第8页。

⑥ 同上书，第10页。

快乐和较低级的快乐，而且认为如果功利主义者承认精神的快乐（如理智的、情感的和想象的快乐以及道德情操的快乐）比肉体的快乐更合意并且更可贵，不是因为精神的快乐比肉体的快乐更永久、更稳当、更不花钱，而是因为精神的快乐在本性上比其他种类的快乐更可贵，而且，这个思想并不违背功利主义。因为快乐与其他东西一样，都有质和量之分，精神的快乐在品质上比肉体的快乐更可贵、更高级，这是从快乐的质的划分上来说明的。所以，"某些种类的快乐比其他种类更惬意并更可贵这个事实是与功用主义十分相符合的"。①

综上所述，密尔关于快乐概念的观点是：快乐不仅有量的不同，还有质的差别，所以可以以质区分不同的快乐；从质的层面来看，快乐包括较低级的快乐和较高级的快乐两个层面，而较高级的快乐又包括精神的快乐以及精神快乐由以产生的，能够提升人类的高贵品格，锻炼和发展人类的各种能力的行为种类和活动方式；较高级的快乐比较低级的快乐在质上更优越是因为较高级的快乐涉及一种优越的人类的心能；对不同质的快乐区分的标准是对两种快乐都有经验的人，人性在经过漫长的实践、教育、培养和训练之后，会使那些能够认识到两种性质的快乐的人更偏爱较高级的快乐。

二 密尔快乐概念遭遇的难题

密尔以质区分快乐，把快乐区分为较高级的快乐和较低级的快乐的观点，不仅受到反对功利主义者的批评，也受到同情功利主义者的批评。对密尔的批评主要从以质区分快乐是否可能，区分快乐的质的标准是否偏离了快乐主义，以质区分快乐是否有意义等方面展开的。

（一）以质区分快乐是否可能

对于密尔以质区分快乐是否可能的问题，许多学者是持否定态度的。他们一般认为，以质区分快乐，要么实际上可以还原为以量区分，要么这种区分就是不可能的。

1. 以质区分快乐可能性的质疑

许多学者认为，密尔以质区分快乐实际上还是可以还原为量的区分。如约翰格罗特就认为，在密尔那里，"质是在不同方式下估算的量，即不

---

① ［英］约翰·穆勒：《功用主义》，唐钺译，商务印书馆1957年版，第8页。

是以边沁的定量分析的方法计算的量，而是以没有定量分析的人类的经验和陈述进行估算的量"。① 赞成功利主义的西季威克则认为："密尔和其他人所强调的质的方面的差别仍然可以被视为优先选择的根据，但这只是就它们能被分解为量的差别而言的"。② 敌视功利主义的布拉德雷则认为，质的区分使得在不同的快乐之间进行判断成为不可能："假如某种少量的较高级的快乐与某种大量的较低级的快乐相撞在一起，你如何在它们之间作出决定？要计算总量你必须把数据还原为同一种单位，你必须还原为量或零。如果你拒绝还原为量，那么你就不能够得出任何结果……那么，由上述可见，较高级就没有任何意义，除非我们把数据还原为快乐以外的一些东西"。③ 所以，布拉德雷认为："除了数量、除了程度，就根本不存在比较，不存在估算，不存在较高级和较低级"。④ 因此，"如果你更偏好一种较高级的快乐而不是较低级的快乐时没有参考量，那么，以快乐的余额作为整个有理性的动物的标准的原则总而言之就是有限度的"。⑤

斯马特认为，快乐本身没有这种质和量的区分。虽然较"高级"的快乐和较"低级"的快乐是不完全一样的，最复杂的精神快乐也是最丰富的精神快乐，对复杂的精神快乐的喜欢并不是人的内在本性，不同的人喜欢的快乐的种类是不同的，但人在快乐的感受效果上，"高级"的快乐和"低级"的快乐是完全一样的。尽管每个人对于快乐有自己的理解，但不管选择的是苏格拉底追求哲学所产生的快乐，还是猪那样的人的快乐，老鼠感受电流刺激的快乐，从每个人所达到的效果而言都是一样的使他快乐。⑥

其实，对密尔的这些批评是基于这样一种预设的。这种预设认为，快

---

① Henry R. West, *An Introduction to Mill's Utilitarian Ethics*, Cambridge：Cambridge University Press，2004，p. 70.

② ［英］亨利·西季威克：《伦理学方法》，廖申白译，中国社会科学出版社1993年版，第142页。

③ Henry R. West, *An Introduction to Mill's Utilitarian Ethics*, Cambridge：Cambridge University Press，2004，p. 71.

④ Samuel Evans Kreider, John Stuart Mill, "Utility, Liberty, and Eudaimonia"［the paper of Doctor of Philosophy］, Kansas：Proquest Information and Learning Company, the University of Kansas, 2005，p. 27.

⑤ Ibid..

⑥ ［澳］J. J. C. 斯马特、［英］B. 威廉斯：《功利主义：赞成与反对》，牟斌译，中国社会科学出版社1992年版，第15页。

乐不管其来源是什么，都是一种相同的感觉，所以只有这种感觉的强度和持续时间而不是快乐的质能够成为偏好的基础。

的确，如果把密尔的快乐概念理解为仅仅是感官的快乐，甚至是精神的快乐，那么，以上学者对密尔划分快乐的质和量的观点进行批评具有一定的合理性。但是，由我们以上的分析可见，密尔所说的快乐不仅仅是指感官的快乐乃至精神的快乐，还包括涉及人类特殊心能的行为种类和行动方式。如果我们对密尔快乐概念的分析是正确的，那么，密尔把快乐区分为不同的质，划分为较低级的快乐和较高级的快乐，不仅从量上而且从质上来划分快乐就是可能的。毕竟，感官的快乐与精神的快乐相比，尤其是与行为的种类和行动的方式相比，在质上是极为不同的。

当然，批评者还可以说，虽然较高级的快乐包括了涉及人类特殊心能的行为的种类和行动的方式，但之所以这样，是因为这些行为的种类、行动的方式能够产生更强或更持久的精神快乐，而不管是精神的快乐还是感官的快乐，都属于快乐，都应该有一个共同的本质。其实，在密尔看来，并非所有的快乐都应该有一个共同的本质。如果快乐真的有不同的质，那么，密尔以质区分快乐应该就是可能的。

2. 以质区分快乐可能性的理论前提——"家族相似性"理论

密尔认为，不同快乐的感觉，不管这种感觉是否产生于触觉，不一定就是一种在质上同一的快乐感觉。如抓背和在温暖的夏天中的日光浴，两者都是皮肤表面的感觉，都是快乐的感觉，但这两种快乐是不同的。一种涉及温暖的感觉，另一种是被抓的感觉。同样，在感受情感的快乐或痛苦、理智的快乐或痛苦之间有很大的区别。

在注解他父亲的心理学理论著作《人类精神现象分析》时，密尔指出快乐或痛苦可以从感觉中分开，而不是附加于感觉之上的一种东西。快乐或痛苦，尤其是快乐只是感觉的一种特性或特殊方面，如我们经常可以观察到，同一种感觉，在某个时候可以给人带来许多快乐，而在另一个时候则会给人带来较少的快乐，这是由于快乐或痛苦的感觉与人对待这些快乐或痛苦的态度有关。当人们对这些快乐或痛苦的状态进行内省时，如果人们抱有的态度是接受的或拒绝的，那么，他体验到的快乐或痛苦就会或多或少地或增强或减弱，所以，不同的快乐或痛苦就是不同的体验，而不同体验的快乐在质量上可以是不同的。尤其是在过饱以及感官由于失去了新鲜感而失去感觉力的情况下更是如此，这可能是由于快乐依赖于感觉的不同神经，或感觉中同一种神经的不同行动，所以，快乐或痛苦可能由感觉而引起，也可能因其自身而出现，即快乐或痛苦也可以是理性理解力的结果，从而导致快乐或痛苦具有不同的质量。①

　　至于质量上有差异的快乐和痛苦，为何还可以统称为"快乐"和"痛苦"的原因，密尔认为，当我们内省的时候，发现快乐和痛苦能或多或少变得强烈，同时它们能持续或长或短的时间，但是当我们因为相同的名字而认为它们足够相似的时候，我们也能感觉到它们之间的不同。所以不同经历的快乐虽然有质量上的差异，但仍是快乐，质量上有差异的快乐有家族相似性。

　　20 世纪初期，哲学家维特根斯坦（Ludwig Wittgenstein）就已经指出："那种认为有一个共同名称就有一个共同的本质的传统假设是错误的。他认为对许多名称我们是不能发现一个共同的本质的。有着共同名称的众多个体不见得都有一个共同本质，他们之间是通过一个非常复杂的相似性网络而互相联系的。维特根斯坦把这种相似性网络比作家族成员互相相似的复杂状况。这种家族相似性可能不是基于一个共同的本质，而是以家族成员互相相像的复杂网络关系为基础的"。② 虽然密尔没有读过维特根斯坦关于家族相似性的分析中有关语言共用名的解释，但是密尔分类理论中包含了一些相似的观念。密尔在《逻辑学体系》中就指出，一个名称"常常通过类似物的链环由一个对象传到另一个，直到这个名称变成被应用于一些与这个名称所得以形成的最初的东西完全不同的东西为止"。③ 密尔认为，当情况发展到这种地步时，就会出现混乱状态，就要进行分类。至于如何分类的问题，密尔认为应该根据相似性来进行分类。因为，即使是连续的扩展也没有按照完全的相似性进行，但是，"在前进的每一步，我们都能够发现这种相似性"。④ 对于简单的情绪问题，密尔同样主张以相似性来解释名称的含义："白色感觉的这些单词表明，我之所以这样来命名这种感觉，是因为这种感觉类似于我记忆中曾经有过的其他感觉，并用

---

　　① Henry R. West, *An Introduction to Mill's Utilitarian Ethics*, Cambridge：Cambridge University Press, 2004, pp. 57–58.

　　② 黄伟合：《英国近代自由主义研究——从洛克、边沁到密尔》，北京大学出版社 2005 年版，第 110 页。

　　③ John Stuart Mill, *System of Logic：Ratiocinative and Inductive*, London：Longmans, Green, and Co. , 1886, p. 99.

　　④ Ibid. , p. 100.

这种名称来称呼它"。①

由密尔的阐述可见，密尔并没有说性质上的类同必须同一，只要一种感觉类似于这个种类中的其他感觉而不是类似于别的种类的感觉，就可以用这个种类的名称命名这种感觉。如要命名一种白色的感觉，并不需要这种感觉必须是纯粹的白色，只要它类似于白色的情况比类似于灰色或黄色或其他颜色的情况更多，那么，就可以用白色的感觉这种名称来说明它。

应用这种分析来说明"快乐"这个术语，密尔实际上是持这样的观点："快乐"这个词表示，我们之所以以快乐命名这种感觉或情绪，是因为这种感觉或情绪类似于我记忆中曾经有过的，并用快乐这种名称来称呼它的其他感觉或情绪。只要它更多地类似于快乐的情况而不是其他的情况，它就可以被认为是一种快乐的感觉或情绪。摩尔（G. E. Moore）之所以批评密尔，是因为他持有明确地不同于密尔的对于普通词语意义的理论。他说："如果字眼儿究竟还具有某种意义，那么'令人愉快的'必定表示某种为一切令人愉快的事物所共有的特质；并且，如果是这样，那么一事物只有由于它具有这种物质的多少才能比另一种快乐更为令人愉快"。② 即摩尔认为，快乐必须是同一种性质的快乐，比较两种快乐必须在量的基础上才能够进行。其实，"摩尔有关术语意义的理论是过度简单的"。③ 前面的讨论表明，并不是所有的快乐都必定要具备同样的快乐成分才配称为"快乐"这个名字。只要它与其他的情况相比，更多地类似于快乐的情况，那么，它就可以被称为"快乐"。

所以，如果密尔关于"内省的不同的感受都是快乐的所有种类而不是别的其他东西"的观点是正确的，那么，密尔认为在"快乐"这个术语下面包括多种不同质的快乐的观点也是正确的；密尔在认为快乐和痛苦具有质量的不同的同时，又认为可以把它们都称为快乐和痛苦这一思想并不自相矛盾。正是在这个"家族相似性"的理论前提下，密尔以质区分快乐是可能的。

---

① John Stuart Mill, *System of Logic*: *Ratiocinative and Inductive*, London: Longmans, Green, and Co., 1886, p. 88.

② ［英］乔治·摩尔：《伦理学原理》，长河译，上海世纪出版集团 2005 年版，第 77 页。

③ Henry R. West, *An Introduction to Mill's Utilitarian Ethics*, Cambridge: Cambridge University Press, 2004, p. 61.

3. 密尔以质区分快乐存在的问题

然而，即使在"家族相似性"理论的前提下密尔以质区分快乐是可能的，但密尔对快乐的划分也不是无懈可击的。密尔关于较高级的快乐与较低级的快乐的划分也还存在问题：

第一，密尔只对快乐进行质量高低的划分而没有进行正确与错误的划分。密尔对快乐进行区分之所以没有说服力，是因为"没有一种合理的认识论前提"。① 由于没有引入正确的认识论作为前提，也没有区分快乐的善恶性质，使得功利原则在应用中遭遇难题，无法解释为何当98个人虐待2个人所产生的快乐大于2个人所遭受的痛苦时，这种行为是不符合功利原则的。

布兰特在解决这个问题方面作出了贡献。布兰特在继承功利主义将行为的发生动因看成是对快乐的欲求的基础上，对功利主义的快乐观进行了修正，认为并非人们所追求的快乐、情感、欲望都是善的，而要对它们进行理性的审视和批判。他还阐明了错误的欲望和快乐的类型，分析了它们对最好行为的危害和影响。

第二，密尔关于高级的快乐与低级的快乐的划分存在着逻辑上的问题。密尔认为快乐有质的高低的不同，这表明了他持这样一种观点，即某些快乐比其他的快乐更有价值。这种更有价值的快乐是对两种快乐都有经验的审判员明确表现出偏好的那些快乐。然而，密尔没有说明，有经验的审判员的偏好究竟是高级快乐的标准，还是高级快乐的证据。如果这些偏好是标准，那么，这些审判员在高级快乐的内容上就不可能是错误的，因为在明智选择的各种适当条件下，任何他们所偏好的快乐都是高级的快乐；而如果这些偏好只是提供证据，那么，"高级享乐就形成一个独立的主题，在这个主题上甚至有经验的判断者也会犯错误"。② 所以，密尔如果把审判员的偏好看成是对高级快乐提供证据是不成立的，而且也与他反复强调的"个体的需求千差万别"的观点不相协调。

第三，密尔一方面在《论自由》中明确表明，每一种生活方式对于人类来说都是同等重要的，在价值上它们无法比较；另一方面又暗指能够

---

① 龚群：《当代道义论与功利主义研究》，中国人民大学出版社2002年版，第367页。

② ［英］约翰·格雷：《自由主义的两张面孔》，顾爱彬、李瑞华译，江苏人民出版社2005年版，第78页。

提升人类的高贵品格，锻炼和发展人类的各种能力的行为种类和活动方式优越于其他生活方式，这种生活方式及其所产生的快乐属于较高级的快乐。那么，密尔把快乐划分为高级的快乐和低级的快乐就是行不通的。

第四，以质区分快乐无法在不同快乐之间进行比较。因为，一方面，如果快乐有质与量的区别，那么人际间的快乐的比较、个人偏好的选择究竟是基于质还是基于量则无法确定。[①]

在不同的个人之间，由于不同的人有不同的鉴赏能力和偏好，对于快乐的质和量的偏好也不同。如果两个偏好不同的人中的一个偏好较大量的快乐，而另一个偏好较高质的快乐；或者对于同一个活动，偏好该活动的人会获得较强烈、较持久的快乐，而不太偏好该活动的人却不能够获得同样强烈和持久的快乐，在这些情况下，我们就难以确定人际间的快乐的比较是基于快乐的质还是基于快乐的量。

而在同一个人的经历中，在不同的时间段里，他的偏好是不同的，随着时间的改变，偏好会发生改变。正如密尔自己所言，幸福的生活是"快乐多而有变化"的生活，满意的生活的主要成分似乎有两件——静稳与兴奋，而且这两件是自然联结的，"随便哪一件的延长就是要享受其他一件的准备，并且会引起对于其他一件的愿欲"。[②] 人们追求自己的幸福生活就必定会随着时间的改变而改变自己的偏好。一个人在某个时间段内可能偏好阅读，而在另一时间段内却偏好体育锻炼。那么，这种偏好的选择究竟是基于质还是基于量却难以确定。

另一方面，密尔明确地主张人类特有的快乐、精神的快乐与动物的兽欲以及生理的快乐相比，是更高级的快乐，并以是否涉及人类的较高等的心能作为辨别高低级快乐的标准，这似乎不太恰当。

因为，虽然有一些例子确实可以支持密尔的观点，如人类思考数学问题和哲学问题所获得的精神快乐与阳光浴、吃、喝所获得的生理快乐相比，是较高级的快乐。但野兽般的快乐与生理的快乐之间的联系并不是必然的。因为，从动物方面来看，有些较高等的动物也具有好奇心，似乎也从好奇心的满足中获得它们的快乐；而有些动物尤其擅长解决问题，并可

---

① Henry R. West, *An Introduction to Mill's Utilitarian Ethics*, Cambridge：Cambridge University Press, 2004, pp. 61–62.

② ［英］约翰·穆勒：《功用主义》，唐钺译，商务印书馆 1957 年版，第 14 页。

能从中获得快乐。更为明显的是，有些动物表现出对其他动物或它们的人类主人一些社会情感，如害怕受到惩罚，得到奖赏时会高兴。因此，以是否涉及人类的较高等的心能作为辨别高低级快乐的标准，似乎不太恰当。

从人类方面来看，精神的快乐与身体的快乐之间的区别也是难以截然区分的，因为当人类在享受日光浴，吃、喝的时候，并不只是在享受较低级的嗜欲的快乐，也涉及了他们的"更高级的心能"。很多快乐，例如欣赏音乐和视觉艺术，其中既包含了生理的反应，也包含了理智的和情感的反应。所以，较高级的快乐与较低级的快乐之间虽然存在着一些区别，但它们之间更多的地方是重叠，它们并不是相互排斥的种类。如果说，密尔为了驳斥人们对功利原则只配作为猪的原则的指责，而对二者进行划分是有效的，那么，我们始终也不能够把二者的区分绝对化。

密尔理所当然地认为高级的快乐就是理智和道德的快乐，或是能够产生理智和道德快乐的行为方式，而不是肉体的和感官的快乐。密尔的这个解释"有着未经证实的假设，即明智的判断者将偏好同样的享乐"。① 而且，这个假设与经验是不相符的。因为我们共同的经验是：同样有着良好教养的人对快乐会有不同的偏好，密尔的错误在于把高级快乐看成对所有的人来说都是重要的，而没有意识到这些高级快乐对于我们中的一些人来说也许是不相容的。

（二）区分快乐的质的标准是否偏离了快乐主义

如果以质划分快乐是可能的，那么，应以什么作为标准来区分快乐的质的问题，密尔并没有进行直接、明确的说明。

有一种观点认为，密尔区分快乐的质的标准实际上就是量的极端的不同。如欧内斯特·叟萨（Ernest Sosa）就以密尔在《功用主义》第五章中区分公正的情感与一般的功利情感的不同时所作的论述，即"这个观念所吸集的感情比任何比较普通的利益所吸集的感情强得那么多，弄到程度的差异变成真正的种类的不同"，② 作为证明密尔是由量的程度的不同来界定较高级的快乐与较低级的快乐的证据。其实，密尔并没有从量的极端不同来说明质的不同，更没有以此作为区分较高级快乐与较低

① ［英］约翰·格雷：《自由主义的两张面孔》，顾爱彬、李瑞华译，江苏人民出版社2005年版，第78页。

② ［英］约翰·穆勒：《功用主义》，唐钺译，商务印书馆1957年版，第58页。

级快乐的标准。欧内斯特·叟萨之所以持这种观点，实际上是因为受到当时心理学的观点的影响。当时心理学的观点认为，程度不同可以看成种类的不同，如詹姆士塞思1908年发表的一篇论文在谈到质与量的区分时就指出，程度的不同常常会变成种类的不同"是心理学上常有的事"，程度上如此的不同，以致被假定为质的不同。① 欧内斯特·叟萨认为，密尔是以快乐的量的极端的不同作为快乐的质的不同的标准，这其实是对密尔的误解。实际上，密尔是将个人基于自己或他人对于快乐或痛苦的质的不同的经验而形成的偏好作为标准来区分快乐和痛苦在质的方面的不同的。

虽然密尔没有明确表明以偏好作为标准来区分快乐和痛苦在质的方面的不同，但密尔明确表示的、划分较高级快乐与较低级快乐的标准是对两种快乐都有经历的审判员的观点，实际上就隐含了以个人的偏好作为标准来区分快乐和痛苦在质的方面的不同的观点。因为"那些富有阅历的机会并有自觉和自省的习惯而最有较量快乐的方法的人，他们所觉得的好恶就是快乐的质的标准，也就是评定质与量哪一件更重要的标准"，② 即衡量快乐的质的标准事实上就是添加了人的自我意识和自我判断的偏好。

密尔以偏好作为区分快乐的质的标准并不能够使他免遭偏离快乐主义的指责。格罗特认为："如果根据你的实际经历来决定你的偏好，你所拥有的毕竟只是量……但有不同种类的快乐、或者快乐的质真的不同，我们就必须考虑一些东西，以其作为说明为何一种快乐比另一种快乐更大的理由，这里，我们能够有的考虑就与功利主义相反，从诉诸于感觉到诉诸于理性……"③ 所以，格罗特认为，如果快乐真有质的不同，那么，快乐就不仅仅是一种愉快或享乐，而是基于正当、责任、美德的考虑基础上的快乐。这样就偏离了以感觉为基础的快乐主义方向。④

同样，西季威克则宣称："当一种快乐被断定为在质上优于——尽管在令人愉快性上不及——另一种快乐时，被挑选的并不真的是那种感觉本

① Henry R. West, *An Introduction to Mill's Utilitarian Ethics*, Cambridge：Cambridge University Press, 2004, p. 72.

② ［英］约翰·穆勒：《功用主义》，唐钺译，商务印书馆1957年版，第12页。

③ Henry R. West. , *An Introduction to Mill's Utilitarian Ethics*, Cambridge：Cambridge University Press, 2004, p. 70.

④ Ibid. .

身，而是某种精神条件或生理条件或它所产生的关系……"① 因为，在西季威克看来，当我们说一种快乐在质上优于另一种快乐时，可能有两种情况：第一，可能是从令人愉快性这方面考察它是值得偏爱的。在这种情形下，种类上的区别便分解为快乐程度上的差别，那么，在这个意义上，密尔所说的质的优越实际上还是量的优越；第二，可能是从不同于令人愉快的性质这方面来考察它是值得偏爱的。在这种情形下，种类上的区别就不再是快乐那种感觉本身，而是我们常识思考中可以认识的对象——某种精神条件或生理条件或它所产生的关系，这样，密尔区分快乐的质的标准就不再是感觉本身了，而"似乎是在诉诸某种其他的存在物——而不仅仅是有感觉的存在物——也能诉诸的共同标准"。② 所以，"为了不自相矛盾地推导出把快乐作为合理行为的唯一终极目的的方法，我们必须接受边沁的命题：快乐的所有的质的比较必须分解为量的比较。……除非我们的目标是快乐之外的东西"。③ 可见，西季威克认为，密尔以质区分快乐要么还是以量来区分，要么就偏离了快乐主义。

其实，如果根据密尔对快乐的范围的界定，西季威克关于当我们在说一种快乐在质上优于另一种快乐时可能有的两种情况的划分是不正确的。根据密尔的内省心理学理论，快乐应该包括直接依附于感觉的快乐，也包括离开感觉、作为理性理解力的结果的快乐。根据快乐的这两个方面，如果说一种快乐在质上优于另一种快乐时，就应该包括以下两种情况：一是根据快乐的感觉来比较。密尔认为，不同快乐的感觉，并不是一种质量上同一的快乐感觉，所以，这种比较是基于质的比较。二是根据作为理性理解力的结果的快乐进行比较。快乐或痛苦的感觉与人对待这些快乐或痛苦的态度有关。当人们对这些快乐或痛苦的状态进行内省时，如果人们抱有的态度是接受的或拒绝的，那么，他体验到的快乐或痛苦就会或多或少或增强或减弱，所以，不同的快乐或痛苦就是不同的体验，而"不同体验的快乐在质量上可以是不同的"。④ 所以，这种比较也是基于质的比较。

---

① ［英］亨利·西季威克：《伦理学方法》，廖申白译，中国社会科学出版社1993年版，第150页。

② 同上。

③ 同上书，第116页。

④ Henry R. West, *An Introduction to Mill's Utilitarian Ethics*, Cambridge：Cambridge University Press, 2004, pp. 57–58.

西季威克之所以这样评价密尔，是因为他关于快乐的感觉的观点与密尔在这方面的观点是不同的。西季威克认为，快乐的感觉是"同他所有的条件、伴生物，以及他对同一个人或他人尔后的感觉的全部影响区别开来"的，"只作为一个孤立主体的瞬间的感觉"。① 而密尔认为快乐或痛苦可以从感觉中分开，而不是附加于感觉之上的一种东西，快乐或痛苦可能由感觉而引起，也可能因其自身而出现，快乐或痛苦的感觉与人对待这些快乐或痛苦的态度有关。即快乐或痛苦也可以是理性理解力的结果。如果密尔关于内省的心理学理论是正确的，那么，西季威克对密尔的批评就是不恰当的。

同样，格罗特认为，密尔以偏好作为区分快乐的质的标准，实际上不是诉诸量就是诉诸理性，从而导致对快乐主义的偏离的观点也是不恰当的。因为，根据密尔的内省心理学理论，快乐也可以是理性理解力的结果，但不是理性本身，快乐依然是一种感性的感受，虽然这些基于不同感受的快乐是理性理解力的结果，是内省的不同感觉，但都属于不同质的快乐的种类，所以，对这些基于不同感受的快乐的种类进行比较，根据的是快乐的质而不是量。人们之所以偏爱某种快乐，只是因为质的不同而不是量的不同，这种质的不同又与人们对这些快乐的可欲程度相关，快乐的可欲程度既可能取决于当时情况下这种快乐对这个人所显示出的质的优越性，也可能取决于人们当时的具体情况或偏好，而不一定取决于这种快乐的质本来很上乘，也不一定取决于这种快乐与人类相关的较高心能，所以，在说明为何一种快乐比另一种快乐更大的理由时，密尔诉诸的仍然是感觉而不是理性，也不是诸如人类尊严这样一些非快乐的价值。所以，密尔以偏好作为区分快乐的质的标准并没有偏离快乐主义。

（三）以质区分快乐是否有意义

关于密尔以质区分快乐有无意义的问题，有学者也是持反对态度的，如麦金太尔认为，密尔把快乐划分为质与量是无意义的，因为快乐是一种特定目的的概念，但密尔把它转变成适用于任何目的的一般性概念，这样就使快乐概念对于评价和道德目的来说成了无用之物。② 包利民认为，密

---

① ［英］亨利·西季威克：《伦理学方法》，廖申白译，中国社会科学出版社1993年版，第150页。

② ［美］阿拉斯代尔·麦金太尔：《伦理学简史》，龚群译，商务印书馆2003年版，第308页。

尔试图改进边沁功利主义关于快乐定义的简单化倾向而区分不同类型的快乐，"但是，这么一来，密尔也就丧失了功利主义的直觉中的一些重要东西"。① 龚群认为，密尔将快乐区分为质与量，认为对于幸福的评判质优于量的观点，就将快乐的量置于一个次要的位置上了，虽然密尔仍然是效果论者，但这样必然会摧毁边沁仅建立在快乐量比原理上的效果论。然而密尔对快乐的质与量的区分在社会政治哲学上有重要意义。②

这些学者的批评具有一定的合理性，但完全忽视密尔以质区分快乐的意义则有失偏颇。密尔以质区分快乐，尤其是把快乐区分为较高级的快乐和较低级的快乐具有重要的意义：

一方面，如果较低级的快乐被理解为生理的或感官的感受，较高级的快乐被理解为"精神的状态"、"行为的种类和生活的形式"，而人类所追求的快乐不仅仅是较低级的感官快乐，还有精神快乐以及实施那些可以发展和提高人的品行和能力的行为和活动所获得的快乐，那么，人类的快乐就区别于动物的快乐，以快乐作为行为的目的和标准的功利原则就可以避免被指责为猪的哲学和原则。

另一方面，如果较高级的快乐不被理解为"精神的状态"，而是被理解为"行为的种类和生活的形式"，那么，较高级的快乐就和自治紧密的联系在一起了。因为人类特有的、不断提升的才能只有在自治的选择中才能得以发挥。而自治和自由有十分紧密的联系，没有自由就不可能有自治自主的选择，因此，作为较高级的快乐的不同的行为种类和行为方式与自由密不可分。既然自由与较高级的快乐密切联系，而在密尔那里，"功利"又是指"快乐和免除痛苦"，那么，自由就与功利密切相关。正如施特劳斯和克罗波西在他们主编的《政治哲学史》中所指出的那样，密尔从质和量两方面对快乐进行区分，是与他的人类进步论相关的。一个人民可以在其中追求高尚快乐的社会需要比人民不这样做的社会具有更高的文明程度，尤其需要社会自由作为前提条件。一个使其人民受到他人意志和专制法律过度约束的社会，其人民难以拥有密尔所理解的较高级的快乐，所以密尔指出："政府问题部分的是通过对高尚快乐的追求而解决的，因

① 包利民、M. 斯戴克豪思：《现代性价值辩证论——规范伦理的形态学及其资源》，学林出版社 2000 年版，第 63 页。

② 龚群：《当代道义论与功利主义研究》，中国人民大学出版社 2002 年版，第 315—318 页。

为这种追求所培养的品格特点正是为实现最好的政治组织形式所必须的"。① 正是较高级的快乐（功利）与自由的这种关系，使得密尔在《论自由》中为自由原则所作的辩护，实际上就是在为功利原则作辩护。也正是对快乐概念的扩展，使得密尔拓宽了其为功利原则辩护的思路和视阈。

总之，密尔正确地看到了存在着多种不同质的快乐，也存在着本身质很好的快乐（较高级的快乐）；密尔也正确地认识到了较高级的快乐是值得人们去追求的，虽然人并不必定总是追求较高级的快乐。但密尔过于绝对地认为快乐的质的优越性与人类较高级的心能的使用总是息息相关的。事实上，在现实生活中，人选择这种质的快乐而不选择另一种质的快乐，在很大程度上可能取决于当时情况下这种快乐对这个人所显示出的质的优越性，也可能取决于人们当时的具体情况或偏好，而不一定取决于这种快乐的质本来很上乘，也不一定取决于这种快乐与人类相关的较高心能。

密尔关于快乐的观点是复杂的，要正确理解密尔的观点，关键在于要认识到密尔关于人的精神的观点。密尔认为，人的精神是复杂的。密尔在注释他父亲的心理学理论时就指出："一个人的思想很少或者说从来都不同时完全全神贯注于一个想法上，在同一时刻，我们头脑里总是考虑许多个想法……"② 正是人类精神的这种复杂性，使得人类的精神有多种需求并难以完全得到满足，所以，密尔强调较高级的快乐优于较低级的快乐并不必然意味着，任何最小量的人类所特有的快乐都比任何最大量的动物的嗜欲更能够满足人的情感需求，至少在一些情况下量的优越会超过质的优越。这是因为"那些富有阅历的机会并有自觉和自省的习惯而最有较量快乐的方法的人，他们所觉得的好恶就是快乐的质的标准，也就是评定质与量哪一件更重要的标准"。③ 即衡量快乐的质的标准事实上就是密尔所说的审判员的偏好，而这些作为标准的偏好必然添加了他们的自我意识和自我判断，这就必然隐含着至少在一些情况下，量的优越会超过质的优越。密尔强调较高级的快乐优于较低级的快乐，也并不意味着人作为动物

---

① ［美］列奥·施特劳斯等：《政治哲学史》，李天然等译，河北人民出版社1993年版，第939页。

② Henry R. West, *An Introduction to Mill's Utilitarian Ethics*, Cambridge：Cambridge University Press, 2004, p. 67.

③ ［英］约翰·穆勒：《功用主义》，唐钺译，商务印书馆1957年版，第12页。

而必定具有的某些欲望和冲动对人类幸福来说是不重要的，甚至是可有可无的。密尔也不是只强调追求较高级的精神的快乐而排斥肉体的快乐。人类的幸福是"既包括较低级意义上的快乐和痛苦的免除，也包括较高级意义上的练就性的生活（rendering life）"。① 密尔提出"较高级的快乐"和"较低级的快乐"的划分，目的只在于强调人类的幸福更重要的在于独特的生活种类和"练就性"的活动，在于一个人高贵品格的提升和对自己能力的充分行使和发展，而不仅仅在于一种消极的生理感受。

第三节　密尔的幸福概念

尽管密尔以质区分快乐的不同、把快乐划分为较高级的快乐和较低级的快乐存在着这样和那样的问题，然而这并不影响密尔以快乐概念表征幸福。正如伯格所认识到的那样，密尔对高级快乐的讨论是为了分析包含快乐于其中的幸福概念。②

一　密尔幸福概念的实质

关于密尔幸福概念的性质，正如豪格（Hoag）所指出的那样：密尔的"幸福概念不是由某种占主导地位的元素如快乐构成的，而是由多种不同的东西构成的包含性的目的概念"。③ 在密尔那里，幸福概念是一个复合的概念，包含着多种成分。美德、自由、个性等都是幸福的组成部分。因此，密尔的幸福概念更像是亚里士多德的幸福（eudaimonia）概念。

一方面，密尔的幸福概念是一个包含性的概念，在幸福概念中包含着多种具体的元素：如音乐、健康、美德和个性等，这些元素可以作为幸福这个"整体的一部分"。因而幸福概念是一个"具体的整体"。④ 另一方面，密尔的幸福概念是一个目的概念，即幸福是一种目的。而幸福是目的

---

① John Stuart Mill, *System of Logic: Ratiocinative and Inductive*, London: Longmans, Green, and Co., 1886, pp. 621– 622.

② Robert, W. H., "Happiness and Freedom: Recent Work on John Stuart Mill", *Philosophy and Public Affairs*, 1986, 15（2）: 194.

③ Ibid., p. 192.

④ ［英］约翰·穆勒：《功用主义》，唐钺译，商务印书馆1957年版，第40页。

在密尔看来，就是说幸福是可欲的。密尔在《功用主义》一书中曾指出："关于目的的问题是关于什么东西是可欲的"的问题。① 为何人们作为目的的东西就是可欲的东西呢？密尔认为，对于经验来源的证明都是遵循这样的模式：唯一能够证明一件东西可以看见的理由是人们确实看见了它；唯一能够证明一个声音的理由是人们确实听到了这个声音。按照这种证明模式，如果功利主义认为幸福是人的目的，唯一能够证明这个观点正确的方法就是：每个人都相信自己的幸福是可以得到的，并且确实是在可以得到这个幸福的范围内欲求自己的幸福，这样人们才可以把这个幸福作为自己的目的。所以密尔指出："假如人的本性就使他对于凡不是幸福的成分或幸福的工具都不欲望，那末，这就证明只有这些是可欲的东西……如果这样，只有幸福是人类行为的目的"。② 而"实际上人所欲望的除了幸福没有什么东西。任何不是因为是达到自身以外的目的并且最后可以得到幸福而欲望的东西，都是因为它自身是幸福的一部分；在它未成为幸福的成分之先，人并不要它"。③ 所以，人们把幸福作为目的，就是把幸福看成是可欲的。基于此，密尔指出："幸福，因是目的，是可欲的；并且只有幸福才是因它是目的而可欲"。④

密尔不仅认为幸福是目的，是可欲的东西，而且也认为，构成幸福这个具体整体的各种元素也都是可欲的，它们之所以可欲，是因为它们是幸福的一部分，或是实现幸福的手段。"幸福的成分的种类是很多的，并且个个成分自身都是可欲的，不是只为它能够增加总量"。⑤ 在密尔看来，快乐、美德、声誉、个性和权力，是可以作为目的和达到幸福的手段来被欲望的，可以是作为幸福的一个构成部分或是与幸福有关系而被欲望的。"功用主义并不是说任何快乐，例如音乐，或任何项免除痛苦，例如健康，应认为取得一个叫做幸福的总量的工具，并因为这个起见，人才应该欲望。这些享乐与免苦自身是人欲望的，并且是可欲的；并且人欲望它，与它之所以可欲都因为它自身：除了做工具之外，它是目的的一部

---

① ［英］约翰·穆勒：《功用主义》，唐钺译，商务印书馆1957年版，第37页。
② 同上书，第41页。
③ 同上。
④ 同上。
⑤ 同上书，第38页。

分"。①

　　由上面的分析可见，密尔的幸福概念是一个包含性的目的整体概念，幸福以及幸福的各种构成成分都是可欲的，都是目的或者目的的一个部分。然而，在密尔那里，并不是除了幸福以及幸福的各种构成成分成为行动的目的或者目的的一个部分外，就没有别的目的了，幸福并不是唯一的目的，也不是唯一一种值得作为目的的东西。因为在密尔看来，作为道德止点和目标的幸福，只是那种值得促进的幸福，属于道德义务的范围，包含命令性的成分。然而，即使幸福的促进是道德的义务，幸福的促进在密尔那里也不是唯一直接的目的。在《逻辑学体系》中，密尔指出："我并没有宣称幸福的促进自身就应该是所有行动的目的，或者甚至是所有行动规则的目的，它是所有目的的理由，并且应该是所有目的的管理者。幸福的促进自身并不是唯一的目的"。② 密尔之所以持这种观点，有两个方面的原因：

　　一方面，密尔认为幸福是一个过于复杂和不确定的目的而不能直接寻求，要通过第二序列的目的作为中介。他在《功用主义》中指出："说幸福是道德的止点并目标，并不是说不应该开条道路走到那个目的地，也不是说不应该指导要到那里的人顺这方向，不要顺那方向走"。③ 因为，"我们认为功利或者幸福是一个太复杂和太不确定的目的而不能寻求，除非通过第二序列的目的作为中介"。④ 那么，这些第二序列的目的是什么呢？密尔认为一般情况下应该参照第二原则来确定，当第二原则之间发生冲突时，则应该参照功利原则来确定。他在《论边沁》中指出："关于这些第二序列的目的可能是和通常是什么的问题，在不同意见的人们之间一致的看法是最终标准问题……那些把功利作为标准的人们很少真正应用它，除非通过第二原则；而那些反对把功利作为标准的人们，他们所应用的第二原则通常可以上升为第一原则。当两个或者更多的第二原则发生冲突时，

　　① [英] 约翰·穆勒：《功用主义》，唐钺译，商务印书馆1957年版，第38—39页。

　　② John Stuart Mill, *System of Logic: Ratiocinative and Inductive*, London: Longmans, Green, and Co., 1886, p. 621.

　　③ [英] 约翰·穆勒：《功用主义》，唐钺译，商务印书馆1957年版，第25页。

　　④ John R. Fitzpatrick, Reconciling Utility with Liberal Justice—John Stuart Mill's Minimalist Utilitarianism [the Paper of Doctor of Philosophy], Knoxville: The University of Tennessee, 2001, pp. 147–148.

直接地诉诸于第一原则才成为必要"。①

另一方面，密尔认为许多道德的行为和行动的道德方式，在特别的情形下会使幸福遭受牺牲。他在《逻辑学体系》中指出："有许多道德的行为和行动的道德方式（尽管我认为这些情况要比通常想象的要少）在特别的情形下，幸福是遭受牺牲的，在这些情况下，产生的痛苦比快乐更多。但可以说这些行为有理由被接纳，只是因为它能表明，大体上有更多的幸福将存在于这个世界上"。②

所以密尔认为，幸福的促进并不是所有行动的直接目的，或所有行动规则的唯一目的，但它是所有目的的理由，并且应该是所有目的的管理者。我们道德的行为和行动的道德方式还可以有其他的目的，只不过这些目的以幸福的促进为理由，受幸福的促进这个管理者来管理。如高尚的意愿和行为被培植起来，在某些情况下将会使人们忽视幸福，但它们会使这个世界上存在更多的幸福，所以密尔认为："培植高尚的意愿和行为，对于每一个人来说应该是一种目的；应该是他们自己或者是其他人的明确的追求的幸福，在任何冲突的情况下都要让位于它"。③

由上面的分析可见，密尔的幸福概念的实质可以概括为：幸福是由多种可欲的目的元素构成的"具体的整体"，不仅这个整体可以成为人们行为的目的而可欲，而且构成这个整体的各种元素也可以成为目的的一部分或实现目的的手段而可欲；幸福是道德的止点和目标，但这种幸福是值得促进的幸福，因而幸福的促进是行动和行动规则的目的，但不是唯一的目的，它是所有目的的理由和所有目的的管理者。

二　密尔幸福概念的构成元素

既然密尔的幸福概念是由多种元素构成的"具体的整体"，是一个由多种可欲的目的所构成的整体目的的概念，这些目的之所以可欲，或者是因为它们有益于产生幸福，是实现幸福的工具或条件；或者是因为它们自身

---

①　John R. Fitzpatrick, *Reconciling Utility with Liberal Justice—John Stuart Mill's Minimalist Utilitarianism* [the Paper of Doctor of Philosophy], Knoxville: The University of Tennessee, 2001, pp. 147–148.

②　John Stuart Mill, *System of Logic: Ratiocinative and Inductive*, London: Longmans, Green, and Co., 1886, p. 621.

③　Ibid..

就是幸福的一个组成部分。既然每个人的幸福是他所可欲的目的，因此，对于每个人来说，幸福的概念对于他自己都具有一定的主观性。但这并不表明人们不能拥有一些构成幸福的相同元素。如果没有这样一些共同的幸福元素，幸福作为道德的评价标准就不可能具有正当性。事实上，密尔认为，人类的幸福是由一些共同的元素所构成的。他在《功用主义》中就指出："依照上文所解释的最大幸福主义（功用主义），我们最后目的乃是一种尽量免掉痛苦，尽量在质和量两方面多多享乐的生活…… 一切其他事物（不论我们是考虑自己的或别人的利益）都是因为与这个目的有关，并且因为这个目的而才能为可欲的东西。照功用主义的看法，这种生活既然是人类行为的目的，必定也是道德的标准"。[①]

然而，对于构成幸福概念的元素，或实现幸福这个整体目的的次级目的包括什么的问题，密尔没有作出明确的说明，也没有把这些幸福的元素或次级目的开列出一个清单。但是，根据密尔在其著作中的阐述可知，其幸福概念与他关于人性的看法相关。

密尔的幸福概念与边沁的功利概念一样，是建立在他们自己对人性的理解的基础上的。边沁把人性理解为快乐和痛苦的免除，并因此以快乐来解释功利。对于边沁来说，快乐对于人们是最重要的，只要人们能够获得快乐和免除痛苦，获得快乐和免除痛苦的手段是什么并不重要。如果科学的发展能够提供一种药，人们在服下这种药后将能够获得永久的快乐和满足，那么，根据边沁对人性的理解，他会把这种药作为治疗所有邪恶的灵丹妙药加以接受。密尔反对边沁解决问题的这种方式，他认为，这种方式会使人性退化，并在《论边沁》中对边沁的人性观进行了批评："边沁对人性的理解明显是狭隘的、根本不合适的；他对历史、社会、个人心理学没有任何想像性的把握；他不理解是什么东西且应该是什么东西使社会联结在一起——共同的理想、忠诚、民族性；他意识不到荣誉、尊严、自我修养或对美、秩序、权力与行动之爱；他只理解生活的'事务'方面"。[②]

密尔认为人性是复杂的，不仅仅是趋乐避苦。密尔的人性论包括两个不同的层次：[③] 第一层次的人性是指一般意义上的人性，主要是指人类在

---

① ［英］约翰·穆勒：《功用主义》，唐钺译，商务印书馆1957年版，第12—13页。

② ［英］以赛亚·伯林：《自由论》，胡传胜译，译林出版社2003年版，第255页。

③ 黄伟合：《英国近代自由主义研究——从洛克、边沁到密尔》，北京大学出版社2005年版，第123页。

生理、心理和精神方面的基本特性，是人性的潜在状态；第二层次的人性是指具体的人性，是指一般人性在不同的历史条件影响下的具体历史表现，是人性的现实状态。人性的两个层次密不可分，一般人性虽然会受到社会条件的影响但不会消失，而且会极大地影响人类的行为，但只有具体人性（密尔把这种人性称为"人工造就的人性"）才是唯一值得推荐效法的人性。密尔在其《论自然》一文中就指出："这种人工造就的或至少是人工改良的最好的和最高贵的人性是唯一值得推荐效法的人性"。①

密尔关于幸福的概念正是基于其人性观的基础上形成的，根据密尔的人性观及其对于幸福概念的性质的阐明，我们可以大致归纳出其幸福概念的主要构成元素。这些元素包括两大类。

（一）幸福元素的第一大类

密尔幸福元素的第一大类与他所说的第一层次的人性相关。在密尔看来，第一层次的人性是指一般意义上的人性，主要是指人类在生理、心理和精神方面的基本特性，一般人性虽然会受到社会条件的影响但不会消失，而且会极大地影响人类的行为。正因如此，密尔在其幸福概念中从来就没有放弃人的需求和欲望等概念，甚至在从个人的层面理解幸福时，把个人的幸福就看成个人需求和欲望的实现。而个人的需求和欲望是多种多样的，感性快乐和痛苦的免除、人各方面能力的提高和个性的发展、音乐、健康、美德、金钱、权力、名望、高尚行为和品格等都是人们需求和欲望的元素。

根据密尔的阐述，幸福元素的第一大类可以归结为四个方面。

1. 感官的快乐与痛苦的免除

在密尔那里，感官的快乐或较低级的快乐是其幸福概念的一个构成元素。密尔指出，从伊壁鸠鲁到边沁，都把功利和快乐联系起来，把功利称为是快乐本身和痛苦的免除，而并不把"有用的"与"快乐的"和"美的"对立起来。密尔承认，他也认为幸福是指快乐与痛苦的免除，不幸福是指痛苦和快乐的丧失。这里，密尔实际上肯定了在幸福概念中应该包含感官快乐和痛苦的免除这种成分，然而，密尔反对把幸福仅仅看成感官快乐的观点。他认为，快乐虽然包括感官的快乐，但又不仅仅只是包含感

①　黄伟合：《英国近代自由主义研究——从洛克、边沁到密尔》，北京大学出版社 2005 年版，第 123 页。

官快乐的较低级的快乐，还包括较高级的快乐，而较高级的快乐又包括精神的快乐以及精神快乐由以产生的、能够提升人类的高贵品格、锻炼和发展人类的各种能力的行为种类和活动方式，所以他说，"兽类的快乐够不上人类的对于幸福的概念"，① 因为人类的 "这种幸福既包括较低级意义上的快乐和痛苦的免除，也包括较高级意义上的练就性的生活（rendering life），虽然这种意义上的幸福现在还不够普遍，普遍存在的是平庸的和无意义的生活，但人们会关心人类能力的更高发展，并拥有能力高度发展的人类"。②

2. 人的美德的促进和智力能力的锻炼和提高

密尔之所以反对把人类的幸福仅仅看成感官的快乐和痛苦的免除，是因为他认为，人不同于其他动物，这种不同表现在两方面：一是人有不同于其他动物的嗜欲的高等心能③和自尊心；④ 二是人是一种 "前进的存在"，⑤ 那么，人类的幸福概念与动物的快乐概念、满足概念就是不同的，人类的幸福概念应该与 "人之为人有关"，是人类的 "永久的方面"。密尔在《论自由》中曾经对他所主张的功利的含义作过如下说明："的确，在一切道德问题上，我最后总是诉诸功利的；但是这里所谓功利必须是最广义的，必须是把人当作前进的存在而以其永久利益为根据的"。⑥ 可见，密尔的幸福概念是把人作为 "前进的存在" 为前提提出来的。在密尔看来，作为 "前进的存在" 的人类的幸福应该以人类的 "永久利益" 为根据，而人类 "永久的利益" 或 "基本的利益" 在密尔看来是指全体个人道德和 "智力的扩展和提高"，⑦ 因而，幸福概念的构成成分中最重要也是最主要的元素就应该包括人的美德的促进和人的各方面能力的锻炼和提高，这才是 "人工造就的人性" 和值得效法的人性。

密尔认为，人类具有某些独特的能力，一个幸福概念如果不包含那些能力的行使，那么，人们就会对这个意义上的幸福感到不满足。所以，人

① ［英］约翰·穆勒：《功用主义》，唐钺译，商务印书馆1957年版，第8页。
② John Stuart Mill, *System of Logic: Ratiocinative and Inductive*, London: Longmans, Green, and Co., 1886, pp. 621–622.
③ ［英］约翰·穆勒：《功用主义》，唐钺译，第8页。
④ 同上书，第10页。
⑤ ［英］约翰·密尔：《论自由》，许保骙译，商务印书馆2005年版，第12页。
⑥ 同上。
⑦ 同上书，第137页。

类的幸福概念应该包括人的能力的锻炼和提高，这样，人类才能够不断地得以进步。

密尔在其著作中的多个地方都阐明了他把人类自身的道德和智力能力的锻炼和提高看成人类幸福的重要构成成分的观点。

密尔在《论自由》中就指出，他为自由所作的辩护，主要依赖于他关于作为进步的存在的人类的幸福概念的主张；依赖于作为进步的存在的人类的能力的形成的主张。密尔认为，正是这些能力使得完全意义上的人与其他动物区分开来。因为，"凡是听凭世界或者他自己所属的一部分世界代替自己选定生活方案的人，除需要一个猿般的模仿力外便不需要任何其他能力。可是要由自己选定生活方案的人就要使用他的一切能力了"。① 密尔指出，这些能力包括观察力、推论力、判断力、活动力、思辨力、毅力、自制力等，如果这些能力得不到锻炼和提升，则会使人堕落为平庸之人，任何高级能力得不到开发，这是人类的不幸，所以，这些能力的锻炼就成了人类幸福的主要构成成分。

密尔在《功用主义》第二章中，在谈到较高级的快乐与猪的快乐进行比较时，也提出了把人类自身各种能力的锻炼和提高看成人类幸福的重要构成成分的类似观点："人有比动物的嗜欲更高尚的心能，倘若他曾经觉得有这种心能，他不会认任何不包有满足这些心能的事情为幸福"。② 所以，人类的幸福概念与兽类的快乐是不同的，人类的幸福极大的一部分应该是人类区别于其他动物的较高级的能力的锻炼和发展。

同样的关于幸福的观点在密尔的《代议制政府》中也有所反映。密尔在该书中指出，政府的唯一目的是被统治者的福利，政府要实现这个目的，必须依靠开动政府机器的动力——被统治者的好品质。这些好品质包括美德和智慧。因此，评价一个政府的好坏，就应该根据它对人们和对事情所采取的行动；根据它对待公民和训练公民的方式是促进人民的进步还是使人民堕落；根据它为人民和依靠人民所做的工作。好政府的第一要素是组成社会的人们的美德和智慧，"任何政府形式所能具有的最重要的优点就是促进人民本身的美德和智慧"。③ 密尔"把政府在增加被统治者

① ［英］约翰·密尔：《论自由》，许保骙译，商务印书馆2005年版，第69页。
② ［英］约翰·穆勒：《功用主义》，唐钺译，商务印书馆1957年版，第8页。
③ ［英］密尔：《代议制政府》，汪瑄译，商务印书馆1982年版，第26页。

（集体地和各个地）的好品质的总和方面所能达到的程度，看作区别政府好坏的一个标准"。① 可见，密尔实际上认为好政府的主要目的就是锻炼和提升人民道德和智力方面的能力。

在其著作《论妇女的从属地位》中，密尔也指出，对于处于从属地位的妇女来说，她们的不幸在于男性主义至上的制度和意见，阻碍了她们的理性能力和慎思能力的发展。密尔在许多地方也曾指出，慈善机构的保留，激励了受赠人依赖于捐助人，并因此破坏了受赠人的自我发展和自尊的观点。②

总之，密尔在认识到人与动物不同的基础上，阐明了人类的幸福主要地应该包括人的美德的促进和人类智力能力的锻炼、提升的观点。

3. 人类"习染得来的"元素

密尔幸福元素也包括那些与人类幸福密切相关的重要元素，但这些元素是人类"习染得来的"元素，③ 如音乐、健康、美德、金钱、权力、名望、④ 高尚行为和品格⑤等。当然，对这些"习染得来的"元素的欲望是受一些利益所控制的，这些利益就是人类的公共幸福。密尔认为，如果对这些"习染得来的"元素的欲望不会导致对公共幸福的损多益少，功利主义也是容许赞成对这些元素的欲望的。而在这些元素中，密尔尤其强调人们应该欲望美德，甚至认为应该训令并要求人们养成爱美德的习惯，他认为"爱美德是促进公共幸福的首要条件"，因此，以美德为主要代表的"习染得来的"元素既是人类幸福的必备条件，也是人类幸福的重要元素。

4. 个性的发展

在密尔看来，个性的发展也是幸福的构成元素之一。个性是指"个人有自由去依据其意见在生活中付诸实践，只要风险和危难是仅在他们自己身上就不应遭到同人们无论物质的或者道德的阻碍"。⑥ 而个性的发展

---

① ．[英] 密尔：《代议制政府》，汪瑄译，商务印书馆 1982 年版，第 27 页。

② Brink, D. O. , "Mill's Deliberative Utilitarianism", *Philosophy and Public Affairs*, 1992, 21 (1)：79.

③ [英] 约翰·穆勒：《功用主义》，唐钺译，商务印书馆 1957 年版，第 40 页。

④ 同上书，第 38—39 页。

⑤ John Stuart Mill, *System of Logic: Ratiocinative and Inductive*, London：Longmans, Green, and Co. , 1886, p. 621.

⑥ [英] 约翰·密尔：《论自由》，许宝骙译，商务印书馆 2005 年版，第 65 页。

就是一种在基于我们自己自由的思想、意见、欲望和考虑之上所选择的生活和活动方式中锻炼和发展起来的，每个人自己"在精神方面、道德方面和审美方面成长到他们本性能够达到的体量"。① 密尔认为，以这种方式去生活和活动以发展我们的个性应该是幸福的一个组成部分。

密尔把个性的发展看成幸福的重要组成部分，同样与他对人性的认识有关。密尔对人性的认识不仅包括人与其他动物不同的观点，而且包括人与人之间具有差异性的观点。密尔认为，人们在个性、品位、欲望和兴趣等方面是不同的，不同的人在快乐的来源上和痛苦的感受性上是不同的，不同的物质条件和道德状况对不同的人的影响也是不同的，即"不同的人需要不同的发展其精神的条件，不同的人不能健康地生存于同一道德的空气和气候之中，正不亚于各种各样的植物不能健康地生存于同一物质的空气和气候之中"。② 即人与人之间具有差异性。正是这些差异性使得同一些事物或同一种生活方式，对于培养某个人的较高本性是有益的，而对于另一个人则成为障碍。所以，人们要获得其公平的一份愉快，要在精神方面、道德方面和审美方面有公平的发展机会，并成长到他们本性所能够达到的程度，他们才会感到幸福。因为，"使生活不满意的主要原因是缺乏精神上的修养。一个有修养的心灵（我并不是指哲学家的心灵，而是指任何心灵，曾受知识源泉的灌溉，并且受过良好程度的运用心能的训练的），会觉得他环境内种种东西都具有无尽藏的兴味"。③ 所以在密尔看来，只有在精神方面、道德方面和审美方面（个性）得到良好发展的个人，才可能拥有真正的幸福，即个性的发展是实现个人幸福这个目的的手段。

但是，在密尔那里，个性的发展不仅是幸福的手段，而且是幸福的一个构成成分。在《代议制政府》中，他就把人民道德和智力的促进和提高看成社会功利的一个组成部分，是人类幸福的主要因素；在《论自由》中也指出："个性的自由发展乃是福祉的首要要素之一……是和所称文明、教化、教育、文化等一切东西并列的一个因素"。④ 相反，"凡在不以本人自己的性格却以他人的传统或习俗为行为的准则的地方那里就缺少着

① ［英］约翰·密尔：《论自由》，许保骙译，商务印书馆2005年版，第80页。
② 同上。
③ ［英］约翰·穆勒：《功用主义》，唐钺译，商务印书馆1957年版，第15页。
④ ［英］约翰·密尔：《论自由》，许保骙译，商务印书馆2005年版，第66页。

人类幸福的主要因素之一，而所缺少的这个因素同时也是个人进步和社会进步中一个颇为主要的因素"。① 所以，个性的发展是密尔幸福概念的一个组成部分。幸福包括选择自己的生活计划以达到个性元素的和谐有序和排列，个性在它的能力和权力许可范围内得到充分发展。

密尔实际上赞成德国政治理论家洪堡（Wilhelm Von Humboldt）的观点：人的目的应该是"要使其各种能力得到最高度和最调和的发展而达成一个完整而一贯的整体"，"每人所应不断努力以赴特别是志在影响同人的人所应永远注视的目标，乃是能力和发展的个人性"。② 密尔不仅把人的能力的锻炼和发展看成是幸福的重要构成成分，而且把人的个性的发展也看成是与人的能力的锻炼和提升同样重要的幸福的构成成分。

（二）幸福元素的第二大类——自由和安全

密尔幸福元素的第二大类是指那些与人类幸福密切相关的重要元素，这些元素是人类幸福必备的外在条件，包括自由和安全。

1. 自由

密尔在认识到个人美德、能力的提高和个性的发展是人类幸福的构成部分的同时，也认识到与之密切联系的自由的重要性。对于自由，密尔不仅把它当成实现人类幸福的必备条件，而且也把它当成人类幸福的必要组成部分。

密尔把自由当成实现人类幸福的必备条件，同样与他对人性的看法有关。

密尔认为，人性与社会环境密切相关，人性总是由社会环境所塑造的。他在《逻辑学体系》中就指出："所有的社会现象同时也是人性现象，它们都是由外部环境的运动作用于人类大众而产生的"。③ 在《论妇女的从属地位》中也指出："历史……所告诉我们的是完全不同的另一种道理：它展示了人的本性是多么容易受外界的影响，以及在人们认为最普遍一致的人性方面却有着极其丰富多彩的人性的不同表现"。④

正是由于人性易于受到环境的影响，密尔特别注重社会环境的构造，

---

① ［英］约翰·密尔：《论自由》，许保骙译，商务印书馆 2005 年版，第 66 页。

② 同上书，第 67 页。

③ 黄伟合：《英国近代自由主义研究——从洛克、边沁到密尔》，北京大学出版社 2005 年版，第 124 页。

④ 同上。

强调个人所拥有的社会自由的重要性。对于密尔来说，人区别于动物的最重要的地方不在于人拥有理性或者发明工具和方法，而在于人能够进行选择，人在选择而不是被选择时才最成为自己。每个人都是目的的寻求者，并以他自己的方式追求目的。只有当每个人都有自由以自己的方式追求自己的目的时，人的生活才会在这多种多样的方式中变得丰富多彩，个体间相互影响的领域才会更广泛，每个人沿着新鲜而未被探索的方向改变其自身性格的可能性会越大，人的能力在这种探索的过程中也就越能够得到锻炼和提高。

不管是在《论自由》中，还是在《论妇女的从属地位》中，密尔都认为，一个人能否拥有幸福，与一个人能否享有自我管理的自由和选择自己活动方式和生活方式的自由有密切的联系。因此，密尔在《论自由》和《论妇女的从属地位》中所倡导的自由，是那种他认为对于个人道德的成长和性格的形成是实质要素的自由。密尔认为，通过立法可以阻止一些行为，但不可能使人们变得有道德，即使我们所制定的法律大多数是道德的。密尔认为，法律对基本自由的限制有悖于公共政策的目标，即要求公民成为有道德的人。抑制个人自由的法律可以改变人们的行为，但这种做法在个人道德的成长和个性的发展方面付出了代价。所以国家应该给予个人那种允许个性充分发展，寻找适合自己的道路，使自己成为可能成为的最好的自由的人。

在密尔看来，要真正实现人们的个性和提高人们的能力必须满足两个条件：一是人们生活的国家应该是一个自由的国家，人们至少在仅关涉自身的方面，其行动拥有自由，尤其是应该允许人们在其生活方式方面有多种歧异；二是我们必须能够通过平等自由的讨论来促进自我发展。如果这两个条件得以具备和结合，就能够生发出"个人的活力和繁复的分歧"，而这些东西又自相结成"首创性"。① 密尔的结论是，人们只有拥有选择的自由，才能发展自己的个性，而"只有培养个性才能产生出发展很好的人类"。② 即自由是使每个人成为有个性的人的必备条件。而前面的分析表明，对于密尔来说，个性是人类幸福的一个组成部分，自由是实现个性的必备条件，因而也是幸福的必备条件。

① ［英］约翰·密尔：《论自由》，许保骙译，商务印书馆2005年版，第67页。
② 同上书，第75页。

　　此外，密尔把自由也看成幸福的构成成分。密尔在《论自由》中指出，他所要讨论的自由是指"公民自由或称社会自由，也就是要探讨社会所能合法施用于个人的权力的性质和限度"。① "唯一实称其名的自由，乃是我们按照自己的道路不受干涉地去追求我们自己的好处的自由"。② 密尔所说的自由包括广义的良心自由（思想和感想的自由、意见和情操的自由）、趣味和志趣的自由（选择自己计划、生活方式、活动方式的自由）、相互联合的自由三方面。密尔在《代议制政府》中又提出了政治参与的自由对于培养人们公共精神的重要性。从密尔对自由的定义和自由的范围的界定中可见，密尔所说的自由涉及自主的思想和行动的实施权利，这一点，与古典自由主义把自由视为"自主的思想和行动的实施权利"③是一致的。又由于在古典自由主义那里，自主是指"包含在自我批评的和想象的选择过程中的能力与机会"，④ 正是由于自由和自主的这种关联，密尔学说中的自由就不仅仅是实现幸福的有效工具，而且还成了幸福的必要元素（因为能力的提高本身在密尔那里就是幸福的一个组成部分）。

　　密尔事实上的确认为自由和个人自动性具有内在的价值，"值得为其自身之故而予以注意"。⑤ 关于这一点，密尔在《论妇女的从属地位》中进行了阐述。密尔在该书的第四章中指出，之所以要允许妇女得到与男子一样的个性自由，不仅是因为要平等地分配自由这种社会利益，还因为"对于自由的其他人来说，可以获得难以形容的私人幸福和一个合理的自主的生活"。在密尔看来，妇女应该获得与男子同等的自由，因为，"自由是人类本性中首要的和最强烈的需求"，并且，自由对于任何个人来说是"幸福的一个元素"。⑥

　　可见，在密尔看来，自由不仅是幸福的必备条件，而且是幸福的一个构成成分。

　　2. 安全

　　密尔认为，个性的自由发展是幸福的一个组成部分，但他在划定个性

---

①　[英] 约翰·密尔：《论自由》，许保骙译，商务印书馆 2005 年版，第 1 页。

②　同上。

③　曹海军：《权利与功利之间》，江苏人民出版社 2006 年版，第 64 页。

④　同上。

⑤　[英] 约翰·密尔：《论自由》，许保骙译，商务印书馆 2005 年版，第 67 页。

⑥　Michael Joshua Mulnix, Mill's Liberty Principle and the Conditions of Happiness (the Paper of Doctor of Philosophy), Iowa: The University of Iowa, 2005, pp. 237 - 238.

自由的界限时诉诸的根据则是安全。密尔指出，在人类能够借助自由的讨论和对等的讨论来说服或劝告人们自行改善的时候，如要限制人们的自由，"强制的办法，无论出以直接的形式或者出以如有不服则加痛惩的形式，就不能再成为为着他们自己的好处而许可使用的手段，就只有以保障他人安全为理由才能算是正当的了"。①

密尔认为，安全在人类的利益中具有非常重要的价值，而且是人人都需要的至关重要的利益。他在《功用主义》中指出，安全这种利益，"它是人人都觉得是一切利益中最有关系的事情……无论什么人，不需要安全是不可能的；我要免掉祸害，取得一切现在顷刻以外的福利，都全靠安全"。② 密尔认为，安全对于人类来说，就像物质的营养一样，是"最不可少的必须条件"和"我们生存的基础的权利"，以致对安全的保障"这个观念所吸集的感情比任何比较普通的利益所吸集的感情强得那么多"，③ 这种差异的程度如此的大，以致安全这种利益与普通利益不只是程度上的不同，而成了种类上的不同，安全的利益比人类其他方面的利益具有充分的优越性，即安全这种利益成了人类至关重要的共同利益。又由于在密尔那里，"幸福是一种利益，各人的幸福是他自己的利益，因而公共幸福是一切人的集团的利益"。既然安全是人类至关重要的共同利益，那么，安全就与个性和自由一样成为人类幸福概念的重要组成部分。

至于自由和安全这两个元素，在把它们看成实现幸福的必备条件这一点上，著作家们基本上能够达成一致的看法，但在是否能够把这两个元素看成密尔幸福概念的构成成分这个问题上有不同的看法。有些著作家同意在密尔那里自由和安全既是实现幸福的必备条件，也是构成幸福的重要元素。如伯格就指出："人类幸福的实质是由要素和需求构成的，这种需求是他（她）被自己认可的感觉，是一种为了发展自己的生活可以选择的自由感、权力和激动等"。④ 另外，伯格根据密尔所说的安全是"所有必须品中最必不可少的，仅次于物质营养"⑤ 而得出结论"安全"（或者是

---

　　① ［英］约翰·密尔：《论自由》，许保骙译，商务印书馆2005年版，第12页。
　　② ［英］约翰·穆勒：《功用主义》，唐钺译，商务印书馆1957年版，第58页。
　　③ 同上。
　　④ Robert, W. H., "Happiness and Freedom: Recent Work on John Stuart Mill", *Philosophy and Public Affairs*, 1986, 15 (2): 193.
　　⑤ ［英］约翰·穆勒：《功用主义》，唐钺译，商务印书馆1957年版，第58页。

安全感）也是人类幸福的要素。① 但有些著作家则只承认自由和安全是实现幸福的必备条件而不是幸福的构成成分。如豪格就指出："把自由和安全，理解成就像物质营养一样对人类幸福是重要的，在于它们是人们经历高级快乐和人类福祉的必要条件"。② 但豪格不同意把自由和安全看成密尔幸福概念的构成成分，因为在豪格看来，在密尔那里精神上的快乐对人类幸福是非常重要的，然而，密尔的精神快乐既不是免除威胁的自由，也不是期望可靠的安全。所以，如果认为安全和自由对幸福来说是重要的，这就有一种与高级快乐是美好生活重要的组成部分不同的意味。③

显然，伯格的观点比豪格的观点更接近密尔的思想。因为，如果我们都认识到密尔把自由和安全看成实现幸福的必备条件，那么，就可以承认安全和自由是密尔幸福概念的构成成分。在密尔看来，从前作为工具的东西，由于其与欲望对象之间发生了极强的联想，通过这种联想，"本来无足轻重的东西，因为它利于满足我们原始欲望，或是在别方面与这种满足相连，它自身就成为在永久程度上，在它所能包括的人生范围上，甚至在强度上，都比原始的快乐更可贵……否则，生活定要成了一个很缺少幸福来源的可怜东西了"。④ 所以，作为工具的东西自身就成为欲望的东西，它们就成了"组成要幸福的欲望的某些元素"。⑤ 况且，自由和安全对于人类的幸福来说是必不可少的条件，是实现幸福的工具，从而也是幸福的构成成分。由前面的分析可见，密尔事实上也确实间接地表明了把自由和安全作为幸福的构成成分的观点。

豪格的错误在于，通过否定"免除威胁的自由"和"期望可靠的安全"是精神的快乐来否定自由和安全是幸福的构成成分。其实，虽然"免除威胁的自由"和"期望可靠的安全"不是精神的快乐，但可以是幸福的构成成分。因为在密尔那里，幸福不仅仅由精神快乐所构成，精神快乐只是幸福的一个构成成分。自由和安全不属于精神快乐范畴并不必然意味着它们也不属于幸福范畴之内。

---

① Robert, W. H., "Happiness and Freedom: Recent Work on John Stuart Mill", *Philosophy and Public Affairs*, 1986, 15（2）: 193.

② Ibid., p. 194.

③ Ibid..

④ ［英］约翰·穆勒：《功用主义》，唐钺译，商务印书馆1957年版，第40页。

⑤ 同上。

可见，密尔的幸福概念是一个包含多种构成成分、多种层次的包含性的、具体的目的整体概念。快乐虽然是幸福的一个组成部分，但不是幸福的唯一构成成分。如果前面我们对密尔的幸福概念的分析是正确的，那么，摩尔在《伦理学原理》中对功利主义的批评就不适用于密尔。因为摩尔指出："当我抨击快乐主义时，我仅仅抨击这样的学说，它主张只有快乐作为目的或本身而言是善的；我既不抨击这样的学说，它主张快乐作为目的或者就其本身而言是善的……"① 所以，密尔的伦理学在这一点上不属于摩尔所要批评的范围。密尔的幸福概念已经不同于边沁的快乐（功利）概念，而是更接近于亚里士多德的幸福概念。正是由于密尔这个不同于边沁快乐（功利）概念的幸福概念，为他对功利原则的辩护打下了坚实的基础。

三　密尔的幸福概念与功利原则的辩护

密尔之所以提出幸福概念来修正边沁的功利概念，是因为边沁的功利概念存在着内容的单一性、抽象性、难以计算方面的困难。这些困难的存在使功利原则成为道德的基本原则而备受责难。密尔修正边沁功利概念的目的在于为功利原则辩护。可以说，密尔基本上达到了他的目的。密尔幸福概念既包含了伊壁鸠鲁的快乐主义理论成分，又包罗了许多斯多葛学派的思想和基督教思想，② 同时又深受亚里士多德理论影响。尽管密尔的幸福概念还有很多问题没有得到解决，但由于密尔提出的幸福概念是非边沁式快乐主义的幸福概念，这个幸福概念是具体的、具有等级性和多样性的复合概念，因此，密尔的幸福概念优越于边沁的功利概念，克服了边沁以快乐作为功利内涵的唯一构成成分所导致的功利概念的单一性、抽象性和计算困难的缺陷，使得功利原则所遭受的很多指责可以从根本上得以消解掉。

（一）密尔幸福概念的具体性和复合性使功利原则免遭庸俗化的指责

由于边沁把功利定义为快乐，尤其是定义为感官的快乐，这一单一的功利内涵，使功利主义被指责为"猪"的哲学。为了使功利原则免遭庸俗化的指责，密尔提出了一个具体的复合的、具有等级性的幸福概念以修

---

① ［英］乔治·摩尔：《伦理学原理》，商务印书馆 1983 年版，第 26 页。
② ［英］约翰·穆勒：《功用主义》，唐钺译，商务印书馆 1957 年版，第 8 页。

正边沁的功利概念。

一方面，密尔幸福概念的多样性使其成为一个内容丰富的概念而体现了人的需求的多样性和事物的多样性。在密尔看来，人具有多样性和差异性，人的需求也是多样的，事物也是多种多样的，而多种多样的事物都可以成为可欲望的幸福的组成部分。不论是把人类的幸福解释为感官的快乐、精神的快乐，或是解释为个性和自由、安全，或是解释为行为的种类，或是解释为德性、金钱、权力、名誉等都不能合适地表达人类的幸福概念。人类的幸福概念如果仅仅强调以上的某一方面而舍弃掉其他的方面，那么就不可能成为一个完整的幸福概念。

另一方面，密尔幸福概念的等级性使其不同于动物的满足概念。密尔认为，人类生活的构成部分是以等级排列的，人类的幸福也应该具有等级性。如果以快乐来表征人类的幸福，则人类的幸福不仅应该包括较低级的快乐，也应该包括较高级的快乐，所以，兽类的快乐够不上人类对于幸福的概念。而正是密尔幸福概念中包含了能够满足人类不同于其他动物的高等心能的较高级的快乐，使得功利原则避免了遭受倾向于庸俗化的指责。

同时，密尔等级化的幸福概念，使得功利原则似乎在传达一种"程序善的最大化论，在其中作出选择与被选择的生活模式相比有内在的价值"。① 即密尔强调自主的人们更易于获得较高级的快乐。当然，密尔并非主张那些具有自主意识和行为的人必定能够获得较高级的快乐，但他却主张自主意识和行动是享受较高级快乐的人生所必需的条件，自由因此成为密尔幸福概念的构成成分。也正是密尔幸福概念对自主性和自由的强调，使得其幸福概念远离了边沁单纯感官的快乐概念而免遭庸俗化的指责。

其实，密尔所界定的由多种具体的元素所构成的幸福概念，不仅克服了边沁功利概念的抽象性和单一性，而且也优越于以下三种把幸福仅仅定义为某个方面的幸福概念的探讨：一是福利经济学的探讨；二是物品探讨（the commodity approach）；三是能力探讨。

福利经济学是受到功利主义影响的一个经济学流派。福利经济学家在应用功利主义于经济学的研究过程中，也对幸福概念进行了探讨。福利经济学分为传统福利经济学和新福利经济学。传统福利经济学认为福利就是

---

① 曹海军：《权利与功利之间》，江苏人民出版社 2006 年版，第 65 页。

某种效用，以创造效用总和的规模来判断成功，否定其他东西的内在价值。如杰文斯等人提出了功利主义的边际效用理论，他们把人类的全部经济活动都归结为欲望和满足，认为凡是能够引起快乐与避免痛苦的东西都可能有效用；马歇尔则认为，人的欲望和物品满足欲望的效用决定着人的需求；庇古认为福利是一种心理状态、一种满足感。新福利经济学则把福利解释为社会总体状态中的个人偏好的满足（状况不变差）。

福利经济学虽然对福利进行了多种探讨，但正如森所认识到的那样，不论是把幸福解释为一种精神状态，还是解释为偏好的满足，或是解释为在选项之间进行的选择，都是不合适的。因为福利经济学所说的效用是按照某些主观的心理反应来解释的，而这些反应会受到所谓"意识形态的歪曲"。如在通过"心理训练和适应态度"[①] 的调整后，人们会使他们的欲望和抱负与"苛刻的现实状况"相妥协。

物品探讨（the commodity approach）把幸福等同于对某些物品（例如收入或者财富）的拥有，森认为罗尔斯的探讨属于物品探讨；正如森所认识到的那样，物品探讨具有由于过分"客观"而难以恰当地反映生活质量的缺陷，而且会面临两个主要困难：一是混淆了福利与用来衡量福利的标准或实现福利的通用手段；二是无法处理人与人之间的可变性。[②]

能力探讨是指把幸福界定为机能和能力的探讨，森对幸福的探讨属于能力探讨。森在批评了福利主义的探讨和物品探讨后，对幸福进行了能力探讨。在森那里，"机能就是一个行动者所处的状态或者他履行某个行为的状态；一个能力就是能够使那个行动者处于那个状态或者履行那个行为的东西"。[③] 森指出："对人的福利形成一个正确的概念，我们显然就必须上升到机能，看看人们能够利用物品来成功地做些什么事情，看看人们能够自由地支配的那些特征。"[④] 能力探讨虽然把我们的注意力从那些对于幸福来说仅仅是工具的东西，或者只是不可靠地指示幸福的东西，转向了内在地构成幸福的东西或者内在地有利于幸福的东西，然而，能力探讨仍然不具备绝对的优势。因为，一方面，幸福与能力的联系并不是直接的，

---

① 徐向东：《自由主义、社会契约与政治辩护》，北京大学出版社 2005 年版，第 156 页。
② 同上书，第 155 页。
③ 同上书，第 165 页。
④ 同上。

一个人的幸福并不直接地等同于能力和机能；另一方面，"能力探讨必须引入自我评价的概念"，[①] 即人们对能力的重要性的评价取决于自己所持有的某个主导价值，也就是人们把什么机能和能力看成最重要的取决于实现他所最看重的东西所需要的能力。所以，森的能力探讨仍然不能够以一个客观的观点来看待幸福。

　　以上三种关于幸福概念的探讨，分别从不同的层面对密尔幸福概念中所揭示的内容进行了探讨。也正是这些探讨，从另一个侧面说明了密尔幸福概念中所包含的那些内容对于幸福概念的重要性。密尔关于幸福概念的探讨之所以优越于这些探讨，是因为他的幸福概念涵盖了所有这些方面的内容而不仅仅是某个方面。虽然密尔对于幸福的各个方面内容的探讨或许没有像这些从某个方面所进行的探讨那样深入，但密尔的探讨在某些方面却更具合理性。如在把能力看成幸福的构成成分方面，密尔在对能力的界定方面比森更为明确和更具合理性。因为密尔把作为幸福构成成分的能力界定为道德的和智力的能力，是人的一些基本能力，具有一定的客观性；而森在定义作为幸福的能力时，是在一个广泛的意义上进行的，"以至于为了判断那些能力或机能是重要的，就必须引入自我评价的要素"，[②] 从而不能够使以能力为表征的幸福概念具备客观性。

　　又如罗尔斯虽然在他的正义理论中也强调自由，但自由不是罗尔斯幸福概念中的构成成分，因为罗尔斯是按照社会的基本的善（其中收入和财富占据一定的中心地位）来设想个人利益和进行人际比较的。正如森所认识到的那样，在罗尔斯那里，"基本的善不是自由的构成要素，至多只是实现自由的手段"，[③] 因为"通过全神贯注于自由的手段而不是自由的程度，罗尔斯有关社会的一个公正的基本结构的理论在对自由的充分关注上举步不前"。[④] 而在密尔那里，自由不仅仅是实现幸福的手段，同时也是幸福的组成部分，自由应该成为平等关怀的目标。

　　正是密尔幸福概念的这些优势，使得功利原则避免遭受庸俗化的指责。

　　（二）密尔的幸福概念避免了对功利进行直接计算的困难

---

① 徐向东：《自由主义、社会契约与政治辩护》，北京大学出版社 2005 年版，第 159 页。
② 同上书，第 160 页。
③ 同上书，第 162—163 页。
④ 同上书，第 163 页。

　　边沁把功利仅仅解释为快乐和痛苦的免除，把所有的快乐都看成是可以通约的，是能够用享乐主义的计算方法加以衡量的。行为的道德价值由行为产生的快乐相加后，减去行为所包含的痛苦的余额所决定。这就要求人们在决定什么是道德上应该做的事情时，或者在评价一个行为是否是道德上应当的行为时，必须对这个行为所产生的快乐和痛苦的数额逐一进行计算，但由于每个人对于快乐和痛苦的感受性不同，同一个人在不同的时间里对快乐和痛苦的感受也不同，而且，这种计算的过程太长、颇费工夫而难以实行。

　　与边沁以快乐来解释功利不同，密尔以幸福来解释功利，而幸福概念是包含了多种内容的概念。正是这个包含了多种内容而不仅仅只包含快乐和痛苦的免除的幸福概念，使得行为的道德价值不只是取决于快乐和痛苦的余额，同时也要考虑到该行为对幸福概念中其他元素的影响。这样，快乐和痛苦的余额的准确计算即使有困难，也不是影响功利原则有效性的主要障碍。而且，在密尔的幸福概念中，快乐与其他幸福元素一样，只是幸福整体概念中的一个组成部分，是人们直接追求的众多"次一级目的"中的一个，而不是幸福或功利本身。相反，"功利或者幸福是一个太复杂和太不确定的目的而不能寻求，除非通过第二序列的目的作为中介"。① 可见，在密尔那里，功利或幸福是复杂而不太确定的概念，其中包含了许多实际上人们因其自身之故而追求的目的，如美德、声誉、自由、个性、美、知识、权力、自我牺牲等，这些目的是人们的行动所直接追求的目的，对追求这些次一级的目的的行为进行评价主要采用次级原则而不是直接采用功利原则，只有当两种或两种以上次级原则发生冲突的时候，才需要诉诸作为第一原则的功利原则。所以，在密尔那里，幸福不是行动的一个明确而具体的标准，不需要直接对行动所产生的后果进行准确的数量计算。"尤其是密尔对自由所作的论证可以被看作为一种扬弃了效果计算的目的论。因为效果的计算是一种指导个别行为的理论，而密尔的自由观并不取决于对于某个特定行为的效

---

　　① John R. Fitzpatrick, Reconciling Utility with Liberal Justice—John Stuart Mill's Minimalist Utilitarianism [the Paper of Doctor of Philosophy], Knoxville: The University of Tennessee, 2001, pp. 147-148.

果的计算"。①

总之，密尔以由多种元素组成的幸福概念代替边沁快乐论的功利概念，克服了边沁功利概念所存在的内容单一性、抽象性、难以计算方面的困难，使功利原则作为道德的基本原则得到了一定程度的辩护。

四　密尔幸福概念遭遇的困境

然而，密尔的幸福概念也并非完美无缺，它在克服边沁功利概念的一些问题的同时，又使其面临着一些难以克服的困难，以致可能使密尔多元的、复合的幸福概念对于规范人的行为没有太大的意义。

密尔所说的功利与边沁所说的功利不同，边沁将功利视为以导致利益、好处、善和避免痛苦为形式的各种快乐的行为或实践的外观，而密尔将功利视为由多种具体的元素构成的复合的整体概念。虽然构成幸福概念的元素是具体的，如个人道德和智力能力的锻炼和提高、个性的发展、自由和安全、音乐、健康、美德、金钱、权力、名望，等等，但密尔幸福概念中的这些具体元素，却使其幸福概念不能成为行动的一个明确而具体的标准，从而导致幸福概念变得没有意义。这是因为：

从个人层面来看，在密尔的著作中，幸福是人的目的，而"目的"的问题就是"什么是可欲的"问题，人们对幸福的追求，就是对那些对人类来说最重要的因素如人的道德和智力能力的提高和个性的发展，以及人类"习染得来的"元素如音乐、健康、美德、金钱、权力、名望、高尚行为和品格等类似的东西的追求，而幸福的实现，就是对这些幸福元素的愿望的实现，甚至是"一个人的愿望的实现"类似的东西，而不管这愿望是什么。从这个层面来看，个人的幸福就是愿望的实现，而人的愿望在不同的情况下和不同的时间里是不同的，即个人的愿望是什么是不确定的，因而，幸福对于个人来说也是不确定的。这样，密尔的幸福概念的意义被极大地扩大了，甚至"扩展到了无意义的地步"。②

从公共生活的层面来看，根据密尔的生活和他所倡导的事业，可以说，密尔把个人自由和多样性看成是公共生活中具有最高价值的东西。因

① 黄伟合：《英国近代自由主义研究——从洛克、边沁到密尔》，北京大学出版社 2005 年版，第 113—114 页。

② ［英］以赛亚·伯林：《自由论》，胡传胜译，译林出版社 2003 年版，第 256 页。

为在密尔看来，任何种类和层面的幸福都不是终极性的幸福，对于人类来说都只是尝试性的和暂时性的，人类幸福的更多种类和更高形式是人们目前完全无法预见的，只有给予人们充分的自由和多样的生活方式与活动方式，才有可能知晓、实验乃至实现这些种类的幸福。所以，从公共生活的层面来说，人类的幸福最重要的在于拥有充分的自由和多种不同的生活方式、活动方式。

如果把充分的自由和多种不同的生活方式、活动方式当成人类的幸福，那么这种人类的幸福就是不确定的。因为，一方面，正如伯林所认识到的那样："自由不是一而是多，自由的各种成分不是全部吻合而是往往相互冲突"。① 如果存在着多种不可通约的自由，就不可能存在着"最大的自由"或"最充分的自由"这种总体的、比较性的判断，因而，密尔把人类的幸福看成是拥有充分的自由就是没有意义的。另一方面，不同的生活方式、活动方式本身就具有不同的价值，而且，在这些生活方式中，有一些生活方式的价值是无法比较的。"没有哪一种生活方式可以说对任何人都是最好的，人类之善是如此千差万别，它不可能在任何一种生活中得到实现"。② 密尔在肯定人类的幸福最重要的在于拥有多种不同的生活方式、活动方式的同时，又强调有一种对所有人来说都是一样的最佳生活方式——自主选择的生活。正如约翰·格雷所认识到的那样：密尔"期望着在人类最佳生活方式上达成共识。他又是一个原始价值多元主义者，肯定人类可以在许多种不同的生活方式中生活得很好"。③ 他在《论自由》中徘徊于这两种哲学之间，虽然，从总体上来说，密尔更接近于原始价值多元主义者，他在《论自由》中强调更多的是人们拥有多种不同生活方式的重要性，强调人类的幸福最重要的在于拥有多种不同的生活方式、活动方式。但是，如果有一些生活方式的价值是无法比较的，那么，在这种意义上的幸福就是不确定的。

可见，不管是从个人层面还是从公共生活的层面来看，密尔关于人类幸福的概念虽然包含了多种具体的元素，但从整体来看，密尔的幸福概念是不确定的，幸福不是行动的一个具体而明确的标准，这样，就如伯林所

---

① ［英］约翰·格雷：《自由主义的两张面孔》，顾爱彬、李瑞华译，江苏人民出版社2005年版，第42—43页。
② 同上书，第7页。
③ 同上书，第40页。

指出的那样：幸福"就没有任何意义，就像它想要取代的那些超验直觉论者的妄想一样毫无价值"。①

本章小结

密尔为了替功利原则进行辩护，首先提出了幸福概念以修正边沁的功利概念。密尔的幸福概念是包含多种元素的、具体的复合整体，克服了边沁功利概念的抽象性和单一性；尤其是密尔幸福概念中较高级快乐与较低级快乐的划分，使得功利原则可以免遭庸俗化的指责；以这个由多种元素构成的、具有丰富内容的幸福概念代替边沁的功利概念作为道德的评价标准，使得行为的道德价值不再取决于快乐和痛苦的余额，在一定程度上避免了对功利进行直接计算的困难，这也使功利原则得到了一定程度的辩护。然而，也正是密尔幸福概念构成元素的多样性，使其不能够成为行动的一个明确而具体的标准，从而导致幸福概念变得没有意义。所以，密尔在提出幸福概念以克服边沁功利概念的缺陷，使功利原则得以避免由边沁功利概念所引起的责难的同时，又使功利原则陷入了因幸福概念的不确定所导致的困境。

---

① ［英］以赛亚·伯林：《自由论》，胡传胜译，译林出版社 2003 年版，第 256 页。

第三章　密尔对功利原则的证明

在本书前面的第一章中，我们已经阐明，边沁不仅提出了功利原则，而且为功利原则作为道德和立法基本原则的合理性进行了间接的证明。这些间接证明表现在他对其他非功利原则（如禁欲主义原理、同情和厌恶原理、神学原理）自身矛盾特性的揭示和批驳，以此说明这些非功利原则不能成为社会科学的基础，间接地为功利原则的合理性进行证明。边沁没有对功利原则进行直接的证明，他认为功利原则是不受直接证据的影响的，因为这是一个经验性的事实，并且，用于证明万物的存在的事物本身是无法得到证明的。

为了使功利原则科学化与合理化，边沁还采用了定量研究的方法探讨快乐和痛苦的量，并特别注重运用分析的方法来探讨快乐和痛苦的构成成分、引起快乐和痛苦的各种根源、与快乐和痛苦密切相关的各种复杂的人类心理动机等问题。

虽然边沁为功利原则合理性的间接证明和科学化的努力，使得功利原则在一个长时期里成为英国社会中占统治地位的社会思想，但是，由于功利原则作为道德的基本原则在边沁那里没有得到直接的证明，功利原则的科学性和合理性始终没有得到彰显。为此，密尔在《功用主义》中，专门列了一章（第四章）来说明"功用主义可以得到什么样子的证明"。在这一章中，密尔阐明了其证明功利原则的方法和思路、证明的步骤。

第一节　证明功利原则的方法和思路

边沁曾经明确指出，功利原则不能够进行证明，而密尔要为功利原则进行证明，所以，我们首先要了解密尔所说的证明是何种意义上的证明。另外，我们要考察密尔对功利原则的证明是否成功，也首先要从总体上了解密尔证明功利原则的方法和思路。

一　密尔关于"证明"的含义

边沁明确地指出，作为第一原理的功利原则的正确性不能够有任何直接的证明，因为第一原理是用来证明其他原理的原理，而"被用来证明其他每个事物的，其本身无法被证明：证据之链必定有其始端，给予这样的证据既无可能亦无必要"。① 所以，第一原理是无须证明也无法证明的。因此，对于功利原理"要依靠论辩来否定这个原理正当适宜是不可能的"。②

正是基于这样的观点，边沁没有对功利原则作出直接的、正面的证明，这导致了边沁为其理论所作的辩护缺乏足够的说服力，无法充分反驳批评者的责难。为了把功利原则从边沁的理论缺陷和困境中拯救出来，同时也为了重新确立功利原则的地位，密尔在对边沁的功利理论进行修正和发展的基础上"要对功利原则进行证明"。

然而，密尔"要对功利原则进行证明"这个说法似乎与边沁的观点"功利原则不受直接证据的影响"的观点相矛盾。其实，密尔与边沁一样认为："一切第一原理，我们知识的最先前提，并我们行为的最先前提，都是不能够有推理式的证明的"。③ 但密尔认为，功利原则不能够有推理式的证明，并不意味着人们采取或放弃功利主义的公式只是出于盲目的冲动和任意的选择；也不意味着功利原则可以如直觉主义者所说的那样，从概念、词的本身含义中就可以得出它的不证自明性，用不着别的条件来博得人们的承认；更不意味着功利原则可以如先验派所说的那样，通过先验的权威就可得出其不证自明性。

在密尔看来，功利原则是能够为人类的理性能力所认识的。因为功利原则的产生，是我们的感觉和内省的结果，是实际生活的经验总结和反思的结果。因而，功利原则是在经验的基础上总结出来的，是人们理性思考的结果，是能够被人们的理性所认识的。即行为的第一原理与知识的第一原理一样，因其是关乎事实的，因而"这个问题，只是谙练的自觉并自

---

① ［英］边沁：《道德与立法原理导论》，时殷弘译，商务印书馆 2002 年版，第 59 页。
② 同上书，第 61 页。
③ ［英］约翰·穆勒：《功用主义》，唐钺译，商务印书馆 1957 年版，第 37 页。

省，再助以观察别人，总能够解决"。^① 即功利原则可以通过我们判断事实的心能——我们的感觉和我们的内省来得以认识，这就是"证明"。

当然，"这种证明不会是平常通俗的意义所谓证明"，^② 而是广义上的证明或间接的证明，即人类的理性能力能够认识和应付这个问题。"人可以提出种种理由，能够左右理智使它对于这个学说认可或否认，这样就等于证明"。^③ 即密尔要对功利原则进行的证明并不是通常意义上所说的推理证明，而是考察认可或是否认功利原则的那些理由的性质，看看它们依据什么方式适用于功利原则，并且因之采纳或摒弃功利原则可以提出什么合理的根据；密尔所要做的就是从经验和反思两个角度，来证明人们实际上应当遵循功利原则，不管他们是否意识到它是人们的感觉和内省得到的结果。

二　功利原则的证明方法

密尔为了对功利原则进行他所界定的那种意义上的证明，他采用了一种"手段—目的链"^④ 的证明方法：手段是实现目的的手段，但手段自身没有价值，其性质或价值取决于它所要服务的目的。

密尔采用"手段—目的链"的方法确立功利原则，与他对道德原则的手段性质的认识有关。密尔指出，道德和立法学科属于应用技术学科，这些学科内的第一原理不是这些学科所惯用的基本观念的抽象分析的最终结果，即第一原理不是以结果的形式出现的，而是以手段的形式出现的。因为，当我们追求一个东西时，我们似乎首先就会在心中对这个东西有清晰明确的概念，而不是在这个东西实现后才想到这个东西。如果我们的行为目的在于追求这个东西，那么，我们就可以合理地推测行为是否具有价值就以这个目的（我们心中已经清楚明确的那个我们要追求的东西）作为根据来评判，即要判明一种手段、一种行为是否有价值或是否合理，就要根据这个手段、行为所要实现的那个目的作为标准来判明，即目的是检验手段、行为的标准。手段应该根据其所祈向的目的取得其合理性。而道

---

① ［英］约翰·穆勒：《功用主义》，唐钺译，商务印书馆1957年版，第41页。

② 同上书，第4页。

③ 同上书，第5页。

④ 包利民、M. 斯戴克豪思：《现代性价值辩证论——规范伦理的形态学及其资源》，学林出版社2000年版，第61页。

德原则作为行为的基本准则具有手段的性质，"一个关乎是非的检核标准必定是判定什么为是什么为非的一种手段，而不是是非已经判定的一种结果"。① 基于这种认识，密尔认为，如果功利原则能够成为道德的基本原则，那么，它就必然具有手段的性质，它的合理性就应该根据其所祈向的目的来说明。"一切行为都是为某一种目的起见，因而，人就设想行为的规则一定要从它所祈向的目的取得它的一切性质与色彩"。② 即行为的准则也屈从于行为的目的并完全体现出目的的各种特性。

虽然密尔认识到行为的目的就是行为价值性的评判标准，但密尔也认识到不同的人有不同的行为和目的，这些目的和行为的不同必然导致他们在价值评判问题上的不一致乃至冲突，所以，密尔设想，如果一切行为最终都是趋于一种共同的目的，那么，这种共同的目的就可以成为判断一切行为的价值性的标准，它就可以成为一切人的行为规则（道德的基本原则），所以密尔认为，只要功利主义能够证明一切行为的目的都是趋向于获得幸福，那么，幸福就可以成为一切行为的规则和道德标准。密尔在《功用主义》一书中就致力于阐明这个问题，即证明功利或幸福能够成为一切行为的目的并成为道德的基本标准。

三　功利原则证明的思路

在采用"手段—目的链"的论证方法证明幸福是人的目的因而是行为的道德标准的合理性，即功利原则的合理性问题上，密尔的论证思路分三个步骤进行：

第一步，证明幸福是人的目的并且是唯一的目的。密尔认为，既然评判行为正确与否的规则的合理性取决于行为所要实现的目的，那么，要证明幸福是道德的标准就必须证明人的目的是幸福。"幸福已经取得它是行为目的之一的资格，因而，它也取得它为道德标准之一的资格"。③ 为此，密尔首先要证明幸福是人的目的。然而，事实上，人们不只是唯一欲求幸福，人们也欲求美德、金钱、荣誉这些东西，所以，幸福似乎只是人们的目的之一而不是唯一的目的，幸福只能够作为道德的标准之一。幸福作为

---

①　[英] 约翰·穆勒：《功用主义》，唐钺译，商务印书馆1957年版，第2页。

②　同上。

③　同上书，第38页。

道德的标准之一还不能保证它自身就是唯一的标准。要证明幸福是道德的唯一标准还必须证明幸福是人的行为唯一欲求的东西，除了幸福，人们始终不要任何东西。所以，密尔接着证明幸福是人们唯一欲求的东西。如果以上两个方面得到了证明，那么，密尔认为就已经能够证明人们欲求的唯一目的是幸福这个观点了。但他又认识到人们还会有异议，人们会说，对人的行为的影响，除了欲望之外，还有意志，有坚定意志为善的人，在实现他的志向的时候，并没想到筹思这些志向时所有的快乐，也没想到那可期望的实现这些志向时所要得到的快乐。所以，密尔接着要说明欲望与意志的关系是从属关系。意志产生于欲望，意志是实现幸福的手段。经过以上三个层次的证明，密尔得出了人们的目的除了欲求幸福之外别无他物，幸福是人们唯一欲望的东西这个结论。

第二步，证明个人幸福是值得欲望的东西。密尔认为，即使证明了幸福是人的唯一目的，也并不必然意味着幸福是值得欲望的，幸福要成为道德的标准，除了它必须是人的目的外，它还必须是值得欲望的目的。所以，密尔第二步要证明幸福是值得欲望的。

第三步，证明普遍幸福是值得欲望的。密尔认识到如果每个人追求的幸福是他自己的幸福，那么，幸福作为道德的标准就是相对的，因人而异的，所以，密尔第三步是要说明作为道德标准的幸福是公共幸福或最大多数人的最大幸福，而不是每一个个人的幸福。

密尔认为，如果这三个步骤都能够得到证明，那么，就能够说明"我们最后的目的乃是一种尽量免除痛苦，尽量在质和量两方面多多享乐的生活……一切其他事物（不论我们是考虑自己的或别人的利益）都是因为与这个目的有关，并且因为这个目的而才成为可欲的东西。照功用主义的看法，这种生活既然是人类行为的目的，必定也是道德的标准。由是我们可以说道德标准的定义是这样：有些关于人类行为的规律训诫，假如人遵守它，那末，上文所描写的生活，可以尽可能的最大程度给人类全体得到；并且不特人类可以得到，就是一切有知觉之类，在事理所容许的范围内，也可以得到——这些规律训诫就是道德的标准"。① 于是，密尔得出结论：既然功利主义能够说明人们一切行为的目的都是为了实现幸福这个目的，那么，幸福就是判断行为价值性的标准，即功利原则就是道德的

---

① ［英］约翰·穆勒：《功用主义》，唐钺译，商务印书馆1957年版，第13页。

基本原则。

密尔不仅在《功用主义》中采用这种方法来确定功利或幸福为道德的基本原则，而且，在《代议制政府》一书中也采用这种方法来确定评判政府合理性的标准也是功利标准。密尔认为，政府作为一种实现社会目的的手段，其合理性的标准在于其所要实现的目的。即评价政府好坏的标准要依据政府的目的来确定。政府的目的是什么呢？密尔认为，由于政府对人们的直接干预除了人类的生存以外，几乎没有任何必然的界限，"政府对社会福利的影响简直可以按照整个人类利益来考虑或估价"，① 即政府干预社会的目的是为了整个社会的福利和社会利益，"我们因此不得不把社会利益的总和这样一个复杂的对象作为检验政府好坏的标准"。②

总之，在密尔看来，行为或手段本身没有价值性，它们的性质取决于它们所要实现的目的。道德原则作为一种判断行为是非的手段，其合法性也应取决于行为的目的。功利主义认为一切行为的目的都是趋向于获得幸福，因而，幸福就是一切行为的道德标准（不管是个人的行为还是政府的行为）。密尔试图通过这种"手段—目的链"的方法、通过三个步骤的论证来证明功利原则作为道德基本原则的合理性。

密尔在采用上面所说的方法和思路对功利原则进行证明时，尤其是他对功利原则进行证明的第二步骤和第三步骤不同程度地受到了责难，其实，针对密尔论证的那些责难并不完全合理。虽然，密尔的论证也不完全合理，但并不如批评者所说的那样充满矛盾。在下面的论述中我们将对密尔的证明步骤及其遭受的责难进行考察，探讨他的这些论证是否如批评者所说的那样充满矛盾。

第二节　证明幸福是人唯一欲求的目的

前面的分析已经表明，在密尔看来，只要功利主义能够证明一切行为的目的都是趋向于获得幸福，幸福是人唯一欲求的目的，那么，幸福就能成为一切行为的规则和道德的标准。为了证明幸福是人的唯一目的，密尔通过说明欲望的最终动机是快乐、与欲望不同的意志也是达到幸福的工具

---

① ［英］密尔：《代议制政府》，汪瑄译，商务印书馆1982年版，第17页。
② 同上书，第17—18页。

两个方面来进行。

一 欲望的最终动机——快乐

为了证明幸福是人的目的，即·"人们只欲望幸福和达到幸福的工具"，密尔通过"快乐"这个术语来进行证明。因为在他看来，"快乐"和"幸福"这两个词是同一的。只要能够证明人们唯一欲望的是快乐，也就可以证明人们唯一欲望的是幸福。

密尔认为，人们欲望一些事物，仅仅是欲望这些事物中快乐的成分，或这些事物能够成为达到快乐的工具的成分，也正是被欲望事物具有能使人快乐的品质，或具备作为达到快乐的工具的性质，才使其真正被人们欲望。密尔还认为，人类只欲求那些他们有了它们就快乐、没有它们就痛苦的东西，这"分明是事实上与经验上的问题，像一切相似的问题一样，是靠着凭据的"。① 即有经验事实可以证明人们事实上只欲求快乐，这些根据可以通过"谙练的自觉并自省，再助以观察别人"② 就能够得到。密尔认为，如果人们无偏私地对待这些根据，那么，就可以得出这样的结论：欲望一件东西和认为它与快乐是同一现象的两部分，把一个东西认为可欲的和把它认为可乐的是同一件事情，并且，"欲望一个东西而欲望的程度不跟这东西的观念的可乐程度为比例，乃是一种实际方面和抽象方面都不可能的事情"。③

然而，事实上，人们唯一欲求的不只是幸福，人们也欲求美德、金钱、荣誉等东西，而这些东西"在通常语言说来断乎与幸福有分别"④ 是一个明显的事实，即人们事实上也欲求一些并不直接使人快乐的东西，这似乎与人们只欲求幸福这个观点相矛盾。但密尔认为，对这些东西的欲求与幸福是唯一欲求的东西的结论并不相矛盾。

密尔从心理学上对此进行了解释。密尔认为，当一个人把某物作为目的而渴望时，处于一种复杂的意识状态：一方面是对某物的渴望，另一方面是把它当成愉悦而想起它——这是复杂的心理事实的两个部分，它们同时发生，不可分割，这是通过内省的分析而不是描述的意义被发现的。所

---

① ［英］约翰·穆勒：《功用主义》，唐钺译，商务印书馆 1957 年版，第 41 页。
② 同上。
③ 同上书，第 42 页。
④ 同上书，第 38 页。

以人们对这些东西的欲望实际上还是出于对快乐的欲望，这种快乐是通过心理联想而产生的快乐。

如密尔在讨论美德时就主张："为美德自身而欲望美德的人，他们这样欲望，是因为觉得有美德是件快乐，或是因为觉得没有美德是件痛苦，或是因为两种理由合在一起"。① 这里，密尔实际上是认为，人们对美德的欲求不是由于考虑到美德的预期快乐，而是通过联想美德与快乐和痛苦之间的关系来达到的。"因为美德这样与苦乐相联，人会觉得它自身就是福利"。② 所以人们欲望美德。在密尔看来，不仅对美德的欲望是这样，对其他的许多东西如金钱、权力、荣誉等东西的欲望也是这样，虽然它们并不本来或自然就是快乐的，但它们可以成为获得快乐的手段，即通过联想，它们可以使人快乐，从而成为人们欲望的对象。所以密尔指出："对于一个东西的欲望程度与对这个东西想象的可乐程度应该是成比例的，否则，在自然方面和形而上学方面（physical and metaphysical）都是不可能的事情"。③

虽然密尔认为人们之所以欲望美德、金钱、权力、荣誉等东西，是因为他们最终是为了获得快乐。但密尔并不认为这些东西仅仅是获得快乐的手段，他们还能够成为幸福的一个组成部分。这是因为，"这些对象，与他的目的联结起来以后，人就为它自身起见而欲望它，并且极热烈地欲望"。④ 也就是因为这些东西与我们欲望的目的之间发生了极强的联想，"工具成了目的之一部分，并且这个部分比任何这些工具的目的还重要，从前作为取得幸福的工具的东西，变成为它自身而欲望的东西了。但是，为它自身要它，就是认它为幸福的一部分而要它"。⑤ 所以，在密尔看来，"功用主义并不是说任何快乐，例如音乐，或任何项免除痛苦，例如健康，应认为取得一个叫做幸福的总量的工具，并因为这个起见，人才应该欲望它。这些享乐与免苦自身是人欲望的，并且是可欲的；并且人欲望它，与它之所以可欲都因为它自身：除了做工具之外，它是目的的一部

---

① ［英］约翰·穆勒：《功用主义》，唐钺译，商务印书馆 1957 年版，第 41 页。
② 同上书，第 40 页。
③ 同上书，第 42 页。
④ 同上书，第 39 页。
⑤ 同上书，第 40 页。

分"。①

基于上述分析，密尔关于人们事实上欲望美德，以及其他一些人通常看作目的的东西这个问题就得到了解释。密尔认为，人们之所以欲望这些东西，是因为一方面它们是得乐免苦的工具，另一方面通过联想，它们可以成为目的的一部分，所以，对这些并不直接使人快乐的东西的欲求，与人们总是欲求幸福这个结论并不矛盾。

总之，不管人们欲望的东西是直接使人快乐的东西，还是表面上看似乎并不直接使人快乐的东西，人们欲望任何东西的动机最终都是为了获得快乐，对这些东西的欲望或是因为它们本身能够使人快乐，或者它们是获得快乐的手段，而快乐和幸福是同义词，不管是较高级的快乐还是较低级的快乐，都是幸福的组成部分，所以，美德、金钱、权力、荣誉等这些东西都是幸福的组成部分或实现幸福的手段。人们有了这些东西就快乐或幸福，没有这些东西就不快乐或不幸福。密尔还指出，不仅欲望的最终动机是快乐或获得快乐的工具，而且与欲望不同，但与欲望一样影响人的行为的意志也是达到幸福的工具。

二　意志是达到幸福的工具

经过上面对人的欲望的最终动机都是为了获得快乐的分析，密尔虽然认为已经能够证明人们欲求的唯一目的就是幸福这个观点，但他又认识到人们还会有异议，人们会说，对人的行为的影响，除了欲望之外，还有意志，有坚定意志为善的人，在实现他的志向的时候，并没想到筹思这些志向时所有的快乐，也没想到那可期望的实现这些志向时所要得到的快乐。所以，密尔接着要说明欲望与意志的关系是从属关系，意志产生于欲望，意志最终的目的也是幸福，因此，意志也是实现幸福的手段。

为了说明意志也是实现幸福的手段，密尔考察了意志与欲望的关系。密尔认为，意志虽然不同于欲望，但意志从属于欲望。密尔承认，意志不同于欲望，意志是一种主动的现象，欲望是一种被动的感受态。意志虽然产生于欲望，但意志又能够及时地脱离欲望这个母体而独立出来，成为独立于欲望的东西。意志一旦独立于欲望，就成为一种习惯，完全受制于惯性力量的统领。而意志一旦成为习惯，就会因为习惯的作用，使我们志于

---

① ［英］约翰·穆勒：《功用主义》，唐钺译，商务印书馆1957年版，第38—39页。

那些我们对事情已不抱欲望的事情，或是只因为是我们意志所向才欲望的
事情。所以密尔说："意志是欲望的产儿，并且一脱离它母亲的管领，就
受习惯的管领"。① 密尔把意志的特征归结为三个方面：② 一是对于那些已
经成为习惯性目的的东西，我们不是因为欲望它才志于它，而是因为志于
它才欲望它；二是许多无足轻重的事情，人本来是出于某种动机而做的，
后来他们只由习惯就继续这样做；三是在特种场合内，作为习惯的意志与
在其他时刻的普遍意图是相一致的。根据意志的这三种特征，密尔得出了
意志是从属于欲望的结论。并认为，这种从属的性质在意志力量还不够大
的人那里尤其明显。如在美德意志的力量还薄弱的那些人那里，要使他们
欲望美德，就要使他们觉得美德是可乐的，无美德是痛苦的。即必须把为
善与快乐、为恶与痛苦结成联想，并把这个道理深印于这个人的经验之
上，才可以引起求美德的意志，等到这种意志坚定的时候，就无须想到苦
乐也会发动，这时的意志就成为习惯了。所以，密尔得出结论：作为习惯
的意志产生于欲望，意志与欲望一样，也是达到幸福的工具。"除在这件
事情本身是可乐的，或是得乐免苦的工具这个范围之外，没有什么事情可
算是人类的福利；这种意志状况并不与这个理论相矛盾"。③

　　通过对欲望最后的动机是快乐、与欲望不同的意志的目的仍然是快乐
的分析，密尔得出了他的结论：人们不管是直接追求的东西还是间接追求
的东西（如追求美德）；不管这种追求是通过欲望还是通过意志，"实际
上人所欲望的除了幸福没有什么东西。任何不是因为是达到自身以外的目
的并且最后可以得到幸福而欲望的东西，都是因为它自身是幸福的一部
分；在它未成为幸福的成分之先，人并不要它"。④ 而"假如功用主义所
提议的目的，在理论与实行上，人不承认它是个目的，那末，没有法子能
够使人相信这个目的是个目的"。⑤

　　至此，密尔完成了他对每个人欲求的是他自己的幸福，幸福是人们唯
一欲求的目的的证明。

　　对于以上密尔为幸福是唯一值得欲望的东西的两方面证明，理论界似

---

① ［英］约翰·穆勒：《功用主义》，唐钺译，商务印书馆1957年版，第43页。
② 同上书，第42页。
③ 同上书，第43—44页。
④ 同上书，第41页。
⑤ 同上书，第37页。

乎没有太多的异议，基本上被认为是可以接受的。

第三节　证明幸福是值得欲望的

虽然密尔证明了幸福是人的目的，但并不必然意味着幸福是值得欲望的，在密尔看来，幸福要成为道德的标准，除了它必须是人的目的外，它还必须是值得欲望的目的："功用主义的主张是：幸福，因是目的，是可欲的；并且，只有幸福才是因它是目的而可欲"。① 为了证明幸福是值得欲望的，密尔采用了由"实际欲望"到"值得欲望"的证明模式，即要证明幸福是值得欲望的，要以人实际欲望幸福为根据。然而，密尔采用这种证明模式来证明幸福是值得欲望的这个结论，遭到了许多指责。其实，这些指责忽视了密尔的工具主义立场，密尔之所以根据这种证明模式来证明幸福是值得欲望的，是因为他的工具主义立场。如果工具主义的立场是正确的，那么，对密尔的这些指责就是不恰当的。

一　由"实际欲望"到"值得欲望"的论证模式

密尔认为，要证明幸福是值得欲望的，只要能够证明人实际欲求的是幸福，就可以得出这个结论。因为在密尔看来，"倘若从普通意义上来看证明这个名词，关于最终目的的问题不能够有证明的，一切第一原理，我们知识的最先前提，并我们行为的最先前提，都是不能够有推理式的证明的"。② 如果第一原理是不能够有推理式的证明的，那么，它应该获得何种方式的证明呢？密尔认为，知识的第一原理，因其是关乎事实的，所以，可以直接通过心能来判断事实而得到证明。那么，是否行为的第一原理即道德的第一原则也可以通过心能对事实的判断而得以证明呢？密尔在这个问题上的答案显然是肯定的。因为在密尔看来，"关于目的的问题是关于什么东西是可欲的"的问题，而什么是可欲的这个问题，是要通过事实判断来得以证明的，即通过判断人们真正欲望的是否是幸福这个事实来证明。

因此，关于幸福是否可欲的问题是一个经验性的问题，而对于经验来

---

① ［英］约翰·穆勒：《功用主义》，唐钺译，商务印书馆 1957 年版，第 37 页。
② 同上。

源的证明都是遵循这样的模式：由"实际欲望"到"值得欲望"。这种模式表明：要证明一个东西"值得欲求"的唯一证据是人们实际上欲求那个东西。他通过类比的方式说明了这种论证模式。他指出，唯一能够证明一件东西可以看见的理由是人们确实看见了它；唯一能够证明一个声音的理由是人们确实听到了这个声音。"只有人真真见到这个东西才能够证明这个东西是见得到的；只有人听到这个声音才能够证明这个声音是听得见的：我们经验的其它来源也是这样。同理，我觉得只有人真真欲望这个东西是这个东西是可欲的那个意见所可有的证明"。① 通过这一类比，密尔想说明的是，事实的判断是以感觉为依据并由感觉依据所确证的，即要证明什么是值得欲望的，必须根据什么是人实际欲望。证明行为最终目的的唯一依据，就是何者为人们所实际欲望的。因此，密尔说："假如功用主义所提议的目的在理论上与实行上，人不承认它是个目的，那末，没有法子能够使人相信这个目的是个目的"。② 也就是说，要证明一个目的是行为的目的，除了这个目的确实被人欲望而令人信服以外，不能够有推理式的证明。

按照这种证明模式，如果功利主义认为幸福是可欲的，唯一能够证明这个观点正确的方法就是：每个人都相信自己的幸福是可以得到的，并且确实是在可以得到这个幸福的范围内欲求自己的幸福，这样才可以证明幸福是可欲的。所以密尔得出结论："假如人的本性就使他对于凡不是幸福的成分或幸福的工具都不欲望，那末，这就证明只有这些是可欲的东西"。③

前面第二节的分析已经表明，密尔通过"快乐"这个术语和对人们实际欲求的情况进行分析，已经得出了人们实际欲求的东西就是幸福，幸福是唯一一种目的而为人所欲望的，人的天性就是如此。

于是，基于人们实际欲求的是幸福这个事实，密尔认为"幸福是值得欲望的"这个结论就得到了证明。

二 由"实际欲望"到"值得欲望"论证模式遭遇的责难

然而，密尔根据由"实际欲望"到"值得欲望"这种论证模式，即

① ［英］约翰·穆勒：《功用主义》，唐钺译，商务印书馆1957年版，第37页。
② 同上。
③ 同上书，第41页。

从人们实际欲望幸福而推论出"幸福是值得欲望的"这个结论遭到了许多责难。对于这个论证，密尔被指责犯了逻辑上的错误，因为，一方面，密尔用视觉和听觉的例子来类比人对幸福的感觉，但前者是人的感官的感觉，而幸福感则来自人的心理感受，这种类比的可行性并不是全然确定的，因此，密尔犯了类比不恰当的逻辑错误。

另一方面，密尔在"可见性"与"值得欲求"之间进行类比，从而得出了其证明的前提——实际欲望的就是值得欲望的，并根据这个前提得出了结论：幸福是值得欲望的。密尔在这里被指责犯了推不出的逻辑错误。因为，这里被欲望的只是值得欲望的必要条件而不是充分条件，必要条件不能够变成充分条件，也不能成为充分必要条件，因此，幸福是被欲望的并不必定就是值得欲望的，被欲望的这个事实最多只是提供了一些证据（但不是一个决定性的证据）表明那个东西是值得欲望的。

如摩尔就对密尔由"实际欲望"到"值得欲望"这个论证进行了批判：价值属性的意义不等同于事实属性的意义，因为价值不能分解成事实单元而不改变其意义。因此，人们无法将价值分拆为事实，或用事实来定义价值。而密尔主张善是指值得想望的，而要知道什么是值得想望的，就只有去发现什么是人们实际所欲望的，人们实际所欲望的是快乐，因此，快乐是值得欲望的，快乐是善，并且快乐是人们唯一所想望的，而快乐和幸福是同义词，因此，幸福是唯一值得欲望的东西，是唯一的善。针对密尔的这一推论，摩尔说，密尔从"实际所想望的"过渡到"值得想望的"，是从一个自然概念直接过渡到一个非自然概念，这显然包含"自然主义谬误"。① 因为在这里善仅仅意味着实际所欲望的东西，而实际所欲望的东西，就是某种可以用自然概念来下定义的东西，正是由于这种把事实与价值等同起来的错误，摩尔指责说，密尔想帮助我们发现应该干什么，而实际上他告诉我们的是，我们正在做什么，或者说密尔犯了从"是"得出"应当"的错误。

总之，密尔采用由"实际欲望"到"值得欲望"的论证模式来证明幸福是值得欲望的这个观点受到了各种各样的批评。

然而，如果考察密尔采用这种论证模式的理论根据，以及密尔关于证

---

① ［英］乔治·爱德华·摩尔：《伦理学原理》，长河译，上海世纪出版集团、上海人民出版社 2003 年版，第 66 页。

明的内涵的理解，对密尔的这些指责或许并不如批评者所认为的那样恰当。

三　由"实际欲望"到"值得欲望"论证有效性的依据

密尔采用由"实际欲望"到"值得欲望"的论证模式，来论证幸福是值得欲望的这个观点，与他的工具主义立场、他对于逻辑学意义上的证明概念内涵及逻辑证明范围的理解有关。如果工具主义的观点是正确的，并且，密尔对逻辑证明的内涵及逻辑证明范围的划定是可以接受的，那么，密尔的论证就可能是合理的。

（一）密尔的工具主义立场

密尔在《功用主义》第一章中指出："关于最终目的之问题不容有直接证明的。任何能够证明为好的，必定是因为我们可以证明它是取得那不待证明而被认为好的事物之工具"。① 根据密尔这里的说法，当代的习惯是把密尔的观点理解为所有的实践推理都是"手段—目的"推理（means-end reasoning），密尔则被看成工具主义者。②

工具主义的观点是："一个实践的辩护存在于通过表明一个被提议的目的是一个更深一层的目的的手段，那个更深一层的目的可以依次得到辩护，即可以表明那个更深一层的目的是可欲的"。③ 根据工具主义，要证明一个东西是好的，只要证明它是取得一个不需要证明而又被认为是好的东西的手段，那么，这个东西是好的就得到了证明。在实践辩护的链条中，每一个目的都可以通过证明它是更深一层的目的的手段而被证明是好的。信仰也可以通过更深一层的信仰而得到证明。当然，工具主义主张的这种辩护会导致多种辩护模式，这些辩护模式可以分成三种一般的类型：辩护的链条可以持续永久地追溯下去；这种辩护循环进行；或者辩护的链条可以在其自身不需要证明的目的那里得以终止。

在《逻辑学体系》中关于谬误的概览的那部分内容中，密尔反对前两种辩护类型，因为这两种类型可以充分地而且最好是应用于实践证明：一方面，证明"不能是无穷级数的证明"，④ 另一方面，对于密尔来说，

---

① ［英］约翰·穆勒：《功用主义》，唐钺译，商务印书馆1957年版，第4页。
② Elijah Millgram，" Mill's Proof of the Principle of Utility"，*Ethics*，2000，110（2）：287.
③ Ibid.，p. 288.
④ Ibid..

"用循环论证法论证"完全是一种"更复杂和不常用的证明种类",是"以待决之问题为论据,或回避问题实质"。① 密尔选择第三种类型。第三种类型与基础主义(foundationalism)有关。基础主义的观点是:"存在着不需要证明的可以适度地被认为是标准的命题"。②

至此,根据基础主义的辩护模式,我们可以确定基本信条和基础目的的种类。如果仅仅根据这种辩护模式的结构要点,可以看出:基本信条是那些不需要进一步证明的信条,基本目的是那些不是作为更深一层的目的的手段的目的。

密尔虽然根据基础主义可以得出这些基本信条和基本目的的类型,但这些基本信条和基本目的的合理性还要在认识论和伦理学方面进行哲学探讨,即寻找更深一层的和独立的方法,以确定这些基本信条和基本目的类型的合理性。如通过把它们看成一种特殊的瞬间感觉。

由于密尔坚持的是传统的英国经验主义,因而,"密尔把基本信条与感觉相连。类似地,密尔把基本的目的看成是一种感觉状态"。③ 这样,在证明链条的终端,我们的最终目的是快乐或幸福的感觉,根据工具主义,要证明一个目的的合理性需要通过证明它是更深一层的目的的手段,然而,在证明链条的终点,快乐或幸福已经是最终的目的,它不是也不可能成为其他目的的手段,所以它的合理性无法通过别的目的予以证明,而要通过事实来证明,即考察人们实际上是否欲求幸福。根据被听(看)见是证明听(看)见的合理性的证据,类似地,密尔认为,"被欲望"就是"值得欲望"的合理性的证据。这就是密尔关于"实际欲望作为值得欲望的证据"的模式。密尔以感觉作为根据来证明最终目的的合理性。

而在实践辩护链条上的非终极性区域,目的所占据的位置不同,对它进行的证明却是不同的。在这种非终极性区域中,"被欲望的"与"值得欲望的"并不是同一的。在这个区域,要证明所欲望的某个目的的合理性,就要通过引证它是实现更深一层目的的手段来证明。

但在证明链条的终端,当我们的欲望已经是快乐或幸福的感觉,或者欲望的满足是那种快乐或幸福的感觉,那么,就不再需要进一步的证明。

---

① Elijah Millgram, "Mill's Proof of the Principle of Utility", *Ethics*, 2000, 110 (2): 288.

② Ibid..

③ Ibid..

因为，最终目的的合理性证明依赖感觉作为证据，如果我们最终欲求的就是快乐或幸福的感觉，而证明这种欲求的合理性的证据也是这种快乐和幸福的感觉，那么，在目的链条的终端，所有被欲求的就都是值得欲求的，值得欲求的意味着是被欲求的。

由此可见，在密尔那里，采用由"实际欲望"到"值得欲望"推理模式进行证明是基于工具主义的立场，并被限制于特定范围内的。如果工具主义的观点是正确的，那么，密尔由"实际欲望"到"值得欲望"的推理模式就可能是正确的。

（二）密尔对逻辑证明领域的划定

密尔采用由"实际欲望"到"值得欲望"的推理模式，除了基于他的工具主义立场外，还与他对于逻辑证明领域的理解有关。

密尔所理解的逻辑学意义上的"证明"有特定的含义。密尔在《逻辑学体系》中指出："逻辑固有的主题是证明"。[1] 证明是从证据到结论的推论："当我们相信一个事实或一个主张的真实性是由于跟随它而出现的其他事实或主张时，这个事实或主张得以证明"。[2]

"就信条表示其要基于证明这一点，逻辑的职责就是要对信条是否有一个合理的基础提供检验。那种认为任何命题必须基于有意识的证据（the evidence of consciousness）之上才能够得以信仰的主张，就是说，没有严格意义上的证据，逻辑就成为不必要"。[3] 根据密尔这里的说明，属于逻辑证明范围的是那些具备有意识证据的推论，而那些不具备有意识证据的推论严格来说不属于逻辑证明的范围。

在《逻辑学体系》中，密尔就把那种仅仅在外观上由一个事实到另一个事实的行进，其逻辑结果仅仅是逻辑前提的重复的那种情况排除在所谓推理或推论的领域之外。[4]

正是基于这种认识，密尔认为感觉和与之相应的信条之间并不是推断的关系，当我们以感觉来确证与之相应的信条时，是以事实来确证一种信条，因而这种确证就离开了所谓的逻辑"证明"的领域。同样，行动的基本原理是终极性的目的，根据工具主义的观点，欲求并不是从更深层的

---

① Elijah Millgram, "Mill's Proof of the Principle of Utility", *Ethics*, 2000, 110 (2): 290.

② Ibid. .

③ Ibid. .

④ Ibid. , p. 291.

前提推出来的。唯一的问题是这些欲求是否是一个人所实际拥有的，这是知觉和直觉方面的事情。既然它们不是推断，那么，它们就不属于逻辑证明的领域。

有些评论家认为，密尔并不愿意把他对功利原则的辩护称为证明，至少意味着密尔认为他的辩护不能够称为是有效的推论。其实，这是对密尔的误解，密尔不愿意把他对功利原则所作的论证称为证明，与他对逻辑证明的内涵及逻辑证明范围的理解相关。[①] 既然感觉和与之相应的信条之间并不是推断的关系，那么，密尔对它们之间的关系的说明就不属于逻辑意义上的证明，关于这一点，密尔在《功用主义》的第一章中已经有明确的说明。[②] 密尔使用的推论规则是 p→p，这种推论与摩尔、西季威克等思想家关于推论的观点是不同的，但这种推论显然也是有效的推论。因为，密尔论证第一步骤的目的只是为了说明每个人的幸福对于他来说是值得的。而幸福作为最终目的不属于推论或证明范围，因为，人们对这个目的的追求是为了其自身，而不是作为实现其他更深一层的目的的手段，那么，在"手段—目的"的证明链条的终点，"值得欲求"就仅仅意味着"被欲求"。所以，在这种意义上说，密尔的论证是有效的，指责密尔的论证犯了逻辑错误就是不成立的。正如斯科鲁思基（Skorupski）所指出的："密尔遭受犯了极大的逻辑谬误的指责……这样的指责被证明是不正当的……他明确地表明了功利原则不能够得到通常意义上所理解的那种证明。所以，他并不是主张要提出一种有效的推论，而他又被假定为是要提出这样的有效推论，并被认为犯了常见的谬误"。[③]

当然，我们说密尔的论辩是推演有效的论辩，是指这种论辩提醒我们什么是我们热衷的东西，而不是说这是一种有效的逻辑推论。而且，密尔的论辩是在他对实践推理的工具主义理解的基础上进行的，工具主义是他的论辩的起因，也是他的功利主义更广泛的起因。

"工具主义是唯一一种实践推理，是从一种目的到实现这种目的的手段的推理；或从心理学的词汇上看，实践推理是从对一个目标的欲求，到对实现或达到那个目标的方法的欲求"。[④] 每一种工具主义的推理都产生

① Elijah Millgram, "Mill's Proof of the Principle of Utility", *Ethics*, 2000, 110 (2): 291.
② ［英］约翰·穆勒：《功用主义》，唐钺译，商务印书馆1957年版，第4—5页。
③ Elijah Millgram, "Mill's Proof of the Principle of Utility", *Ethics*, 2000, 110 (2): 291.
④ Ibid. , p. 293.

于欲望。所以，工具主义认为，当一个实践证明的链条被追溯到其终点时，在那里必定存在着一个欲望。即"欲望作为值得欲望的证据"。如果工具主义是错误的，那么，实践推理的前提就不能是欲望。因而，"欲望作为值得欲望的证据"就不再成立，以诸如感觉这一类词汇作为证明"值得欲望"的前提就是不可能的，密尔的论辩就会变得无意义；同样，密尔对幸福是值得欲望的这个观点有效性的证明，是基于工具主义的理论假设前提之上的，离开这个前提，这种证明就失去其意义。

总之，密尔依据由"实际欲望"到"值得欲望"的论证模式来确证幸福是值得欲望的这个观点是有效的，当然这种有效性是基于工具主义的立场之上的，同时也与密尔对逻辑证明概念和逻辑证明范围的理解有关。离开这些前提，密尔的证明则是无效的。

第四节　证明公共幸福是值得欲望的

通过以上第一和第二步骤的证明，密尔得出了幸福是唯一值得欲望的结论，并因而得出幸福是道德的唯一标准的结论。然而，在前面两个步骤的论证中，密尔主要是从个人幸福的层面进行论证的。密尔并没有把个人的幸福作为道德的标准，而是把公共幸福作为道德的标准。"功用主义所认为行为是非标准的幸福并不是行为者一己的幸福，乃是一切与这行为有关的人的幸福"。[①] "那个标准并不是行为者自身的最大幸福，而是最大量之一般人幸福"。[②]

所以，密尔在证明"（个人）幸福是值得欲望的"这个观点之后，还要进一步证明"公共幸福是值得欲望的"这个观点。

对于"公共幸福是值得欲望的"这个观点，密尔在《功用主义》第四章《功用主义可以得什么样子的证明》中进行了极为简单的论证："幸福是一种利益，各人的幸福是他自己的利益，因而公共幸福是一切人的集团的利益"。[③] "除了各人在他相信他自己的幸福可以得到的范围内欲望自己幸福这个理由以外，没有什么理由可以说公共幸福是可欲的"。[④]

---

① ［英］约翰·穆勒：《功用主义》，唐钺译，商务印书馆 1957 年版，第 18 页。
② 同上书，第 12 页。
③ 同上书，第 37—38 页。
④ 同上书，第 37 页。

对密尔这一步论证的责难是认为密尔不能够从前提合理地推出结论，原因主要有两个方面：一是在个人身上不存在对普遍幸福的实际欲望，即使密尔基于工具主义基础之上的推理模式——由"实际欲望"到"值得欲望"是正确的，也不能够得出"公共幸福是值得欲望的"这个结论；二是公共幸福不可以通过对个人幸福的加总达到。

关于密尔这个证明的前提——"个人对公共幸福的实际欲望"，许多批评者认为是不成立的，人们会承认一些人对于公共幸福是欲望的，大概只有密尔所认为的少数受人钦佩的精英、无私的和受教育的人才欲望公共幸福，但是，更多的人却不欲望它。如西季威克就指出："密尔的推理并没有证明这一命题，即使我们可以合理地说实际被欲求的东西就是值得欲求的东西，情况也是这样。因为，即使各种实际的欲望是指向普遍幸福的各个部分的，它们的总和也不构成一种存在于某人身上的对普遍幸福的欲望。密尔当然不会认为，一种不存在于任何个人身上的欲望能够存在于个人的总和之中。而如果不存在对普遍幸福的实际欲望——就这一推理能够成立而言——普遍幸福是值得欲望的这一命题就不能以这种方法得到证明。所以，在密尔表达的论据之中存在一个漏洞……"① 哈迪·琼斯（Hardy Jones）也指出："证明它的唯一依据——确定的、必要的欲望——严重地缺少"。②

其实，对密尔这两个方面的责难是基于对密尔的"公共幸福"概念的误解而产生的。在了解了密尔关于"公共幸福"概念的界定之后，这些责难是可以消除的，密尔由"个人实际欲望自己的幸福"可以推论出"公共幸福是值得欲望的"这个结论。

一　密尔的"公共幸福"概念

对于密尔的"公共幸福"概念（在密尔那里，"公共幸福"与"公共利益"、"普遍幸福"、"公共的功用"、"最大多数人的最大幸福"是具有相同意义的），许多学者往往根据密尔提到的"世界利益就是个人利益合成的（made up）"③ 这种说法，就把密尔的公共幸福理解为是个人幸福

---

① ［英］亨利·西季威克：《伦理学方法》，廖申白译，中国社会科学出版社1993年版，第402—403页。

② Hardy Jones, "Mill's Argument for the Principle of Utility", *Philosophy and Phenomenological Research*, 1978, 38（3）：350.

③ ［英］约翰·穆勒：《功用主义》，唐钺译，商务印书馆1957年版，第20页。

或个人利益相加而成的和，并在这个基础上对密尔关于"公共幸福是值得欲望的"这个观点进行批评。其实，这是对密尔的误解。

密尔的公共幸福概念并不如上面那些学者所理解的那样是个人幸福的简单相加。密尔在《功用主义》中把功用分为"私人的功用"和"公共的功用"。① 私人的功用是指"某些少数的人的利益或幸福"，② 至于密尔关于私人的功用，即个人的利益或幸福包括哪些内容的问题，我们在本书的第二章中已经阐明，个人的幸福不仅包括较低级的感性快乐，也包括由道德和智力能力的进步、个性的发展所构成的较高级的快乐。公共的功用是指"一切人的集团的利益"。③ "一切人的集团"在密尔那里应该和在边沁那里一样是一个"虚构体"，④ 是一个形而上学的概念，这个集团虽然由个人所构成，但又不具备自然人的性质，所以，虽然公共的利益是由个人的利益所构成，"世界利益就是个人利益合成的（made up）"，⑤ 但不能把公共的利益理解为是所有个人利益的简单相加。

其实，在密尔那里，公共的幸福或公共的功用是指人类的自我发展，是由个人利益中较高级的快乐——道德和智力能力、个性的发展所合成的。在《论自由》的第一章中，密尔明确指出："最大意义上的效用，其基础是作为进步的存在的人之永久的利益"。⑥ 由于密尔把个人幸福等同于个人利益，个人幸福包括较低级的快乐和较高级的快乐，如果较高级的快乐是指人的道德和智力能力、个性的发展，那么，"作为进步的存在的人之永久的利益"就应该是这种高级快乐，即较高级的快乐就是"最大意义上的效用"（公共利益）。密尔在《论自由》中也明确指出："每人所应不断努力以赴特别是志在影响同人的人所应永远注视的目标，乃是能力和发展的个人性"。⑦

密尔在《代议制政府》中也明确指出："整个人类的利益"或"社会

---

① ［英］约翰·穆勒：《功用主义》，唐钺译，商务印书馆1957年版，第20页。

② 同上。

③ 同上书，第37—38页。

④ ［英］边沁：《道德与立法原理导论》，时殷弘译，商务印书馆2002年版，第58页。

⑤ ［英］约翰·穆勒：《功用主义》，唐钺译，第20页。

⑥ Alan Ryan, *Mill*: *The Spirit of the Age*, *On Liberty*, *The Subjection of Women*, New York: W. W. Norton Company, Inc., 1975, p. 49.

⑦ ［英］约翰·密尔：《论自由》，许保骙译，商务印书馆2005年版，第67页。

利益的总和"的类别可以分为"促进人民本身的美德和智慧"① 以及"将现有道德的智力的和积极的价值组织起来"② 两类，而不是"秩序"和"进步"两类。而且密尔将人类道德和智力、个性的发展称为人类的自我发展，人类的自我发展即是人类的共同利益。密尔在《论自由》中也表明了同样的观点，他在《论自由》一书的铭文（该铭文引自洪堡的《政府的范围和责任》）中指出："对于这本书中展开的每一个观点，主要的和第一的原则，集中于一点就是，对于人类的发展来说，绝对的并且极为重要的就在于它的丰富的多样性"。③ 在第三章中又明确指出，"个性的自由发展乃是幸福的首要要素之一"，是"人类幸福的主要因素之一"，④可见，在《论自由》中，密尔实际上也把人类的幸福等同于人类的自我发展。他之所以如此强调给予个人自由的重要性，是因为自由对于个人乃至人类的自我发展具有极为重要的意义。

密尔把自我发展作为人类的共同利益，并以之作为人类行为的是非判断标准，是根据人类的特性和道德的构成两方面来考虑的。

第一，人类的特性决定了人类必然以自我发展作为人类的最大功利。

密尔认为，人类的特性包括天性和理性两方面，自我发展作为人类的最大功利正是根据这两个方面得出的。

一方面，密尔认为人类作为一种与任何其他生物一样发展着的生物，有着发展其自身的内在要求，因此，人类的天性必须被允许"根据创造出一个生物的内在力量的导向"进行发展，即人类具有一种自我发展的天然愿望。⑤

另一方面，密尔认为把自我发展当成人类的"永久利益"，是由人类的理性所昭示的，而不是由模糊而短暂的欲望所提示的。在密尔看来，人是有理性的动物，一旦人认识到他有比动物的嗜欲更高级的能力（facilities），"倘若他曾经觉得有这种能力，那么，他就不会把任何不包含这些

①　[英] 密尔：《代议制政府》，汪瑄译，商务印书馆1982年版，第26页。

②　同上书，第29页。

③　Alan Ryan, *Mill*: *The Spirit of the Age*, *On Liberty*, *The Subjection of Women*, New York: W. W. Norton Company, Inc., 1975, p.41.

④　[英] 约翰·密尔：《论自由》，许保骙译，商务印书馆2005年版，第66页。

⑤　[英] 理查德·贝拉米：《重新思考自由主义》，王萍等译，江苏人民出版社2005年版，第45页。

能力的满足的事情当作幸福"。① 而且，人都有自尊心，而自尊心与人所有的高等心能成某程度的比例，所以，在自尊心强的人那里，高等心能的满足应该是他幸福的重要组成部分，重要到一切与自尊心冲突、与高等心能的满足冲突的事物，"除在顷刻间以外，不能够成为他们欲望的对象"。② 即那些具有较高等心能的人比较低等心能的人需要较多的东西才能够使他快乐，所以，功利主义所指的快乐不是"含有超乎轻佻举动和仅仅顷刻的快乐"，而是应该包括这些能力的满足。而正是使这些能力得到满足所产生的快乐才是人类所应该拥有的快乐。

密尔在《论自由》中明确表明他接受洪堡的观点："人的目的，或说由永恒不易的理性昭谕所指令而非由模糊短暂的欲望所提示的目的，乃是要使其各种能力得到最高度和最调和的发展而达成一个完整而一贯的整体"。因此，"每人所应不断努力以赴特别是志在影响同人的人所应永远注视的目标，乃是能力和发展的个人性"。③

第二，道德的内容决定了必须以品格的提升作为人类幸福的重要组成部分。

从道德的构成来看，密尔认为："道德由两部分构成，其中的一部分是自我教育，通过人类自身而进行的情感和意志的训练。这部分在边沁的体系中是空白。其他的那部分，即人们外在行为的调节，如果没有第一部分，这部分总而言之必定是跛脚的和不完全的。……将甚至影响到我们自己和其他人的世间利益，除非我们把它在调节我们的或者他们的情感和欲望方面的影响接纳为问题的一个部分"。④ 即密尔认为，道德不仅仅在于对人们外在行为的调节，更重要的在于人们的自我教育，在于人们内在品格的自我提升，后者对于个人自身的幸福和人类的幸福都具有更为重要的意义。"对个人来说，品格本身之所以是最重要的目的，仅仅在于人们如果拥有完美的高贵品格，或者较近于达到拥有这样的品格，那将远远超过其他任何东西而能使他们的生活更加幸福"。⑤ 而对于整个人类来说，"如

---

① ［英］约翰·穆勒：《功用主义》，唐钺译，商务印书馆1957年版，第8页。

② 同上书，第10页。

③ ［英］约翰·密尔：《论自由》，许保骙译，商务印书馆2005年版，第67页。

④ John R. Fitzpatrick, Reconciling Utility with Liberal Justice——John Stuart Mill's Minimalist Utilitarianism［the Paper of Doctor of Philosophy］, Knoxville: The University of Tennessee, 2001, p. 150.

⑤ John Stuart Mill, *System of Logic: Ratiocinative and Inductive*, London: Longmans, Green, and Co., 1886, p. 621.

果一种可以使人们在某种情况下忽视幸福的情感得以培养，那么，总的来说，这个世界上将会存在更多的幸福"。① 因此，密尔认为："完美高贵的品格对于个人来说应该是一个目的；而对于人们来说，在任何情况下，如果在追求自己特殊的幸福或他人特殊的幸福时，与完美高贵的品格发生了冲突，则应该让位于后者（除非这种幸福包括了完美品格的概念）"。② 密尔也承认，拥有高尚品格的人或许并不因此而更加幸福，但这种品格对于整个人类来说是大有益处的。"我们或许可以不相信高尚的人总会因为他的高尚而更加幸福，但他的高尚使别人更加幸福，并且世界全体因为他的高尚而大大受益是无可怀疑的。……但一般人都养成高尚品格，那末，功用主义才能够达到它的目的"。③

由上面两个方面的分析可见，在密尔那里，人类最大的功利（公共幸福）是人类的自我发展，即人类的各种道德的、智力的能力都得到最高度和最协调的发展，并成为一个完整而一贯的整体。而人类的这种发展，是在每一个个人都得到自我发展的基础上实现的。正是在这种意义上密尔说"世界利益是个人利益合成的"。

如果密尔对公共幸福概念的界定是合理的，那么，个人实际欲望公共幸福就是可能的。

二　个人实际欲望公共幸福的可能

在证明"公共幸福是值得欲望的"这个观点时，密尔的根据是"每个人在他相信他自己的幸福可以得到的范围内欲望自己幸福"，他说："除了各人在他相信他自己的幸福可以得到的范围内欲望自己幸福这个理由以外，没有什么理由可以说公共幸福是可欲的"。④ 密尔实际上还是采用了前面所阐明过的基于工具主义立场之上的证明模式：由"实际欲望"到"值得欲望"，把实际欲望作为值得欲望的证据。密尔这里的证明是把"各个人在他相信他自己的幸福可以得到的范围内实际欲望自己幸福"作为证明"公共幸福值得欲望"的证据。密尔在这个证明过程中提出的论

①　John Stuart Mill, *System of Logic*: *Ratiocinative and Inductive*, London: Longmans, Green, and Co., 1886, p. 62.

②　Ibid..

③　［英］约翰·穆勒：《功用主义》，唐钺译，商务印书馆1957年版，第12页。

④　同上书，第37页。

据遭到了批评，认为他的这个论据是不成立的。如在前面关于西季威克对密尔论证批评的引文中，我们就可以看出，西季威克就认为在每一个个人那里，不存在对普遍幸福的实际欲望，即使每一个个人的各种实际欲望是指向普遍幸福的各个部分的，它们的总和也不构成一种存在于某人身上的对普遍幸福的欲望，所以，即使密尔由"实际欲望"到"值得欲望"推理模式是正确的，也不能够由个人幸福实际被欲望推出普遍幸福值得欲望的结论。

其实，对于西季威克的指责"在每一个个人那里，不存在对普遍幸福的实际欲望"，密尔是能够应对的。密尔在他写《功用主义》这本书的时候就已经考虑到了这个问题。"这个人对自己说，我觉得我义不当行劫，不当谋杀，不当负托，不当骗人，但为什么我义当增进公共幸福呢？假如我自己的幸福在于别的东西，为什么我不可以选取这个别的东西呢"？① 对于这个问题，密尔的回答是由于人们有良心这种社会性的动机，这种社会性动机在道德制裁力的作用下，在法律、教育和舆论的影响下，会使个人发展出一种促进公共利益的坚定性格，并使促进公共利益成为人们惯有的行为动机之一。所以，在个人那里，对公共利益的实际欲望是可能存在的。

（一）人的社会性动机

尽管密尔的理论与边沁的理论具有不同的地方，但他们都相信，即使在行动者的行为由最大化的快乐和最小化的痛苦所推动的情况下，个人也能够把自己的幸福与他人的幸福联系起来，这主要是由于在与人的各种不同的快乐和痛苦相对应的各种动机中，存在着把自己的利益与社会其他成员的利益结为一体的动机。

边沁对与人的快乐和痛苦相对应的各种动机进行了界定，并列了一个动机目录。他把与快乐的感觉相对应的动机定义为肉欲，与权势之乐相对应的动机定义为喜爱权势，与财富之乐相对应的动机定义为钱财兴趣，与同情之乐相对应的动机定义为善意，等等。边沁认为，可以根据这些动机对社会其他成员的利益所造成的影响进行分类，即按照这些动机所具有的、把他的利益与社会其他成员的利益结为一体或分离开来的趋势进行分类，这些动机分为社会的、反社会的和自顾的动机。将那种有把自己的利

---

① ［英］约翰·穆勒：《功用主义》，唐钺译，商务印书馆1957年版，第28页。

益与社会其他成员的利益结为一体的倾向的动机称为社会的动机，社会的动机包括善意、喜爱名望、希望和睦、宗教四种，但只有善意才是纯社会的动机，其他三种归于半社会的动机名下，因为它们同时也是自私的。而这种把自己的利益与社会其他成员的利益结为一体的纯社会动机——善意，就是符合功利原则命令的动机。但边沁对善意能够促进个人利益与公共利益相结合的力量没有太大的信心，他认为一旦这些动机之间出现冲突，它们最终要让位于对自我利益的权衡，因为，"（除了在受到一些特别强烈的刺激所导致的极罕见的、极短暂的情感迸发的情况之外）在每个人的心中，关涉自身的利益优越于社会的利益；每个人自己的个人利益优越于所有人结合起来的共同利益"。① 可见，边沁虽然承认有基于同情或善意等诸如此类的社会性行为动机，但并不承认有良心上或责任感上的行为动机。

　　与边沁不同，密尔认为在人的行为动机之中，良心或责任感上的行为动机是诸动机当中最强烈的动机，密尔批评边沁在他的行为动机目录中忽略掉了良心或责任感这种因素："在他的文章里，人们永远难以设想人的行为只是出于一种正当，或者说禁止行动仅仅出于错误"。② 而且，在关于社会性动机对自我行为约束这一点上，密尔给予了更多的肯定。

　　（二）道德的制裁力

　　密尔认为，人不仅有社会性的动机，而且，这种社会性动机在道德制裁力的作用下，在教育、舆论的影响下，会成为促进公共利益的惯有的行为动机之一。

　　正是由于认识到良心能够成为人的行为动机，密尔在关于人的行为规范方面的观点不完全赞成边沁的观点。边沁认为在每个人的心中，关涉自身的利益优越于社会的利益；每个人自己的个人利益优越于所有人结合起来的共同利益，所以，在对人的行为进行规范方面，边沁认为外在的制裁比善意动机在产生道德行为方面更为重要。因此，边沁认为，要促进形成一种能够使个人的利益与他人的利益达成统一的制度，那才是确保人们（包括自己）的行为促进最大幸福的最佳途径。密尔则认为功利主义也具

① Henry R. West, *An Introduction to Mill's*, Utilitarian Ethics, Cambridge：Cambridge University Press, 2004, p. 105.
　　② Ibid. .

有任何别的伦理系统所具有的一切制裁力，对人的行为的规范不仅有外部的制裁力，还有内部制裁力。外部的制裁力主要是希望人类或上帝的恩宠，并恐怕他们不喜欢，以及我们对人类所有的同情或怜爱，或对上帝的爱慕与敬虔，使我们不顾私人的利害总要遵行他的意旨。这些"外来的赏罚，无论是肉体的或精神的，无论由于上帝或由于人类以及人性所做得到的大公无我地献身于上帝或人类的一切愿力，这些力量的全部都可以用来推行功用主义的道德"。① 内部的制裁力是良心，构成良心的基本成分是我们自己心内的一种感情，义务观念的钳制力就在于人有这一团感情。"功用标准的制裁力和一切其他的道德标准的制裁力一样，就是人类的良心感情。"② 在影响人们遵循功利主义道德的这两种制裁力中，密尔认为良心感情的制裁力是最后的制裁力，"一切伦理系统的最后制裁力（外部动机除外）既然是我们自己心中的一种主观的感情，那末……功用标准的制裁力和一切其他道德标准的制裁力一样，就是人类的良心感情"。

虽然密尔认识到良心感情是实现个人利益与公共利益统一的关键，但密尔并不认为良心感情是天生具有的，而是认为良心感情需要后天的培养才能够获得。他指出，道德感不是我们天性的一个成分，但道德的心能，是自然由天性产生出的一个能力，能自动地发生到某个低小的程度，如果加以培养，可以达到高度的发展。③ 而在如何培养个人的道德感方面，密尔认为要通过国家制度、教育、社会舆论等方面来进行。密尔尤其强调不能够忽视国家制度在对个人道德感培养方面的影响。他对边沁政治理论在这个方面的忽视进行了批判。密尔指出，任何行动自其产生之时起直至永久都会对人的性格和精神状态产生影响，但边沁并没有认识到"政治制度可作为一座更高的灯塔，成为人们社会教育的主要方式"。④

在《代议制政府》中，密尔也强调了政治制度和法律对于人的公共精神所形成的重大影响。他指出，如果政治制度的安排不仅使人们有机会考虑和安排自己的事情和生活计划，也有利于人们有机会考虑社会的事务，如给予人们参政的机会，那么，人们就不仅只是考虑自己的利益，而

---

① ［英］约翰·穆勒：《功用主义》，唐钺译，商务印书馆1957年版，第30页。

② 同上。

③ 同上书，第32—33页。

④ Henry R. West, *An Introduction to Mill's Utilitarian Ethics*, Cambridge：Cambridge University Press，2004，p. 105.

要充分考虑到他人和社会的利益，这对于培养人们的公共精神非常重要。

所以，"第一、法律与社会组织应该使个个人的幸福或（从实际方面说）利益，尽量与全体利益调和；第二、教育与舆论……应该利用这种大势力向人人心上把他一己的幸福与全体的福利成立个不解的联结"。①

密尔认为，由功用道德律培养起来的良心感情的制裁力，与由其他道德律培养起来的良心感情的制裁力同样强烈，因为通过教育培植起来的功利主义道德情感也有其自然基础。"这个坚固的基础就是人类的社会感情，要同人类成为一体的欲望——这个欲望现在已经是人性中一个强大的原动力，并且可喜的是这一个欲望，就是没有特别教诲，也是会受文化进步的影响而渐渐更加强烈的"。② 正是良心感情的这个人类社会感情基础，成为功利主义道德观的强大力量，使得人们总是把自己设想为是团体中的一个分子，承认一切人的利益要平等地顾到，才可以有由彼此平等的人组成的社会。虽然在大多数人，这种顾及他人利益的感情比他们的自私感情的力量弱得多，并且往往完全缺乏。但在有这种感情的人，把顾及他人利益的社会感情看成一种自然的情感，相信这是他们不好缺少的品性，并以信心为动力（有外部制裁力时），或为内部制裁力（无外部制裁力时）所影响而顾及他人的利益。逐渐地，人们就养成习惯，把顾及别人的利益当成自己的利益，并且，习惯慢慢成为自然的和需要的。"别人的利益，在他那方面，成了自然的顾到必定顾到的事情，像人类生活的任何物质上需要一样"。③ 不管一个人有多少顾及别人利益的情感，甚至自己一点也没有这种情感，但由于这种情感是关乎利益的，关于同情的动机极端强烈，使他不得不强调这种情感，并且也极力激励别人养成它。人们一旦有了这种情感，即使是"这种情感只有顶细微的萌芽，同情心的传染和教育的影响也会把它保持培养着，并且外部制裁力的大力量把许多援助它的联想，像整个网似的绕着这种感情织将起来"。④ 随着人心的不断进化，这种情感将不断地趋于完满。而"假如这种人我一体的感情达于完满，那末，凡是一己的好处，余人不沾利益的，没有人会想起这种好处或要这种

---

① ［英］约翰·穆勒：《功用主义》，唐钺译，商务印书馆1957年版，第18页。
② 同上书，第33页。
③ 同上书，第34页。
④ 同上。

好处"。① 如果把这种人我一体的感情当作一种宗教,对人们进行宣传教育,熏染并付诸实践,那么,功利主义必定能够实现个人利益与公共利益的统一。

总之,在密尔看来,通过法律、教育和舆论的共同作用,人们在通过一定数量的训练之后,就形成了以某种方式做某事的习惯,在这个基础上,一个人还可以发展出一种坚定的性格,使其行动促进其他人的利益。到这个时候,每一个个体就不会设想妨碍公益的行为与他自己的幸福会相容,并且会做到促进公益的直接冲动可以成为人人的惯有的行为动机之一,而且与这些动机相连的情操可以在人人的意识中占个广大的重要的位置。② 于是,每一个个体就会形成一种使幸福最大化的共同愿望,个体和社会的利益,就可以在一种使幸福最大化的共同愿望中得到统一,形成完整而一贯的统一体。

基于以上两个方面,使得个人欲望公共利益成为可能。但是如果公共利益是一种与个人利益完全相对立的利益,那么,在公共利益会侵害到个人利益的情况下,公共利益就会如边沁所担心的那样要让位于个人利益。边沁会产生这样的担心,是与他对个人利益与公共利益概念的界定有关的。在边沁那里,个人的利益主要是指"快乐的总和",他说:"当一个事物倾向于增大一个人的快乐总和时,或同义地说倾向于减小其痛苦总和时,它就被说成促进了这个人的利益,或为了这个人的利益"。③ 共同体的利益是"组成共同体的若干成员的利益总和"。④ 由于边沁所说的"快乐"与"实惠"、"好处"、"快乐"、"利益"、"幸福"等词是同种意义,所以,在边沁那里,不管是个人的利益还是公共的利益,都主要是指密尔幸福概念中较低级的快乐那部分,即是指个人的物质方面的利益或感官方面的快乐。而一些事物能满足一些个人的利益并不能增加公共的利益,因为这些东西可能在让一些人高兴的同时,却会导致其他人的伤心;给一些人带来更多的好处,却会给其他人带来坏处,所以,个人利益与公共利益的增加之间会存在冲突,从而影响到个人对公共利益的实际欲望。

正是由于认识到这一点,密尔从修正边沁的快乐概念出发,把个人利

① ［英］约翰·穆勒:《功用主义》,唐钺译,商务印书馆1957年版,第35页。
② 同上书,第18—19页。
③ ［英］边沁:《道德与立法原理导论》,时殷弘译,商务印书馆2002年版,第58页。
④ 同上。

益（快乐）修正为包括较高级的快乐和较低级的快乐两方面的内容，个人利益中的较高级的快乐——道德和智力能力的发展，即个人的自我发展就是公共利益——人类的自我发展的基础和前提，个人的自我发展并不会减损他人的自我发展，也不会减损整个人类的自我发展。因此，个人利益与公共利益具有内在的一致性，即使是发生冲突也是暂时的，一旦个人的智力能力发展到对这种一致性的认识后，冲突自然会消失。这样，密尔就解决了个人利益与公共利益冲突的不可调和性，使得人们对公共利益的欲望实际上也是对个人利益的欲望，对个人利益的欲望可能包含着对公共利益的欲望，而且，随着良心这种道德动机的作用、教育、法律和制度对人们公共精神的培养，更使得人们对公共利益的欲望成为一种切实的可能。所以，密尔认为，个人实际欲望公共幸福是可能的。

三　公共幸福实现的方式——个人幸福的算术加总

密尔在关于公共幸福是值得欲望的这一步论证中，没有明确指出不同的个人幸福能够以什么样的方式联合为普遍幸福。但他在回答斯宾塞提出的问题"功用原理是否还要根据于更先的原理"时指出，斯宾塞认为："功用原理还要根据于更先的原理，就是人人享有幸福的权利是彼此平等的。这个原理把它说得更正确些，就是，无论是同一个人或是多个不同的人感受幸福，假如幸福分量相等，那末，它的可欲也相等。可是，这并不是更基本的假定；不是功用原理需要做根据的前提，乃是功用原理自身。……假如功用原理含有任何更先的原理，那末，所含的只是这个，就是算术的道理在估计幸福上和在估计一切其他可计度的数量上一样可以应用罢了"。①

许多学者认为，根据密尔这里的论述，可以认为密尔是根据算术加总的方法来达到公共幸福的，即不同的人的幸福，能够通过算术上的加总而达到所有人构成的整体的幸福（公共幸福）。密尔在这里借助了算术上的加总来达到这样一种联合。有批评者认为密尔的这一观点缺乏说服力，因为算术的道理在这里是否可以确实应用，个体的幸福是否可以加总为公共幸福，这本身就是一个不能够确定的问题。

如哈迪·琼斯就指出，功利原则旨在促进公共的幸福。通过对一个物

① ［英］边沁：《道德与立法原理导论》，时殷弘译，商务印书馆2002年版，第67页。

体的欲望的满足（把这些欲望的满足看成个人的利益）简单相加起来的
总和，是不能够达到功利主义的目的的。"如果它能够让每个人的欲望都
能得到最大程度的实现，这种理想化的程序也许可以接受。但是，这种情
况在我们所处的环境（包括密尔所处的环境）都是不能实现的。这里存
在利益的冲突，一些东西对某人是幸福的，也许对其他人来说是痛苦
的"。① 所以，哈迪·琼斯认为，公共利益由于"人类本性的利益冲突，
在理论上和概念上都是不能实现的"。②

其实，哈迪·琼斯对密尔批评的这种观点，仍然是在对密尔公共利益
概念的误解基础上提出来的。如果把密尔的公共利益理解为人类的自我发
展，那么，他所认识到的阻碍公共利益实现的困难应该是可以解决的。

在密尔看来，公共幸福之所以可以通过对个人幸福的加总达到，是由
于功利主义承认每一个人都有平等地追求其幸福的权利。"功用主义需要
行为者对于自己的与别人的幸福严格地看作平等，像一个与本事无关而仁
慈的旁观者一样"，③ 并把这一点看成"功用伦理学的全部精神"。④ 这就
为公共利益的实现提供了可能。因为，个人幸福包括了自我发展这种较高
级的快乐成分，而功利原则自身就包含了对每个人平等地追求其幸福权利
的肯定，这就肯定了每个人都可以拥有自我发展的权利，那么，当每个人
都获得自我发展的时候，由这些发展了的个人组成的社会整体也必然得到
发展。如果从这种意义来理解密尔的观点"幸福是一种利益，各人的幸
福是他自己的利益，因而公共幸福是一切人的集团的利益"，⑤ 那么，密
尔就不应该受到上面的指责。

密尔在他致亨利·琼斯（Henry Jones）的一封信中，对此也作了明
确的说明："关于你从我的《功用主义》一书中所引用的话，当我说公共
幸福是一切人的集团的利益的时候，我的意思不是指每个人的幸福对其他
人来说也是一种幸福，尽管在良好的社会状态和教育下可能会是这样的；
我仅仅是指这段话所主张的是，既然 A 的幸福是一种利益，B 的幸福是一

① Hardy Jones, "Mill's Argument for the Principle of Utility", *Philosophy and Phenomenological Research*, 1978, 38（3）: 347.

② Ibid. .

③ ［英］约翰·穆勒：《功用主义》，唐钺译，商务印书馆1957年版，第18页。

④ 同上。

⑤ 同上书，第37—38页。

种利益，C 的幸福是一种利益，等等，那么这些利益的总和也应该是一种利益"。① 密尔这里所指的个人利益与个人利益的总和，可以看成是从个人的自我发展和所有人的发展这个意义上来说的。

由上面的分析可见，如果密尔的公共幸福概念确实是如我们所理解的那样，是人类的自我发展，是由个人幸福中的较高级快乐——个人的自我发展而合成的，那么，密尔根据算术加总的方法来实现公共幸福就是可能的。但是，可能性并不是必然性，密尔的问题是把它的结论建立在一个假设之上，即密尔假设每个人（至少是大多数人）在道德制裁力的作用下，在法律、舆论、教育的影响下，都会形成一种促进公共幸福的动机；也都会追求较高级的快乐-——个人的自我发展。对于这一点，密尔可能过于乐观了。

本章小结

密尔与边沁一样，认为功利原则作为第一原理与"一切第一原理，我们知识的最先前提，并我们行为的最先前提"一样，都是不能够有推理式的证明的。但密尔认为，功利原则没有推理式的证明，并不意味着它不能够得到任何形式的证明。功利原则可以通过我们判断事实的心能——我们的感觉和我们的内省来得以认识，这也是一种"证明"。为了对功利原则进行他所界定的那种意义上的证明，密尔采用了一种"手段—目的链"的证明方法：手段是实现目的的手段，但手段自身没有价值，其性质或价值取决于它所要服务的目的。因为在密尔看来，道德原则作为行为的准则具有手段的性质，手段的合理性要以其所要实现的目的为根据。根据这种方法，密尔要证明功利原则作为道德基本原则的合理性，即以最大多数人的最大幸福（公共幸福）作为评判一切行为的是非标准，必须证明公共幸福是人的最终目的，公共幸福是值得欲望的。密尔认为，要证明公共幸福是值得欲望的，唯一的证据是个人在其所相信的他自己的幸福可以得到的范围内欲望自己的幸福。即密尔要通过由"实际欲望"到"值得欲望"的推理模式来证明公共幸福是值得欲望的。通过对欲望最后的

---

① Henry R. West, *An Introduction to Mill's Utilitarian Ethics*, Cambridge：Cambridge University Press, 2004, p. 141.

动机是快乐、与欲望不同的意志的目的仍然是快乐的分析，密尔得出人们不管是直接追求的东西还是间接追求的东西（如追求美德），不管这种追求是通过欲望还是通过意志，实际上人所欲望的唯一目的是幸福。然而，个人实际欲望自己的幸福并不必然意味着他们实际欲望公共幸福，如果人们实际上并不欲望公共幸福，那么，即使密尔的推理模式是正确的，也不能够由对个人幸福的实际欲望推论出公共幸福是值得欲望的。密尔通过将公共幸福界定为人类的自我发展解决了这个问题。因为个人幸福包括较低级的快乐和较高级的快乐，较高级的快乐就是个人的自我发展，这样，每一个个人对自己个人幸福的实际欲望就包含了对公共幸福实际欲望的可能，而这种可能性又通过人的社会动机、道德制裁力、法律和教育、舆论的影响而成为现实。所以，密尔认为，个人实际欲望公共幸福是可能的。当然，个人对公共幸福的欲望并不是直接的，而是通过对个人幸福中较高级的快乐——个人的自我发展的欲望来实现的。即公共幸福是通过对每一个人的自我发展的算术加总来实现的。于是，基于人实际欲望公共幸福的前提，密尔得出了公共幸福是值得欲望的这个结论。既然人的目的就是公共幸福，公共幸福是值得欲望的，根据"手段—目的"链的证明方法，密尔得出了公共幸福就是道德的基本原则的结论。密尔认为他这样就能够对功利原则作为道德的基本原则的合理性进行证明。

　　然而，密尔对功利原则的证明并不如密尔自己想象的那样无懈可击，但也不如通常所认为的那样犯了粗糙的错误。密尔"犯了一个深奥的、有趣的哲学错误……是工具主义使密尔陷入了困境"。[①] 因为，第一，密尔以工具主义作为证明功利原则的前提，尤其是密尔在功利原则证明的第二步论证（对幸福是值得欲望的证明），是基于工具主义关于实践推理的共同核心观点的基础之上的。"这个核心观点是：所有实践推理都是工具—目的推理"。[②] 严格来说，这种观点不能够称为一种实践推理的理论。因为工具主义认为，任何实践推理的链条将终止于一个人所拥有的欲望，并且，在链条的终点，没有更深一层的证据可以证明最终目的的可欲性，值得欲求被认定为等同于被欲求。这种认定是置于密尔关于以欲望证明"值得欲望"的模式之下的，这种模式以感觉作为证明一个人的信仰系统

---

① Elijah Millgram, "Mill's Proof of the Principle of Utility", *Ethics*, 2000, 110 (2): 306.

② Ibid., p. 304.

的基础前提。然而，感觉是易变的，也是会错的，所以，以感觉作为证据来证明一个人的信仰系统的基础前提是不可靠的。

而且，密尔采用了由"实际欲望"证明"值得欲望"的策略，这种策略并不是完美的。毕竟，一个人实际欲望的并不一定是值得欲望的，实践推理的理论需要在各种竞争的欲望之间进行调和。

第二，密尔的第三步论证（对公共幸福"值得欲望"的证明），仍然是基于工具主义的核心观点，以"实际欲望"作为"值得欲望"的证据，这里论证的不足除了前面所指出的工具主义本身并不是一种合理的实践推理理论这个不足之外，另外一个不足是——密尔在证明其前提"个人实际欲望公共幸福"时，是基于对人性的乐观看法的基础上的：人有追求公共幸福的动机，而这种动机在道德制裁力和教育、法律、舆论的影响下，一定能够使这种个人欲望公共幸福的动机变成对公共幸福的实际欲望。

第三，密尔在运用工具主义作为其证明的理论前提时，并没有对工具主义观点的合理性进行阐述。工具主义认为所有的实践推理都是手段—目的推理，所以，它是一种关于什么样的推理模式是合理的推理模式的观点。密尔把手段—目的推理看成他所理解的"逻辑学"的一个主题，但密尔在运用工具主义的观点来进行他的功利原则的证明时，并没有对工具主义观点的合理性进行阐述。这也可以说是密尔的一个失误。①

总之，密尔对功利原则合理性的证明，虽然并不如通常所认为的那样犯了粗糙的错误，但也并不是无懈可击的。

①　Elijah Millgram, "Mill's Proof of the Principle of Utility", *Ethics*, 2000, 110（2）: 306.

第四章　功利原则与正义

　　密尔认识到要使功利原则成为道德的基本原则被人们所接受，最大的障碍之一来自"正义"（justice）概念（在本章中，我们在同一种意义上使用"正义"、"公正"、"公道"这些词语）。因为，在一些思想家看来，"正义"概念是与"功利"概念完全对立的东西，正义的考虑是完全独立于功利的。如果以功利为道德的标准，从长远来看，必然会产生功利与正义的冲突。因为一方面，不公正的社会安排有可能会产生更大的功利；另一方面，如果功利主义以最大多数人的最大幸福为道德原则，就只是考虑了最大化的幸福，而没有考虑是谁的幸福，因此，功利主义没有认真对待分立的个人，没有认真对待个人权利，功利主义产生个人权利的可能性极弱，并且，为了更大的总体利益，个人权利可能会被践踏。因而，功利原则作为道德的基本原则不具合理性，功利主义理论不是完善的理论体系。为了替功利原则作辩护，使人们接受功利原则，密尔在阐明自己的正义观的基础上对功利与正义的一致性进行了论证。在密尔看来，功利与正义是相容的，不存在一个同功利相反的正义标准。因为一方面，正义以功利为基础；另一方面，功利原则不仅能够容纳个人权利，而且能够解决一些与个人权利相关的道德困境。

第一节　正义的功利基础

　　在《功用主义》的第五章中，密尔指出，正义是一种比任何其他社会的功利重要得多的社会功利，"公道始终是这些非常重要的社会的功用的适当名词"。[①] 密尔认为，虽然正义的情感比一般的功利情感更强烈，

---

① ［英］约翰·穆勒：《功用主义》，唐钺译，商务印书馆 1957 年版，第 69 页。

但正义事实上从未脱离过功利，功利与正义具有内在的一致性，这种一致性表现在五个方面：作为正义本质的个人权利以功利为基础；评判正义与否的标准在于功利；正义情感之所以比一般的道德情感强烈，是因为这种情感产生于对公共的功利——安全的保护；正义义务约束力之所以如此强大，是因为正义概念涵盖了多条与人类幸福密切相关的道德规则；正义原则之间冲突的解决依赖于功利。密尔在《功用主义》第五章中对这些问题进行了探讨。

一 正义本质的功利基础

密尔认为，正义概念与个人权利密切相关，正义的本质在于个人权利，不仅正义概念的含义中包含个人权利的意思，而且正义概念所强调的义务也通常含有与之相当的个人权利的意思。而个人权利是个人向社会提出的需要社会保护其享有某物并免除侵害的要求。个人之所以可以合法地向社会提出这样的保护要求，是因为这种对个人权利的保护有利于社会公益——安全。既然正义的本质在于个人权利，个人权利的合法性根据在于公共的功利，那么，正义就通过个人权利而与功利密切相连。

（一）正义的本质在于个人权利

密尔认为，正义与个人权利相关，正义的本质在于个人权利，这可以通过两个方面得以说明：

一方面，正义与不正义的界定都与个人的权利有关。密尔指出："假如我们审查公道这个名词的各个通俗的意义，就见到它通常含个人权利的意思：这个权利就是一个或一个以上的人所应有，就像法律赋予财产或别项合法权利时候所赋予的"。[①] 密尔这里的意思是，正义的通俗含义中包含个人权利的意思，这种正义赋予个人的权利就如同法律赋予的个人权利一样神圣；如果说一件事情是正义的，就是说个人的权利得到了保护；如果说一个行为是不正义的，那就意味着这个行为人侵犯了其他个人的权利；如果说一个人有某种权利，那么，当这个人的这种权利被侵犯时，就意味着这种侵犯是不公正的。

另一方面，正义所强调的义务通常含有与之相当的个人权利的意思。

密尔认为，正义所强调的义务与其他普通的道德强调的义务是不同

---

① ［英］约翰·穆勒：《功用主义》，唐钺译，商务印书馆1957年版，第53页。

的，正义所强调的义务通常含有与之相当的个人权利的意思，只有从个人权利的层面才能够区分正义义务与其他普通的道德义务。

密尔从分析正义观念起源和发展的实际情形出发，指出正义观念的原始意义是遵从法律，即使是在人们已经不承认实际施行的法律是正义的标准之时，在正义的概念中，遵从法律和法律的诫令还是主要的成分，所以，正义概念"还是从法律的制裁发生"。① 即正义的义务包含制裁的意思。然而，一般的道德义务也包含制裁的意思，所以根据制裁不能区分正义与普通道德，而只能区分道德与单纯利便的不同，即从处罚的角度不能够区分正义义务与普通道德义务。

密尔接着又分析了与正义观念相关的慷慨和仁慈概念，指出正义概念与其他的普通道德如慷慨和仁慈也不同，这种不同主要体现在正义概念所强调的义务通常含有与之相当的个人权利的意思，即正义所强调的某种义务，我们应当为之，如果不为，其他某个个人则可以以权利的形式要求我们去做。而慷慨和仁慈则无这方面的含义，所以，正义就是"这件事，不特应该做，不做就不对，并且是有个人可以认为他的道德上权利而向我们要求的"。② 所以，"凡有权利的场合，都是公道的问题，不是仁德的问题"。③

密尔在分析正义观念起源和发展的实际情形、正义观念所涉及的几个显著的因素之后指出，正义所强调的义务与普通道德的义务之所以不同，是因为前者含有权利的因素，并由此得出正义概念的本质在于个人权利的结论："那个我们发现它是公道观念的精义（essence）的观念，即个人权利的观念"。④

（二）个人权利的合法性基础在于功利

密尔认为个人权利是与功利密切相关的。密尔把个人权利定义为向社会提出的需要社会保护其享有某物并免除侵害的要求。"无论我们把什么事情叫做一个人的权利，我们意思就是说他可以合法要求社会用法律，或是教育与舆论的力量使他保有这个权利。……叫社会担保他有什么东西，那末，我们就说他有对于这个东西的权利。假如我们要证明任何东西不是

① ［英］约翰·穆勒：《功用主义》，唐钺译，商务印书馆1957年版，第52页。
② 同上书，第54页。
③ 同上。
④ 同上书，第64页。

照权利论属于这个人，那末，我们就以为大家一承认社会不应该设法替他取得这东西……这就是证明了"。① "有一件权利就是有个社会应该保护我使我享有的东西"。② 为何社会应该保护个人享有的东西的原因，"我只能够说是因为公益，（公共的功用），此外不能给他什么理由"。③ 密尔所说的公益是指安全。密尔认为安全这种利益是"非常重要非常动心的利益"，是一种"人人都觉得是一切利益中最有关系的事情"，④ 是一种无论什么人都需要的利益。可见，密尔把公共的功用（安全）看成社会保障个人权利的合法性根据。

密尔通过说明正义的本质在于个人权利、个人权利的合法性根据在于公共的功利，得出结论：正义通过个人权利而与功利密切相连，正义不管是作为道德的一个主要部分，还是作为与普通道德义务有区别的公道观念精义的个人权利观念，都与道德有着同样的功利基础，正义与功利之间具有内在一致性。

二 正义标准的功利根据

密尔认为正义与功利的内在一致性不仅表现在正义的本质（个人权利）以功利为基础上，而且表现在正义的标准在于社会利益上。密尔通过考察人们认为正义或不正义的五个具体层面来寻找正义的特性，并得出评判正义与不正义的标准都是功利的结论。

密尔对人人或者大多数人认为公道或者不公道的各种行为和各种人事的安排情况进行逐一的考察。这些安排和情况包括五个层面："第一层，把任何人的身体自由，他的财产或任何依法应属于他的事物剥夺掉，是多半被认为不公道的"。⑤ 密尔这里实际上是指要判定法律上的公道与不公道主要以是否侵犯了个人的法定权利为标准。"第二种的不公道在于将任何人按道德上权利应得的东西夺去或扣留着不给他"。⑥ "第三层，人公认每人得到他应得的东西（或利或害）为公道，也公认每人得到他不应得

① ［英］约翰·穆勒：《功用主义》，唐钺译，商务印书馆1957年版，第57页。
② 同上书，第58页。
③ 同上。
④ 同上。
⑤ 同上书，第47页。
⑥ 同上书，第48页。

的福利或遭受他不应得的祸害为不公道"。① 密尔认为这里的公道与"应得之报"观念有关，即一个人如果做了道德上的善事，就应得福利，做了坏事，就应得祸害。所以，一个人的得失与他是否具有得失的权利有关。"第四层，失信于任何人明明是不公道的"。② 失信于人之所以是不公道的，是因为失信于人实际上是破坏明说的或者默认的契约，使得定约的人失去我们引起他期望的利益。"第五层，偏私，在不应有私恩偏爱的事情上抹杀别人，专给一个人好处，也是人公认为与公道不相容的"。③ 以上五种情况，简要说就是指：法律的公道、道德的公道、应得的公道、守信的公道和无偏私的公道。密尔经过分析后得出结论：公道或多或少都与利益有关，评判一个行为或一件事是否公道主要以个人的权利、福利、祸害、利益等为标准，而在密尔看来，个人权利的合法性依据在于功利，福利、祸害、利益这些词与功利也是一致的，所以密尔认为，评判公道与否的标准最终是功利。

三 正义情感的功利根源

在密尔看来，正义与功利的内在一致性还表现在正义情感产生于功利上。密尔通过阐明正义感的构成成分、正义感形成的过程后，得出正义感产生的根源在于功利的结论。

密尔认为，功利虽然不能够直接产生正义感，但是正义感所包含的任何道德成分都是由功利观念产生的。

从构成正义感的两个成分——"要处罚施行侵害的人，和知道或相信有一个或一个以上确定的人受侵害"④ 来看，要处罚侵害别人的人，这一因素是由自卫的冲动和同情两种本能的感情自然发展的结果。处罚施行侵害的人的欲望是在我们受到伤害后自然发生的报复感情，这种感情本身并无道德性，只是由于人有社会的同情心和高等的智力，能够同情一切人甚至一切有感觉的东西，能够领悟他个人和他所属的社会有共同的利益，因而在有人伤害他人或这个社会、国家的时候，他就要抵抗。而假如抵抗"这个感情只是自然的愤恨，因为变成与社会福利的要求的范围同样广大

① ［英］约翰·穆勒：《功用主义》，唐钺译，商务印书馆1957年版，第48页。
② 同上。
③ 同上书，第49页。
④ 同上书，第55页。

而含有道德性"。① 正是他所产生的报复情感受到了社会同情心的支配，才获得了道德性，而一旦"自然的报复感情受社会感情把它道德化了之后，报复感情就只顺着合乎公共福利的方向发动"。② 因此，密尔认为，正义感中的处罚的感情的道德性来源于社会功利。

从正义感情两个成分的表现形式之一的权利观念来看，正义概念所包含的这个权利"就像法律赋予财产或别项合法权利时候所赋予的"。③ 因为："有一件权利就是有个社会应该保护我使我享有的东西"，④ 不管是采用法律的手段，还是教育或舆论的力量。

那么，为何我有一件权利，社会就应该有保护我使我享有这个东西的义务呢？密尔认为是功利使然。"我只能够说是因为公益，（公共的功用），此外不能给他什么理由。"⑤ 那么又是一种什么样的功利能够使得这个义务有如此大的力量，或者使我们产生如此强烈的报复欲望呢？密尔认为："这个利益就是安全，它是人人都觉得是一切利益中最有关系的事情……无论什么人，不需要安全是不可能的；我要免掉祸害，取得一切现在顷刻以外的福利，都全靠安全"。⑥ 密尔认为，安全对于人类来说，就像物质的营养一样，是"最不可少的必须条件"和"我们生存的基础的权利"，以致对安全的保障"这个观念所吸集的感情比任何比较普通的利益所吸集的感情强得那么多"，⑦ 这种差异的程度如此的大，以致安全这种利益与普通利益不只是程度上的不同，而成了种类上的不同，即安全这种利益成了人类至关重要的共同利益。密尔认为，正是安全这种至关重要的共同利益或功利，强烈地促使社会在任何一个人有一件权利时，有义务保护这个人使他享有这个东西。对那些侵犯个人权利的行为，要进行制裁的强烈正义感情，正是基于要对人类至关重要的利益——安全的保护而产生的。所以，正义情感产生的根源在于社会功利。

---

① ［英］约翰·穆勒：《功用主义》，唐钺译，商务印书馆1957年版，第69页。
② 同上书，第56页。
③ 同上书，第53页。
④ 同上书，第58页。
⑤ 同上。
⑥ 同上。
⑦ 同上。

四　正义义务的功利根据

密尔认为，正义概念所强调的义务之所以具有强大的约束力，是因为正义概念事实上涵盖了多个层面的道德规则，而这些道德规则都与人类幸福密切相关、以人类幸福为目标，所以与其他作为生活指南的道德规则相比，正义具有更绝对的义务性。

密尔指出，正义概念所包含的一个重要道德规则是禁止人类彼此相侵害的道德规则，这个规则与那些虽然重要，但只是指示处理某部分人事的最好方法的规则相比，它对于人类福利的关系更密切得多，并成为支配人类的整个社会情感的主要成分。因为，只有遵从这些规则，人与人才能和谐相处，而不是相互为敌、相互侵害；每个人也才能够免除直接的伤害或使其追求自己幸福的自由免受阻挠；才会使得个人有资格与人相处、被他人所接纳。相反，如果人们之间相互滥施暴力、非法攻击，或非法剥夺他人应得的东西，就会给他人造成直接的伤害和痛苦，失去其应得的某种物质的或社会的利益。可见，禁止伤害的道德规则的社会功利性是显而易见的。

在密尔看来，正义概念所包含的第二条道德规则是以德报德、以恶治恶的规则。当一些不义之人违反了禁止伤害的规则，对他人实施了侵害之后，必然会激起人们为保护自己、他人而进行报复的本能，所以，以恶治恶是正义概念中的应有之义。而以德报德也是正义理念的内在要求。因为，如果一个人接受了恩惠，在施惠人需要时拒绝回报，这种给施惠人带来失望的行为比其他过恶对人的损害更大，更伤人心，更易激起旁观者对受害人的同情和对施害人的愤恨，所以，使人失期望于这个行为就等于给他人带来了较为严重的实在伤害，以致这种伤害在人类的祸害和过恶中占有重要地位。正因如此，密尔认为，不仅正义概念中包含了以德报德、以恶治恶的具有明显社会功利色彩的道德规则，而且也正因为这个颇具功利色彩的道德规则，使得正义的价值仅仅被置于功利之上。"所以，给每人他所应得的，即善报善，恶报恶，这个原理，不特照我们定义的那种公道观念包含着；并且那个强烈感情，认公道的价值在于仅仅利便之上的，也以这个原理为它的一个正当对象"。①

---

① ［英］约翰·穆勒：《功用主义》，唐钺译，商务印书馆1957年版，第65页。

　　密尔把公正和平等看作正义概念中所包含的第三条道德规则，并把公正和平等看成"社会的分配的公道上的最高抽象标准；一切制度，一切好公民的努力，都应该尽量归向于这个标准"。① 但密尔认为，这个规则之所以被置于崇高的地位，不是由一些既定的原理如以德报德、以恶治恶的原理推出来的。事实上，公正和平等能够作为一切好公民和一切好制度的重要道德义务，更深的基础在于公正和平等直接源于作为道德的基本原则的功利原则。"这个道德义务实已包在功用原理，即最大幸福原理的本义内"。② 功利原则之所以合理，是因为它承认一个人的幸福与其他人的幸福在程度上拥有完全平等的价值（在种类上允许有所差别）。"假如一个人的幸福，程度与别人相等（相当承认有性质的不同），不算为与别人的幸福一样重大，那末，功用原理就要变成空话，就没有什么合理的意义"。③ 所以，密尔认为功利原则可以用边沁的一个格言来解释："每人只算一个，没有什么人算作一个以上"。④

　　正是由于正义概念包含了以上三个层面的与人类功利密切相关的道德规则，体现了多种道德需求，正义于是就成了"这些道德需要的名称"。⑤ 正义的地位也就被置于功利之上了，正义所要求的义务也比别的道德要求的义务更为重要。而事实上，正义义务之所以更为重要，正义的地位之所以被置于功利之上，都是因为功利作为它们的基础，所以，只有基于功利之上的正义才是一切道德的主要部分。基于此，密尔指出："对于任何建立一个想像的不根据功用的学说的主张，我不赞成，我认为根据功用的公道是一切道德的主要部分，并且绝对是顶神圣、顶应遵守的部分"。⑥ 密尔还不止于此，他甚至把公道看成就是功利的一个部分。他在《妇女的准许权》一文中指出："存在着不同顺序的便利，并非所有的便利都严格地在同一层次上，便利的一个重要分支叫做公正"。⑦

---

① ［英］约翰·穆勒：《功用主义》，唐钺译，商务印书馆 1957 年版，第 66 页。

② 同上。

③ 同上。

④ 同上。

⑤ 同上书，第 68 页。

⑥ 同上书，第 63 页。

⑦ Huodong, L., Mill's Harm Principle as Social Justice（the Doctor of Philosophy Degree），Carbondale：Southern Illinois University, 2004，p. 33.

五   正义原则冲突解决的功利原则根据

密尔认为，正义不仅不是完全与功利无关的东西，而且，正义作为是非标准也不是一个人可通过直接的内省而认识的独立标准，正义作为标准并不见得比功利作为标准更可靠。因为，对于正义观念，不同国家和不同的人所持的观点是不同的；即使是在同一个人的心里，正义也不是一个规律、一个原理或一个训诫，而是许多；而由这许多规律所发布的命令也不总是一致的，一个人采取这个或那个命令实际上依据的不过是他个人的偏好罢了。所以，如果以正义作为标准，正义的规则之间必然会产生冲突。

密尔以处罚的正义、分派刑罚的正义、分配的正义等方面为例，说明正义作为标准不能够离开功利，否则，这些正义原则之间的冲突则无法解决。

首先，在有关处罚的公正方面，对于什么样的处罚是公正的，人们有不同的乃至冲突的主张。密尔概括了在这个问题上的三种不同的观点。

一种观点认为，对一个人处罚，为的是要给别人做榜样，是不公道的；只有用意在裨益受罚者本人的处罚才算公平。别的人又主张极端相反的意见，以为对已达到能辨别是非的年岁的人处罚，意思是要利益他们本人，这种方法是专横的、不公道的，因为假如所争的只是他们本人的利益，没有人有权利可以支配他们自己对于这种利益的判断；但是如果意在免得使别人受害，那么，处罚他们可算是公平的，因为这种办法是运用合法的自卫的权利。欧文（Owen）先生又主张，处罚总是不公平的，因为犯罪的人的品格并不是自己造成的；他的教育以及他的环境使他成为了罪人，对于这些东西他可以不负责任。① 密尔认为所有的这些观点都是以真正的公道概念为基础的，第一种主张的理由是：为了要利益别人，单单提出一个人，不问他的同意就牺牲他是不公道的。第二种主张的理由是：自卫是公道的，强迫一个人关于他的利益为何的意见要顺从别人的意思是不公道的。第三种主张的理由是：因为一个无法可想的事情而处罚一个人也是不公道的。密尔认为，如果不考虑公道的权威所从出的原理，而单单考虑公道不公道的问题，以上那三种主张所根据的公道规律都是对的。但是，如果这些规律碰到一起，就会产生冲突，他们中的任何一个人在实现

---

①   ［英］约翰·穆勒：《功用主义》，唐钺译，商务印书馆 1957 年版，第 59—60 页。

他自己的公道观念时，必然会蹂躏到其他应该依从的观念。

其次，在对犯罪行为分派刑罚的方法方面，在对于什么样的方法才是公道的这个问题上，人们的观点也是彼此冲突的。

一种观点认为，公正的惩罚是惩罚要与犯罪成比例，即刑罚要与犯罪人的道德罪孽恰恰相当，也就是以眼还眼，以牙还牙。依据这种自然的报复律，要多么重的刑罚才能够防止人犯这种罪，这个问题是与公道的问题无关的。相反，另外一种观点认为除了罚他受那最轻的能够使他自己不再犯、别人不再效尤的苦痛以外，任何其他的刑罚都是不公道的。[①]

最后，在分配的正义问题上，密尔给出了两个例子来阐明在分配正义的领域中，公道的规则也是很容易相互冲突的，并认为把这些冲突的规则诉诸结果才是解决他们冲突的一个明智的选择。

第一个例子是关于报酬的公正问题。在一个工业合作社中，有才能或者有技巧的人得到较高的报酬是不是公平呢？一种观点认为，社会从那些有才能和技巧的人中收获的更多，他们的服务对社会作出了更大的贡献，而作为回报，社会应该给他更多的报酬，在公共产品中，他贡献的份儿比别人的要多，不给他更大的权利简直就是抢夺他。另一种观点认为，谁尽力做事，谁就应该得到同样的报酬，不应该因为不是他的错处的事情而受较低的待遇，那些有较高才能的人都已经得到了许多好处，如别人的称赞，他们的才能产生的个人势力和内心的满足，就不再加对世俗利益分占较大的份儿，好处已经太多了。从公道的角度来看，社会理当对于才能不好的人给予补偿，不应该反而增加这种不平等。密尔认为在这个例子中，公道有两个方面，把这种情况诉诸脱离功利的简单的正义原则是不能解决问题的。只有社会福利才能决定哪一个好。

第二个例子是关于赋税分配的公正问题。密尔认为在赋税的分配方面所依据的公道标准也是很多的，而且不能够互相调和。

纳税是否应该平等的征收或者是按照金钱的比例征收；如果是按照金钱的资产为比例征收的话，那么是否可以简单地依据财富或者收入的比例来征税，以便使那些拥有更多资产的人支付更高的税率？密尔指出这样做的话会产生一个异议：因为法律和政府的保护是献予每个人的，并且是人人都需要的，因此让大家出一样的代价买的这个保障是公道的。反对这个

---

① ［英］约翰·穆勒：《功用主义》，唐钺译，商务印书馆 1957 年版，第 61 页。

观点的人可能说国家对富人税重些是因为国家替富人做的事情比替穷人做得多；密尔否认这一点，因为假如没有法律或者政府，富人保护自己的能力一定比穷人大得多。密尔认为解决争端的唯一方法就是功利主义，"要想解决这种种的纠纷，除了功用主义的方式以外，是没有什么法子的"。①

密尔认为，既然在说明什么是公正的问题上总是会存在着多种彼此冲突的公正原则，那么，在断定什么是公正的问题上，如果依据的标准是其中的某一个公正原则，其结论也必定是有争议的。要得出一个公正的结果，合适的方法只能是根据每一个公正的原则或者由公正的原则所形成的公正系统的结果来判断，因为功利虽然有可能与某个单个的公道规则相冲突，但是却不可能与另一个与之竞争的公道规则相冲突。所以，"要想解决这种种纠纷，除了功用主义的方式以外，是没有什么法子的"。②

通过以上五个方面的阐释，密尔得出了正义与功利具有内在一致性和相容性的结论，"一切公道的例也就是利便的例"。③ "公道只当作一般功用之一类或一支"。④ "公道始终是这些非常重要的社会的功用的适当名词"。⑤

第二节　功利原则与个人权利

尽管密尔对功利与正义的一致性关系进行了辩护，然而功利原则作为道德的基本原则，仍然被指责为是与正义相冲突的。

正义概念和正义理论从其发展的历史来看，始终都没有离开权利概念。密尔认为正义的本质在于个人权利，露斯·麦克林也赞成密尔的观点："权利应当被合理地理解为派生的道德概念。我同意约翰·斯图亚特·穆勒的观点：我们称之为权利的东西是与我们所采纳的正义理论暗地里密切相联的。倘若要对权利之存在及权利传统的客观解决最终做出系统的判断，必须以完满的正义理论为中介"。⑥ 因此，"哪里有正义问题，哪

---

① ［英］约翰·穆勒：《功用主义》，唐钺译，商务印书馆1957年版，第65页。
② 同上书，第68页。
③ 同上。
④ 同上书，第46页。
⑤ 同上书，第69页。
⑥ 汤姆·L. 彼彻姆：《哲学的伦理学》，雷克勤等译，中国社会科学出版社1990年版，第319页。

里就有权利问题"。① 批评者对功利原则在正义问题上的指责也是从功利原则对权利的侵犯方面来进行的。这些指责包括两个方面：一方面，功利主义不能够认真地看待权利，另一方面，功利主义忽视了人的分离性。其实，这些责难对于密尔的功利主义是不具合理性的。在密尔那里，功利原则作为道德的基本原则并不必然导致对个人权利的侵犯，密尔与罗尔斯等人一样，是认真对待权利的。

一　功利最大化与个人权利

（一）功利最大化侵犯个人权利的责难

对功利原则作为道德的基本原则，最流行的批评是认为追求功利的最大化会导致对个人权利的侵犯。因为，第一，在密尔的功利主义思想中，虽然幸福概念是由多种元素构成的，但在批评者看来，作为一种后果论，密尔的功利主义后果论与其他的后果论一样，都以功利的最大化为道德的评判标准，虽然一般情况下功利与正义具有一致性，但从实践的长远性来看，追求功利的最大化可能会侵犯个人的权利，导致功利与正义的冲突。当二者发生冲突并不能兼有时，它们之间的内在一致性似乎难以说明。另外，个人权利被看成相对于公共的效用来说具有某种规范的优先性，这种优先性限制了对功利最大化的直接诉求，而功利主义以公共功利的最大化为道德的标准，会导致个人权利屈从于公共功利的最大化，因此，功利主义产生个人权利的可能性极弱，并且，为了利益，个人权利可能会被践踏。

第二，密尔与其他功利主义一样，认为某一制度或行为，只要它能产生最大的幸福（善），那么该制度或行为便是正当的。然而，如果我们以功利原则作为道德的基本原则，那么，社会的分配原则（包括责任与义务、社会权利与各种福利）就是追求满足的最大化，这就有可能为了多数人的更大获得而使少数人的较少损失成为正当，或者使少数人的权利受到侵犯成为正当。即在功利主义那里，少数人的欲望可以被功利最大化所凌驾，少数人的权利可以为了整体的利益而牺牲。这样，个人权利就成了整体功利最大化满足的派生物，如果能带来最大化的功利，那么，功利主义就可能承认奴隶制、预防性拘留或焚烧女巫的合理性，而不能提供充足

---

① 程立显：《伦理学与社会公正》，北京大学出版社 2002 年版，第 199 页。

的正义理论来谴责这种行为，保护个人权利。

对功利主义的这些批评最典型地体现在罗尔斯的理论中。罗尔斯在深入系统地揭示了功利与正义之间可能存在的紧张和冲突之后，从契约权利论的角度提出了作为公平的正义理论。罗尔斯认为，处在原初状态中的人必然会选择的关于正义的一般观念将是："所有社会价值——自由或机会、收入或财富、自尊的基础——都要平等地分配。除非对其中的一种价值或所有价值的一种不平等分配合乎每一个人的利益"。① 这个正义的一般观念要求对社会基本的善进行平等分配，而不是要像功利主义所主张的那样追求利益的最大化。他提出了分配正义的两个原则以及内含于其中的两个优先（自由的优先和正义对于福利与效率的优先）。虽然罗尔斯也关注结果，但他坚持最大利益满足的净余额的获得不能以牺牲人的自由权利为代价。他指出："社会的每一成员都被认为是具有一种基于正义，或者基于自然权利的不可侵犯性，这种不可侵犯性甚至是任何别人的福利都不可逾越的。正义否认为使一些人享受较大利益而剥夺另一些人的自由是正当的。把不同的人当作一个人来计算他们的得失的方式是被排除的。因此，在一定正义的社会里，基本的自由被看作是理所当然的。由正义保障的权利不受制于政治的交易或社会利益的权衡"。② "每个人都拥有一种基于正义的不受侵犯性，这种不可侵犯性即使以社会整体利益之名也不能逾越"。③ 在罗尔斯看来，仅仅以社会总体福利的满足为道德的基本标准是远远不够的，因为这可能为奴役制或各种严重侵犯人的基本权利和自由的主张作辩护。然而人的一些基本权利和自由是不能以总体福利的计算来剥夺的，所以还应该有更基本的正义原则和判断标准，它们与功利最大化的标准不应是一种平行的或从属的关系。如果功利主义仅仅以功利最大化作为道德的基本原则，那么功利主义理论就难以包容诸如自由、正义和权利这些概念，因为它们似乎和任何方式的行为后果毫无关联。

当代其他一些思想家，如诺齐克、德沃金等也对功利主义提出了批评，认为功利主义将权利与功利看作可以互相权衡的两种利益，因而，在某些时候就会将权利作为功利的权宜之计。在他们看来，个人的权利，尤

---

① ［美］罗尔斯：《正义论》，何怀宏、何包钢、廖申白译，中国社会科学出版社1988年版，第62页。
② 同上书，第25页。
③ 同上书，第3页。

其是其中的一些权利是任何人、任何时候都不能够侵犯的。

诺齐克比罗尔斯更进了一步，他主张人拥有绝对的、不可侵犯的个人权利——包括生命权、自由权和财产权，它们是他人和国家行为的边际约束，并且，有些权利是任何人或任何团体都不能侵犯的。他批评功利主义将人仅仅看成实现功利的手段。德沃金同样认为，"如果某人对某事享有权利，那么，即使否认这种权利符合普遍利益，政府否认这种权利也是错误的"。①

正是这些批评使得功利主义被指责可能会为了功利的最大化而侵犯个人的权利，因而，功利主义没有认真对待权利，不是一种真理性的理论。如法律实证主义者哈特就指出："真理注定不会存在于这样一种学说之中，这种学说将集体或一般公共福利的最大化当做其目标；相反，真理存在于尊重基本人权的学说中，这种学说要求保护特定的基本自由与个人利益"。②

其实，这些批评对于密尔的功利主义思想来说是不适用的，因为密尔的功利主义思想能够以其独特的方法容纳权利。

（二）密尔功利主义容纳个人权利的方法

密尔通过两种方法使得其功利主义思想容纳了权利：一是通过把人类关键性的利益设定为权利的基础，甚至是个人的基础权利，使得权利对于功利这个目标来说既是工具性的，也是构成性的，对权利的维护与对功利的促进并不矛盾，两者是一致的；二是把功利原则仅仅作为一个普遍的价值论原则，而不是行动的决策程序，通过诉诸次级原则作为行动的直接决策程序，使得功利原则可以协调我们对权利的尊重而实现功利原则对权利概念的容纳。

1. 人类关键性利益被设定为个人基础权利

在密尔看来，人性是嬗变的，因此，除了一些关键性的利益外，人类没有其他的利益和需求能够相对固定地被确定下来，所以，密尔认为保护人类关键性的利益是最为重要的，他甚至把对个人关键性利益的保护看成对个人基础权利的保护，而这些关键性的利益主要是指自治和安全的

---

① ［美］罗纳德·德沃金：《认真对待权利》，信春鹰、吴玉章译，中国大百科全书出版社1998年版，第325页。

② ［英］H. L. A. 哈特：《法理学与哲学论文集》，支振锋译，法律出版社2005年版，第212页。

需求。

密尔在《功用主义》一书中就明确指出："有一件权利就是有个社会应该保护我使我享有的东西"。① 不管是采用法律的手段，还是教育或舆论的力量。至于社会为何应该负有保护我使我享有这个东西的义务的原因，密尔认为只能是功利。"我只能够说是因为公益，（公共的功用），此外不能给他什么理由"。② 可见，密尔把权利看成一种保护性的或预防性的设施，权利的设置是为了保护公共的功利。

而这种能够使得社会的义务有如此大的力量，或者使我们产生如此强烈的报复欲望的公共的功利"就是安全，它是人人都觉得是一切利益中最有关系的事情……无论什么人，不需要安全是不可能的；我要免掉祸害，取得一切现在顷刻以外的福利，都全靠安全"。③ 没有安全"这个除了物质的营养以外最不可少的必须条件"，④ 我们任何人都不可能拥有任何有价值的东西。这里，密尔把安全看成人类关键性的利益之一。

此外，密尔还把自治的自由（自主）也看成人类关键性的利益之一种，是不容彼此侵害的。"那些警戒人类，叫他不要彼此相侵害的道德律（不要忘记了不合理的干涉别人的自由也是一种侵害）对于人类福利的关系，比任何其他无论多么重要，但只是指示处理某部分人事的最好方法的规律，都密切得多。"⑤ "所以，保护人人，使他不被别人侵害（无论是直接侵害，或是阻碍他，使他不能自由追求他自己的幸福）的道德律，不特是他本人最关切的，并且是他最有利于用言论或实践去提倡推行的"。⑥ 这里，密尔把自治的自由，看成是和人们应该获得的物质的或社会的利益一样重要的利益，如果人们侵害了这些利益，也就是侵犯了人们的权利，因而就是不正义的，是不正义的最显著的例子之一。在密尔看来，不正义的最显著的例子有两种，"或是不合理的以权力压人的行为；其次就是不合理地把持别人应得的东西，不给他"。⑦

正是因为安全和自主这些关键性的人类利益如此的重要，以致要设置

① ［英］约翰·穆勒：《功用主义》，唐钺译，商务印书馆 1957 年版，第 58 页。
② 同上。
③ 同上。
④ 同上。
⑤ 同上书，第 64 页。
⑥ 同上。
⑦ 同上。

保护它们的措施，这些措施就是权利，这里，密尔已经不仅仅把人类重要的利益看成权利的基础，而且，也把这些关键性的利益看成人类生存的基础权利，并"对别人要求他们共同保障这个我们生存的基础权利"。① 这些关键性的个人利益，作为个人的道德权利必须先于其他的利益而得到保护，它们不能够仅仅因为可能的功利总量的较大程度的促进而被侵犯或损害，而且永远也不能够拿来同其他人拥有的利益进行交换，否则，就是侵犯了人们的基础权利，就是不正义。在《孔德与实证主义》一文中，密尔指出："每一个人都有义务在尊重他人至关重要的利益的范围内有限度地追求其个体的目标"。② 因此，对于每个人来说，维护和促进其他人的关键性利益应该是他的一个正义的责任；对于一个正义的社会来说，保护其社会成员的关键性利益也应该是这个社会的政府所应具有的正义义务。与这些义务相对应，每个人的关键性利益的维护就成了不可侵犯的个人的基本权利，在与这些关键性的利益相关的个人的基本权利与其他权利发生冲突时，所有其他权利都要让位于这些权利。即是说，在与这些关键性的利益相对应的权利尚未得到尊重的情况下，其他的利益是不应该优先促进和发展的。

根据上面的分析可见，批评者对功利主义有可能为了最大限度地促进整个福利，从而侵害个人权利的指责，并不适用于密尔的功利主义。因为一方面，正如上面所分析的那样，密尔并不认为为了最大限度地促进整个福利，个人的基础权利是可以侵犯的。相反，在密尔看来，权利被看成保护某些人类关键性的利益不受任意侵犯的手段，正是那些关键性的利益，才有资格成为功利主义的目标之一；也正是这些关键性的人类利益的道德重要性，赋予了权利独特的道德力量，使权利本身也成了功利主义所要促进的道德价值。因此，这些权利不仅是不能够被侵犯的，而且对这些权利的尊重还成为功利主义所要促进的目标之一。因为在密尔那里，尊重权利就是促进功利，尊重权利本身就是所要促进功利这个总目标中的一个子目标，即权利本身对于功利这个目标来说不仅是工具性的，而且是构成性的，那么，尊重权利与促进功利这个总目标就不相矛盾，相反，尊重权利就成了保护功利主义所确认的人类价值的最有效的方式。

① ［英］约翰·穆勒：《功用主义》，唐钺译，商务印书馆1957年版，第58页。
② 曹海军：《权利与功利之间》，江苏人民出版社2006年版，第62页。

　　另一方面，在某些情形下，确实存在着权利与利益之间的冲突，然而，这种冲突意味着那种利益也是极为重要的，以致它为设定某些权利提供了根据（前面的论述已经表明，在密尔那里，权利的义务根据在于功利），甚至，这些利益就可以被看成权利，因此，权利与利益的冲突实际上就成了权利之间的冲突。正如大多数权利理论家都同意的，至少在某些情形下，如果权利发生冲突，那么，违背一个权利以保证一些更重要的权利不被违反，并没有因此而剥夺那个权利的道德力量，因为那个权利在其权限范围内仍然具有自己的道德力量①（这里，关于"权利的道德力量"的界定，我们采用了莱昂斯的观点，在莱昂斯看来，一个权利的道德力量是指：在权利所提供的阈限内，权利的拥有者能够自由地决定他的选择和行动，而不受其他人和政府的干预）。②

　　然而，在批评者看来，问题还是没有完全解决，因为在权利发生冲突时，究竟是维护哪个权利，在功利主义那里始终是根据功利或幸福来作根据进行裁决。虽然在某些情形下，如果人们对功利主义者所指定的价值（功利）是没有争议的，那么，根据这些价值来进行裁决相关的权利并不会导致任何异议。然而，对于什么是人类的幸福（功利）这个问题，人们的理解是有争议的，所以，以幸福为根据来裁决冲突的权利仍然是有缺陷的。对于这个问题，密尔认为可以根据次级原则来解决。

　　2. 功利原则被设定为价值论原则

　　在把功利原则作为道德的基本原则的问题上，密尔与边沁有不同的观点。边沁把功利原则直接应用于道德决策中，而在密尔那里，功利原则并不是直接的决策程序——规定一个人在特定的情形下应该如何行动的方法，功利原则并不是一个关于道德正确性的原则，而是一个价值论的原则。即功利原则不是直接被应用于衡量行动的正确性的原则，而是充当一个普遍的评价原则。对于行动的正确性的评判，需要通过一些次级的原则来进行。密尔在他1843年的论文《论边沁》中指出，在"正确的解释下"，他愿意接受边沁的功利原则，但必须反对"在所有道德事情的细节上的正确思考都依赖于它的明确主张"。即密尔认为不能在任何时候都以

---

　　① 徐向东：《自我、他人与道德——道德哲学导论》下册，商务印书馆2007年版，第779页。

　　② 同上书，第773页。

边沁所说的功利（"快乐"或"幸福"）来裁决行为的是非。这主要由于两个方面的原因：

一是由于功利是一个不能明确地确定的目的。他说："功利或者幸福是一个太复杂和太不确定的目的而不能寻求，除非通过第二序列的目的作为中介。关于这些第二序列的目的可能是和通常是什么的问题，在不同意见的人们之间一致的看法是最终标准问题……那些把功利作为标准的人们很少真正应用它，除非通过第二原则；而那些反对把功利作为标准的人们，他们所应用的第二原则通常可以上升为第一原则。当两个或者更多的第二原则发生冲突时，直接地诉诸于第一原则才成为必要"。①

二是由于功利原则不只是道德领域中的第一原则，更是生活的艺术中的最高原则。在密尔看来，道德是一门生活的艺术，而科学和艺术是不同的，科学由一些可以使普遍的东西概念化的原则组成，而艺术，它的存在只是为了给行为提供一种规则，以便使行为能够把科学的真理运用到实践中去。②

"尽管与每一种艺术的目的和手段相关联的推理属于科学的领域，但目的自身的定义属于艺术，并形成它特定的领域。每一种艺术都有一个第一原则，或一个并非借助于科学的普遍的主要前提；这个原则阐明所要指向的目的，并确定它是可欲的目的……科学的命题断定一个事实；一种存在，一种共存，一种连续性，或者一种类同之处。现在所说的命题并不断定是任何东西，而是命令或者劝说应该是某些东西"。③ 即密尔认为科学告诉人们是什么或可以做什么，但不能告诉人们应该做什么，是否应该做什么，后者是艺术所做的事情。所以，密尔认为道德是一门艺术而不是一门科学，事实上是一门次一级的艺术，是"生活的艺术"的子级。密尔指出："适当地被称为原则的团体的生活的艺术之内有三部分：道德、审慎或策略、审美；在人类行为和事务中的权利、便利和美丽或高尚。所有其他的艺术都从属于这个艺术（其主体不幸地仍在被创造）；既然它的原则是那些必须决定任何艺术的特定目的是否是有价值的和可欲的，并决定

---

①　John R. Fitzpatrick, Reconciling Utility with Liberal Justice—John Stuart Mill's Minimalist Utilitarianism [the Paper of Doctor of Philosophy], Knoxville: The University of Tennessee, 2001, pp. 147 – 148.

②　Ibid. , p. 140.

③　Ibid. .

在可欲的东西的范围内，这个目的处于一个什么位置。因此，每一种艺术是由科学所揭示的法则的性质的相关结果，或者是被称为目的论或目的原则的普遍原则的相关结果"。①

可见，在密尔看来，生活的艺术是由多种艺术组成的整体，每一种艺术又有自己相应的原则，因此，生活的艺术就是由多种原则组成的整体。道德对于密尔来说只是生活艺术这个整体中的一个次一级的艺术，也是他整个价值论图景中的一个部分。一种艺术的关键作用在于以一种允许我们完成实践目的的方法以适应我们的科学理解。所以，对于密尔来说，如果生活的艺术是存在的，那么这种艺术就有一个目的；如果目的论是存在的，就必定有一个终极目的。② 而功利原则是密尔整个生活艺术领域中的，也是它的整个价值论方案中的第一原则。密尔在《逻辑学体系》中曾指出："在生活实践中的其他部分，有些一般原则或标准必须得以确立。按照我的理解，如果能够正确地选定这个原则，则它不仅能够成为经济领域、政治领域和鉴赏领域的第一原理，而且也能成为道德的第一原理。我并不想在这里来论证我的意见，我也不想在这里来定义这个第一原理所需要的论证，我只是宣布我的如下信念：所有实践规则所必须遵从的，并据以检验之的一般原则，就是导致人类及其他一切有感觉力的存在物的幸福的原则；换言之，增进幸福是目的论的第一原则"。③ 可见，密尔的功利原则是生活的艺术中的最高原则，也是道德领域中的第一原则。道德领域中的其他规则是否有效都要遵照它来评判，即评判一个规则是否是道德的，主要看它是否增进幸福。也就是说，功利原则不是直接评判行动的道德正确性的直接标准，而是评判规则的道德正确性的直接标准。

的确，在几乎所有的实践的情形下，密尔从不直接诉诸功利原则来对行为进行评判，而是通过诉诸次级原则来完成的。密尔在《功用主义》中认为，不管我们信奉什么理论，在实践中诉诸次级原则是必要的，他说："无论我们采取什么做道德的基本原理，我们总要有次要的原理，以

①　John R. Fitzpatrick, Reconciling Utility with Liberal Justice—John Stuart Mill's Minimalist Utilitarianism [the Paper of Doctor of Philosophy], Knoxville: The University of Tennessee, 2001. 141.

②　Ibid. , p. 142.

③　John Stuart Mill, *System of Logic: Ratiocinative and Inductive*, London: Longmans, Green, and Co. , 1886, p. 621.

便应用那基本原理"。① 即使是信奉正统派基督教的基督徒，虽然他们相信《圣经》的无误和字面上的真理，但他们也不可能在每次要做决定的时候，先停下来去通读《圣经》，寻找一段可应用的话。这就是他们为什么研究《圣经》的原因；这样他们就会知道相关的段落在哪里。类似地，功利主义者也不总是能够计算功利，并且也不必要这样做。在我们的次级原则的结构方面，我们拥有几千年的人类历史经验予以指导，这些经验形成了人类的道德规则，这些道德规则就是指导人类行为的次级原则。"人类的过去历史的全部时间都是，在那个全部期间，人类由经验知道各种行为的趋势；人生的一切利害上打算并一切道德上规律都是依据于这种经验的……假如有人设想人类同意认功用为道德的标准，就不会对于什么是有用这个问题上有相同的见解，并且不会设法把他们的对这个的观念教给青年，并用法律与舆论援助这些观念……人类到现在对于某些行为对他们幸福的影响必定已经有了确定的信仰；这样传下来的信仰就是大众的道德规律，并且在哲学家还未找到更好的规律的时候，这些信仰也就是他的道德律"。② 密尔认为，在通常的情况下，次级原则对于指导我们的行动是足够的。一般来说，人们如果按照这些已经被培养起来并得到内化的道德规则来行动，那么，就有助于促进长期的社会效用，因为次级道德原则是规定一般的道德权利与义务的原则，对一个行为的道德正确性的判断一般依据的正是这些次级原则。然而，根据次级原则行动在一些情况下会发生冲突，这时就需要诉诸功利原则；而且，次级的道德原则是不系统的，这些原则本身也没有得到合理的辩护。因此，次级的道德原则需要根据功利原则进行反思，以便形成更完善的道德原则。当然，即使次级原则是不完善的，需要作出改善，也不能够以此为借口来直接采用功利原则作为行为评判的标准。密尔就指出："认道德可以改进是一回事；完全跳过中间的通则，想要用第一原理直接考核件件行为是另一回事。以为承认一个第一原理与承认有些次起原理这两件事是互相冲突的：这种想法是很奇怪的"。③ 功利原则主要的作用在于，当次级原则之间出现不一致的时候，提供一种解决冲突的方法论。

---

① ［英］约翰·穆勒：《功用主义》，唐钺译，商务印书馆1957年版，第25页。
② 同上书，第24—25页。
③ 同上书，第25页。

　　如密尔在《功用主义》一书中就指出,存在着许多正义原则相冲突的情况,如在处罚的问题上、在刑罚的分派方法上、在赋税的分配方案上等。当正义原则发生冲突时,如果"由公道的理论去决定采取哪一个观点一定是'以意为之'的。只有社会福利才能够决定哪一个好"。①

　　可见,密尔强调以功利原则为道德的基本原则,但并不是强调以功利原则作为道德评判的直接依据。相反,密尔非常强调对次级原则的遵守,他指出,承认功利原则作为终极原则并不意味着要排除次级原则,就像告诉旅行者旅行的目的地,但这并不禁止他在通向目的地的过程中使用界标和路牌。因此,正如厄姆森所言:"密尔对行为的道德确证只在于行为是否与道德原则相符,行为的道德性并不直接依赖于其具体的结果。"②

　　既然,在密尔那里,功利原则不是对行为进行直接判断的原则,也不是行动的直接决策程序,而是一个普遍的价值论原则,对行为合理性的判断、行动的决策,需要诉诸一些次级的原则。而这些次级原则,既涉及对人们生命和财产安全等方面的根本利益的保护,也涉及自由、公正等这些促进人类幸福所必需的社会条件的促进。因此,在密尔那里,由这些次级原则所确立起来的权利和义务,在经由法律制度和社会舆论的维护和强化之后,就得到了认真地对待。而且,在密尔那里,认真对待这些次级原则所确立的权利和义务并不与功利最大化相冲突,相反,二者是一致的。因为,一方面对这些次级原则的严格遵从、对次级原则规定的权利的严格尊重、对次级原则所规定的义务的严格履行,从长远来看,将有利于社会功利的最大化;另一方面,这些次级原则并不要求人们选择功利最大化的选项,而是要求我们对义务的履行和对权利的尊重,因此,这些次级原则就可以协调我们对权利的尊重。这样,密尔就不仅通过对次级原则的肯定和强调使其理论容纳了权利、正义等重要范畴,而且也通过次级原则与终极原则之间的关系说明了权利与功利的一致性关系。正如当代著名的功利主义研究者戴维·莱昂斯(David Lyons)所认识到的那样,"密尔的理论以原则来确定道德责任与义务的话,那么,功利主义就是认真对待权利的"。③

　　的确,如果权利的设定必须是个人主义的,对功利的追求不可避免地

---

　　① [英]约翰·穆勒:《功用主义》,唐钺译,商务印书馆1957年版,第62页。

　　② Smith, G. W., *John Stuart Mill's Social and Political Thought—Critical Assessments*, London and New York, Routledge, 1998, p. 245.

　　③ Ibid., p. 302.

涉及在个体利益之间进行权衡与交换，那么，在尊重权利与追求功利的最大化之间，确实可能会产生冲突，然而，这些冲突的存在，并不意味着密尔的功利主义道德理论不能够产生和辩护真正的个人权利。密尔通过把人类关键性的利益看作个人的基础权利，通过诉诸一些次级原则来评判行为的道德正确性这两个方面，使得其功利主义容纳了权利、正义概念，使功利主义所遭受的对个人权利的侵犯、与正义不相容的指责得到了一定程度的辩护。可见，密尔的功利主义理论不仅是重视权利的，而且，还为我们提供了一种应该如何设定权利的说明，同时，也为分析一种权利在特定情形中的权限范围提供了基础。因为密尔把人类关键性的利益看成权利的基础，即密尔为我们提供了根据人类关键性利益来设定权利的说明。此外，因为我们对什么样的利益是人类关键性的利益不是恒定不变的，而是根据特定的情景来判断的，所以，对这个问题的理解也必定是不断变化的，那么以人类关键性利益为基础的权利也必定是相对的。因此，要界定一个权利的权限就必定是根据特定的人类条件和人类生活状况来进行的，这就是密尔为我们提供的分析一个权利在特定情形中的权限范围的基础。

然而，密尔功利主义理论容纳权利的方法也并不是完美无缺的，还存在着一些问题，如密尔的功利主义要求我们，当次级原则即不同的目标发生冲突时，我们最终要诉诸功利原则，诉诸人类幸福这个更高级的价值。然而，这些冲突问题根据功利原则有时也是不可能得到解决的，因为，在什么是人类真正的幸福这个问题上，人们或许暂时无法达到理性的共识。当然，诸如此类问题的存在，似乎并不影响密尔功利主义理论对权利、正义范畴的容纳。而且，密尔也认识到了这个问题，所以，他在《论自由》中指出，虽然"在一切道德问题上，我最后总是诉诸功利的；但是这里所谓功利必须是最广义的，必须是把人当作前进的存在而以其永久利益为根据的"。① 即密尔已经认识到了功利作为道德的基础或者权利的基础时，或许只有随着人类的不断进步，权利的冲突、道德的分歧才可能逐渐得到解决。

二 功利原则与人的分离性

（一）关于功利原则忽视人的分离性的责难

功利主义以功利原则为道德的基本原则，遭到了忽视人的分离性的指

---

① ［英］约翰·穆勒：《功用主义》，唐钺译，商务印书馆1957年版，第12页。

责。批评者认为，如果功利主义只追求功利总量的促进，即对功利的促进采纳一种积聚性（aggregative）的解释，只要总体功利能够最大限度地得到促进，功利主义是不关心最大限度地促进功利的人是谁，谁从中得到了好处，谁受到了伤害等问题的，因此，功利主义忽视了个人的分离性。①如罗尔斯就指出，功利主义在社会协作问题上，把仅仅适用于一个单一的个体的选择原则，扩展为一个社会的选择原则，这种扩展好像把所有的人都合并为一个人，导致了对人与人之间的分离性的忽视，所以，"功利主义并不在人与人之间做出严格的区分"。② 因为，根据功利主义的道德观，假如为了向某个人提供较大的利益，我们只有通过向另一个人施加较小的负担才能够实现，那么，在其他条件都等同的前提下，向那个人施加负担在道德上就是应当的。诺齐克认为功利主义的道德观在这点上是有问题的，因为与一个人为了更大的利益而牺牲某个利益可以自动地得到补偿不同，在跨人际的情形下，承担负担的那个人并不因此就会得到经过平衡的好处，另一个人得到的好处并不总是使得承担负担的那个人的生活过得越来越好，其原因在于个人是分离的，一个人得到的更大好处并不总是在道德上超过另一个人所承担的负担。诺齐克指出："相对于一个利益而论，并没有社会实体这样的东西……他的生活就是他所具有的唯一的生活"。③既然没有"社会实体"这样的东西，只有作为个体而存在的单一的、独立的个人，那么，为了其他人的利益而牺牲一个人的利益，或者利用一个人，而他本人并没有从他所付出的牺牲中获得任何好处，这就是把那个人当成手段而不是目的，而且，他本人没有获得通过使用他自己的体力和智力所得到的东西，或者没有获得通过使用他原来占有的资源所得到的东西，就是对他自我拥有权（self-ownership）的侵犯。托马斯·内格尔也持同样的观点，他指出："为了另一个人而牺牲一个人的生命，或者为了一个人的幸福而牺牲另一个人的幸福，与在一个单一的生命中为了一个满足而牺牲另一个满足是截然不同的"。④ 德沃金指出："如果某人享有某项权

① 徐向东：《自我、他人与道德——道德哲学导论》下册，商务印书馆 2007 年版，第543—544 页。

② ［美］罗尔斯：《正义论》，何怀宏、何包钢、廖申白译，中国社会科学出版社 1988 年版，第 24 页。

③ 徐向东：《自我、他人与道德——道德哲学导论》下册，第547 页。

④ 同上书，第548 页。

利，那么，政府出于公益的考虑而否定此人的权利的行为就是错误的"。①总之，在这些批评者看来，功利主义只要求人们以一种优化的方式来促进整体福利，利益和负担在人与人之间的具体位置是道德上无关的，而且，最大限度地促进总体福利具有最高的道德重要性。如果这个目标与个人的利益、需要或偏好发生了冲突，那么，个人就应当放弃自己的这些利益、需要或偏好。这样，功利主义在要求我们促进最大多数人的最大幸福时，把每个行动者的利益和幸福就只看成整个人类幸福中的一个原子，因而，忽视了人的分离性。威廉斯就认为，功利主义为了社会功利的最大化，要求道德行动者放弃那些给予他们的生活以意义的目标和计划，那么，功利主义就对他们施加了过分严厉而不可接受的要求。而且，如果功利主义确实要求人们作出这样的牺牲，那么，它就忽视了人的分离性。

（二）功利最大化与个人责任

其实，在密尔的功利主义理论那里，坚持功利原则并没有忽视个人的分离性，因为，功利最大化并不是人们的道德责任，也并没有总是为了社会功利的最大化，而要求道德行动者放弃那些给予他们的生活以意义的目标和计划。在密尔的功利主义那里，有两个方面可以说明密尔没有忽视个人的分离性：一方面要求人们平等地对待自己的利益与他人的利益，首先要关注自身的利益，但不能够伤害别人的利益，而是要关心他人的利益，甚至在一些极端的情况下，还可能要牺牲自己的利益，但这种牺牲不能够被强制，而是要承认甘心做这种牺牲是人类的最高美德。另一方面作为个人道德责任的不是功利最大化，而是不伤害他人。

1. 个人利益与他人利益

密尔的功利主义并不忽视个人的分离性，首先体现在他对每一个个人利益的重视上。对于"认为功利主义要求我们总是以促进社会的普遍福利作为行动的动机"的观点，密尔是反对的。在个人利益与他人利益的关系上，密尔认为要平等地对待自己的个人利益与他人利益，每个人首先要关注自己的利益，但不能够忽视他人的利益，更不能够伤害他人的利益。

一方面，密尔认为，我们每个人对于自己的利益、某些少数人的利益

---

① 曹海军：《权利与功利之间》，江苏人民出版社 2006 年版，第 10 页。

是他必须留意的，功利主义的思维方式并非是要专注于世界或社会全体，而是关注个人自身。他说："大多数的好行为不是要利益世界，不过要利益个人"。① 每个人能够大规模地促进公共的利益的机会是很少的。在《功用主义》中，密尔指出："依功用主义伦理学，增多幸福是德行的目的；任何人（除开千人中之一以外）能够大规模地增多幸福（换言之，作公众的恩人）的机会是例外的；并且，只有遇到这些机会，他才要考虑到对公共的功用；在一切别的场合，只有对私人的功用，某些少数的人的利益或幸福，是他必须留意的"。② 密尔认为："每个人是他自己的权利和利益的唯一可靠保卫者——是深谋远虑的基本准则"。③ 因为，"每个人或任何一个人的权利和利益，只有当有关的人本人能够并习惯于捍卫他们时，才可免于被忽视"。并且，"从事于促进普遍繁荣的个人能力愈大，愈是富于多样性，普遍繁荣就愈达到高度，愈是广泛普及"。④ 所以，"一切为自己谋利益的性格也都属于积极的和有力的性格，因为促进社会每个成员的利益的习惯和行为无疑至少是到头来最有助于整个社会进步的习惯和行为的一部分"。⑤

密尔在这里事实上是表明：每一个个人都是分离的，每一个个人的利益是首先要关注的，没有个人利益的实现，对公共利益的促进就是一句空话，因为，"世界的利益就是个人利益合成的"。⑥ 所以，每个人对自己幸福的关注和促进，就成了促进公共福利的一个有效途径。

另一方面，密尔又认为，每一个个人在关心自己利益的同时也要关心他人的利益，要平等地对待每一个个人的利益。密尔指出，人类在生活上是彼此相关的，每个人的利益与他人的利益也是密切相连的，因此，人们要平等地对待每一个个人的利益。他在《论自由》中就批评了那种认为人类彼此之间在生活中的行为各不相关，因此每人除非牵涉到自己的利害就不应当涉身于他人的善行或福祉的观点，他认为这样的看法是"一个很大的误解"。⑦ 因为，"虽然人通常总是爱自己胜于爱别人，爱和自己接

---

① ［英］约翰·穆勒：《功用主义》，唐钺译，商务印书馆1957年版，第19—20页。
② 同上书，第20页。
③ ［英］J. S. 密尔：《代议制政府》，汪瑄译，商务印书馆1982年版，第44页。
④ 同上。
⑤ 同上书，第48页。
⑥ ［英］约翰·穆勒：《功用主义》，唐钺译，第20页。
⑦ ［英］约翰·密尔：《论自由》，许保骙译，商务印书馆2005年版，第90页。

近的人胜于爱较疏远的人"，① 但人们应该关心他人利益，"功利主义者需要行为者对于自己的与别人的幸福严格地看作平等，像一个与本事无关而仁慈的旁观者一样"。② 甚至于"为着促进他人的好处的无私效劳绝不需要有任何降减而是需要大大增加的"。③ 对于"一个毫无抱负，不想使任何别人幸福，不想促进自己国家或邻人的福利，或是改进自己精神上的美德的知足的人，或是知足的家庭，既不会引起我们的赞美，也不会得到我们的赞同"。④

密尔拒绝在积极的善和消极的善之间划出一条界线，即认为不必要在不伤害别人和帮助别人之间区分开来。密尔经常强调，人们对别人具有的义务不仅在于不主动地伤害别人，也在于当别人明显需要帮助时提供这种帮助。"还有许多积极性的对他人有益的行动，要强迫人们去做，也算是正当的……凡显系一个人义务上当做的事而他不做时，就可要他对社会负责，这是正当的。须知一个人不仅会以其行动遗患于他人，也会因其不行动而产生同样的结果，在这两种情况下要他为此损害而对他们负责交待，都是正当的"。⑤ "凡人若既非迫于某些更具必要性的义务，又在自己择取方面并无说得过去的正当理由，而竟失于对他人的利益和情感给以它们一般应当得到的考虑，他就成为道德不谅的对象"。⑥

密尔之所以如此强调对他人的帮助，是因为在密尔看来，如果每个人都毫无限制地追求自我利益，不太可能产生对于每个人来说都极为理想的结果。相反，如果每个人都能够平等地对待自己的利益与他人的利益，不仅重视自己的利益，也重视他人的利益，就有助于消除世界上的大多数祸害。密尔指出："世界上的重大的确实的祸害大多数，就它本身论，是可以消除的，并且假如人事继续地进步，最后要缩到很小范围的。贫穷，在含有苦痛的任何方面论，可以由社会的明智与个人的练达及节俭把它完全免除"。⑦ 当然，要使人们做到真正地平等对待自己的利益与他人的利益，也要依靠改善社会制度的安排，形成正确的社会舆论导向来实现。他说：

---

① ［英］密尔：《代议制政府》，汪瑄译，商务印书馆 1982 年版，第 44 页。

② ［英］约翰·穆勒：《功用主义》，唐钺译，商务印书馆 1957 年版，第 18 页。

③ ［英］约翰·密尔：《论自由》，许保骙译，第 90 页。

④ ［英］密尔：《代议制政府》，汪瑄译，第 50 页。

⑤ ［英］约翰·密尔：《论自由》，许保骙译，第 12—13 页。

⑥ 同上书，第 97 页。

⑦ ［英］约翰·穆勒：《功用主义》，唐钺译，商务印书馆 1957 年版，第 16 页。

"第一、法律与社会组织应该使个个人的幸福或（从实际方面说）利益，尽量与全体利益调和；第二、教育与舆论……应该利用这种大势力向人人心上把他一己的幸福与全体的福利成立个不解的联结，……教育与舆论熏陶的结果，不特要使他不能够设想妨碍公益的行为与他自己的幸福会相容，并且要做到促进公益的直接冲动可以成为人人的惯有的行为动机之一"。①

可见，密尔对个人利益是极为重视的，他把对个人利益的重视看成实现社会功利最大化的必要途径，密尔的功利主义理论并没有忽视人的分离性。

2. 功利最大化与不伤害他人

密尔认为，功利主义虽然也希望人们促进公益的冲动成为人人惯有的行为动机之一，但不是唯一的动机，更不是人们的道德义务。在密尔那里，每个人的平等义务是使伤害最小化，积极援助他人是不完全的义务，促进公共的功利和幸福是值得的，甘愿牺牲自己和自己的幸福是人类最高的美德，但是使功利最大化并不是个人的义务。

（1）不伤害他人——个人的道德义务

密尔认为不伤害他人是每个人的义务。在密尔看来，生活的艺术有"三个部分：道德、审慎或方针和审美；权利、利便和美丽"。② 虽然所有这些领域都以功利原则作为它们的第一原则。但道德领域与审慎、审美情趣、政治是不同的，应该把它们区分开来。密尔所指的促进幸福的行为，不是审慎的行为就是道德上值得称颂的行为，但只是有限的一些行为在道德上有义务去促进幸福。正如爱德华兹所认识到的那样，密尔认为"道德的正确与错误、道德规则、道德义务和道德德行"由于涉及幸福的促进，可以看成是同一的，"但是这种涉及显然不是一种简单的同一"。③ 因为一个行为仅仅促进幸福并不意味着这是它的道德义务。特别是这种幸福是他自己的幸福的时候。

对于什么样的义务才是道德义务的问题，密尔在《功用主义》一书中作了详细的描述。他指出："义务是可以强索的，像债务可以强索一

---

① ［英］约翰·穆勒：《功用主义》，唐钺译，商务印书馆 1957 年版，第 18 页。

② John R. Fitzpatrick, *Reconciling Utility with Liberal Justice—John Stuart Mill's Minimalist Utilitarianism* ［the Paper of Doctor of Philosophy］, Knoxville: The University of Tennessee, 2001, p. 142.

③ Ibid., p. 107.

样。假如我们不认为可以强制他履行，我们就不说是他的义务"。① 即强制性是义务的特性，有一种义务就是他必须履行的，有这个义务的本人是没有诉苦以求免履行的资格的，如不履行，别人就可以强制他履行；相反，如果有一些事情不是他的义务，如果为了明哲保身，或为了别人的利益，都不能够强制他履行。有些事情对于他自己或他人是有利的，但不是他的义务，他做了，我们应该称赞他，他不做，我们即使不喜欢或看不起他，也不能够强制他做，或惩罚他，因为这不是他的义务。

　　密尔在这里显然是想限定道德责任的领域。在密尔看来，属于道德责任领域的行为是道德上应该制裁的不道德行为。但"不道德"和"不利便"的行为是不同的。当一个人以一种对自己的促进是无效用的方式行动时，或者以不遭反对的方式伤害其他人时，他的行为属于"不利便的行为"；但当一个人已经对他人导致了无效用，他的行为就是不道德的，是应该惩罚的行为，不管这种惩罚是法律的制裁、公众意见的谴责，还是个人自己良心情感的折磨。在密尔看来，只有那些伤害了别人的人，或者不肯履行自己职责的人才应该受到道德制裁。密尔不止在一个地方表明了这个观点，在《论自由》中，密尔就指出："对于文明群体中的任一成员，所以能够施用一种权力以反其意志而不失为正当，唯一的目的只是要防止对他人的危害"。② 在《孔德的后期思想》中，密尔也指出："作为一条行为规则，我们认为制裁只应该在于试图防止人们伤害别人或者忽视作那些他们已经许诺要做的好事，要求只在于这一点，处于一个宽容的环境下的社会所达到的目标更多；对于人性的自然活动，阻止所有那些有害的方面，将扩大其自身有用的方面，这就是我们由人类信仰所规定的人类道德规则的概念。但是，上面的道德标准，道德价值没有一个限制的范围，一直到最高尚的英雄行为。尽管这种行为不是要转化为一种义务，但应该是由积极的鼓励去培植的"。③ 在这里，密尔明确指明了道德责任领域的范围是那些由道德规则规定的行为，这些责任包括不伤害他人、履行道德规则规定的义务、履行已经许诺要做的好事，等等。在《孔德与实证主义》一文中，密尔对于人的道德责任就是不伤害他人这个观点也进

---

① ［英］约翰·穆勒：《功用主义》，唐钺译，商务印书馆1957年版，第52页。
② ［英］约翰·密尔：《论自由》，许保骙译，商务印书馆2005年版，第10页。
③ John R. Fitzpatrick, Reconciling Utility with Liberal Justice—John Stuart Mill's Minimalist Utilitarianism［the Paper of Doctor of Philosophy］, Knoxville：The University of Tennessee, 2001, p. 129.

行了明确的说明："利他主义有一个标准，超出这个标准的限度，就不再是义务，而是值得嘉许，对每一个追求自我目标的人来说，都有义务将自己的追求限制在与他人的基本利益一致的范围之内，这个限制就是道德和惩罚的范围，对任何人实施强制的行为是：不伤害他人的行为，不阻止对他人没有任何伤害的行为就是对他人的行善"。① 密尔在《论自由》中也明确指出不伤害他人是每个人的道德义务。他说："每人既然事实上都生活在社会中，每人对于其余的人也就必得遵守某种行为准绳，这是必不可少的。这种行为，首先是彼此互不损害利益，彼此互不损害或在法律明文中或在默喻中应当认作权利的某些相当确定的利益；第二是每人都要在为了保卫社会或其成员免于遭受损害和妨碍而付出的劳动和牺牲中担负他自己的一份"。②

密尔认为，功利主义伦理学系统与其他伦理学系统一样，"都教人凡是显然有害于社会的行为都要禁戒"。③ 这里，密尔不仅明确表明了不伤害他人就是人的道德责任，而且表明了道德责任的范围就是道德惩罚的范围，惩罚的目的就是为了使其履行义务；而对于道德价值密尔则认为没有一个限定的范围，也不需要转化为义务并强制履行，而是予以鼓励，即使是最高尚的行为也是应积极鼓励的。"对于什么事情应该按照利他主义的方式进行是有一个标准的，而不在这个范围内的事情按照利他主义的方式进行就不是义务而是有功。对于每一个人来说，他的职责所在就是在与其他人的基本利益相容的限度内去追求自己的个人目标。这些限度是什么就是要由伦理学作决定的范围。而惩罚和道德谴责的正当职责就是使个人和个人的集合的行为保持在这个限度之内"。④ 即伦理学只规定义务的范围，而不规定利他主义的范围和限度。道德惩罚也只涉及道德责任，而不涉及利他主义行为，"有些别的事情，我们很愿意人去做……然而我们承认他们不是非做不行；这不是道德的义务；我们不加罪于他们，那就是说，我们不以为他们应该受罚"。⑤

---

① Smith, G. W. , *John Stuart Mill's Social and Political Thought—Critical Assessments*, London and New York, Routledge , 1998, p. 116.

② ［英］约翰·密尔：《论自由》，许保骙译，商务印书馆 2005 年版，第 89 页。

③ ［英］约翰·穆勒：《功用主义》，唐钺译，商务印书馆 1957 年版，第 20 页。

④ John R. Fitzpatrick, *Reconciling Utility with Liberal Justice—John Stuart Mill's Minimalist Utilitarianism* [the Paper of Doctor of Philosophy], Knoxville: The University of Tennessee, 2001, p. 128.

⑤ ［英］约翰·穆勒：《功用主义》，唐钺译，商务印书馆 1957 年版，第 53 页。

由上面的分析可见，密尔把不伤害他人看成个人的道德义务，对不履行义务的人的惩罚的目的是为了使人们更好地履行这种道德义务，不伤害他人与惩罚伤害的人就是道德义务的要求。而正是密尔对道德义务的这个规定，使得密尔的功利主义理论容纳了权利和正义概念。因为，在密尔那里，不伤害他人与保护他人的权利是一致的。他说："公道感情的两个要素是：要处罚施行侵害的人，和知道或相信有一个或一个以上确定的人受害"。① 并指出："我总是认被损害人所有的而由这种损害被侵犯了的权利这个观念不是公道观念与感情的一个另外的成分，只是其他的两个成分表现的形式之一种。这两个成分就是有确定的人受伤害，和我们要求加罚于施行伤害的人这两件"。② 可见，密尔把对权利的侵犯看成与"有确定的人受伤害，和我们要求加罚于施行伤害的人这两件"是同一件事情，因此，在密尔那里，保护权利就是避免伤害，不侵犯他人权利是避免伤害的基本要求。从这个意义上说，密尔把避免伤害看成个人的道德义务就是把保护权利看成个人的基本道德义务，避免伤害与保护权利是一致的。

（2）积极援助他人——不完全强制的义务

密尔把义务划分为完全强制性的义务和不完全强制的义务。"完全强制性的义务，是别人有与他相当的权利的义务；不完全强制的义务是不发生任何权利的义务"。③ 密尔把不伤害他人作为完全强制的义务，把慈善或仁恩作为不完全强制的义务，虽然对不完全强制的义务的履行，不一定是要对某个人或在某个时候实行。但这种义务也是应该履行的义务，如果在某种特殊情况下，某种极其重要的社会义务需要履行，又不得不侵犯到有些人的权利时，密尔认为，侵犯这些人的权利而履行这种义务并不会违背正义原则，也没有对他们施加过分严厉的要求。相反，这样做是我们应尽的义务。这是因为，在这种情形下，原来属于正义的事情，现在由于某个道德原则已经使它成为不正义的事情了，原来需要保护的权利在这种情况下应该让位于另一种更为重要的权利。正如密尔所说，这"并不是公道一定要对有些别的道德原理让步，不过是在普通情形之下公道的事情，因为那个别的原理，在这个特别情形之下就不是公道"。④ 密尔举了一个

① ［英］约翰·穆勒：《功用主义》，唐钺译，商务印书馆1957年版，第55页。

② 同上书，第57页。

③ 同上书，第53页。

④ 同上书，第68页。

例子来说明这个问题："例如，我们是正要救一条人命，不特可以偷窃或劫夺必需的食物或药品，或是掳绑唯一的能救他的医生，逼他施术，而且我们要这样做是一个义务"。①

密尔这里的观点，实际上与他关于人类关键性的利益就是个人的基础权利、是权利的基础的立场相一致的。在密尔看来，权利是建立在人类关键性的利益的基础上的，保护权利与保护人类关键性的利益是一致的，而正义本身就关涉到对相应权利的保护。由于那些关键性的利益关系到人们自身的安全和社会合作的条件，因此，这些利益与其他利益相比，就具有某种规范的优先性，即在与这些关键性的利益相对应的权利尚未得到尊重和保护的情况下，其他的利益和权利是不可能得到合适的促进和发展的。正是在这个意义上，密尔认为，当其他权利与这些关键性利益相对应的基础权利发生冲突时，优先保护这些基础权利，而忽视乃至侵犯其他的权利并没有违背正义原则。而且，当他人的这些基础性的权利与我们的其他利益发生冲突时，功利主义理论要求我们牺牲我们的这些利益，来保护他人的这些基础权利，并没有向我们提出过分严厉的要求，而是我们应该履行的不完全的义务。毕竟，每个人的基础性的权利的拥有，是进行社会合作的前提条件。

虽然对于什么是人类关键性的利益或基础权利不是固定不变的，但至少在任何时候我们也不能够否认生存的权利是每个人都需要的普遍权利，所以，任何一个非极端的唯我论者，都不能只承认自己有生存的基本权利，而否认其他人也有这种生存的权利。当他人面临生存的困境时，如果我们不予以援助，那么，我们就不仅仅是允许他们死去，而是正如奥诺娜·奥涅尔所指出的那样，我们违背了那个人不要被允许死去的权利。甚至我们就是在把他们杀死。②

况且，人类社会生活是一个人们只有在其中相互参与、相互帮助才能够培养和发展出自己的各种才能，并进而才能够追求和实现自己的生活理想的社会，在这种社会中，我们每个人并不是在所有的方面都是自我充分的，因此，我们的责任不只是不要威胁他人的生命，积极援助他人的责任

---

① ［英］约翰·穆勒：《功用主义》，唐钺译，商务印书馆 1957 年版，第 68 页。

② 徐向东：《自我、他人和道德——道德哲学导论》下册，商务印书馆 2007 年版，第817 页。

就和不伤害他人一样重要。

（3）自愿的自我牺牲——人类最高的美德

密尔虽然并不反对采取积极的措施去帮助他人，并认为甘愿自我牺牲以帮助他人是人类最高的美德，但反对把牺牲自我的利益以实现功利最大化当成个人的道德责任。密尔不仅认识到，为了个人利益要考虑不能够妨碍别人的权利，当自己的行为影响到他人和社会全体的利益时，就必须要考虑到他人与公共的利益，如果明知行为对大家有害，则有戒止的义务；而且也认识到，既然我们个人的利益与他人的利益是相连的，我们就不能够忽视其他人的利益，不仅要平等地看待我们自己的利益与他人的利益，不能够伤害别人的利益，有时候还要采取积极的措施，去帮助那些由于种种原因而使自己的基本生存条件和生存权利无法得到保障的人们。密尔认为，在一些极端的情况下，我们可能不得不为了其他人的利益而牺牲自己的一些幸福。这些极端的情况"只是在世界的组织很不完善的状况之下，绝对牺牲自己幸福才会是任何人促进别人幸福的最好方法；但是，在这个世界还在那个不完善状况的期间，我完全承认甘心作这种牺牲是人类的最高的美德"。①

但密尔认为，功利主义的道德观虽然承认，个人有为了别人的最大幸福而牺牲自己的幸福的能力，但并不要求人们在任何时候都牺牲自己的幸福。如果是不能够增加别人的幸福或幸福的总量的牺牲更是不值得的，是一种浪费。功利主义道德观的要求是，在一般情况下，人们应该像一个公正仁慈的旁观者一样，平等地对待自己的幸福与别人的幸福，并不要求为了别人的幸福而牺牲我们自己的幸福。如果在不得已的情况下，牺牲是必要的，有人愿意作出这种牺牲，那么，他的行为就是极为高尚的。他说："功利主义的道德观确认人类有为别人福利而牺牲自己的最大福利的能力；不过它不肯承认这种牺牲自身就是福利罢了。不能够增加幸福总量或没有增加这个总量的趋势的牺牲，功用主义的道德观认为是白费。人能够为别人的幸福或别人幸福的某些工具而牺牲……只有这种舍身才可以得到功用道德观的赞美"。② 所以，如果认为功利主义的道德标准总是要求人们增进社会功利，"就是把道德标准的意义自身误会了，并且把行为的规

---

① ［英］约翰·穆勒：《功用主义》，唐钺译，商务印书馆1957年版，第17页。
② 同上书，第18页。

律与行为的动机相混了"。①密尔认为，功利主义伦理学理论与其他伦理学理论一样，只是给人们指明我们的义务是什么，以一种什么样的检验方法去认识这种义务，而并没有要求我们一切行动的动机都应该出于义务的意识。他指出："其实，我们行为百分之九十九是发生于别种动机，而且，假如义务的规律不以为非，这样做事是对的"。②

3. 密尔对道德极端主义的批判

密尔坚决反对把一切道德问题都看成道德问题、一切行为都追求功利最大化结果的道德极端主义。道德极端主义者卡干（Kagan）对道德极端主义作了描绘："道德要求你这样行动（如果你的行动没有受到其他方面的限制）：你的行为可以合理地期望导致所有结果中的最好结果……如果这种主张是正确的，我们的大部分行为是不道德的，因为几乎我所作的事情都没有最好地利用我的时间和资源……我们中很少人相信这个主张，没有人的生活与这个主张一致。"③

密尔并不是道德的极端主义者。在他的著作《孔德的后期思想》（*Later Speculations of M. Comte*）中，密尔清楚地表明大多数的功利主义者并不接受道德极端主义的立场。他指出："（根据孔德）我们应该通过拒绝使那些不是严格意义上身体必须的欲求得以满足，以尽力使所有那些意在使我们自己满足的欲望得以扼杀。道德的黄金规则（对于孔德）就是为其他人而活……对于他来说，像我们将被对待那样去对待别人，像爱我们自己那样去爱我们的邻居是不够的……我们应该尽力一点也不要爱我们自己"。④密尔并不赞成孔德的观点，他认为孔德是一个"陶醉于道德的人"，"对于他来说每一个问题都是道德问题，只有道德动机才是允许的"。⑤

密尔不仅不是伦理极端主义者，而且还是伦理极端主义的反对者。密尔之所以反对伦理极端主义，是因为密尔认为伦理极端主义者所倡导的道德并不是一种合格的道德理论。这种不合格主要表现在两个方面：一方

---

①　[英] 约翰·穆勒：《功用主义》，唐钺译，商务印书馆 1957 年版，第 19 页。

②　同上。

③　John R. Fitzpatrick, Reconciling Utility with Liberal Justice—John Stuart Mill's Minimalist Utilitarianism [the Paper of Doctor of Philosophy], Knoxville: The University of Tennessee, 2001, p. 125.

④　Ibid, p. 126.

⑤　Ibid. .

面，伦理极端主义者所倡导的道德生活是一种完全不考虑个人满足的生活，而一种有价值的道德理论，应该能够为一种值得过的生活提供一种基础。另一方面，伦理极端主义把所有的行为都看成是必须履行道德责任的行为，不承认有超出道德责任以外的行为。密尔认为，道德上善良的行为的范围，要比道德上是义务的行为的范围要广；存在着大量的道德上善良的，但并不是道德上要求去做的行为。密尔认为像孔德这样的伦理极端主义者都犯了同样的错误。即他们都犯了：

> 像加尔文主义理论那样的错误。那就是生活中的每一个行为都应该以得到上帝的赞许的方式去做，并且，凡不是责任就是罪过。它没有认识到在责任的区域和罪过的区域之间还存在一个中间地带，一个具有绝对价值的区域。每个人被其他人的意见束缚着去做每一件他们为此会受到赞扬的事情并非是好事。对于什么事情应该按照利他主义的方式进行是有一个标准的，而不在这个范围内的事情按照利他主义的方式进行就不是义务而是有功。对于每一个人来说，他的职责所在就是在与其他人的基本利益相容的限度内去追求自己的个人目标。这些限度是什么就是要由伦理学作决定的范围。而惩罚和道德谴责的正当职责就是使个人和个人的集合的行为保持在这个限度之内。①

密尔认为，每个人都首先要关心自己的利益及与自己亲近的人的利益，甘愿牺牲自己的幸福以促进别人的幸福是人类的最高美德，所以，要给道德高尚的人甚至是道德英雄提供必要的活动空间；而且也应该鼓励人们关心公益，关心他人的利益，培养人们的个人道德。他认为个人道德在重要性上仅仅次于（如果还能说是次于）社会道德。但他又认为不能要求所有的人都成为道德的圣徒，尤其重要的是，不能通过进行道德制裁以迫使人们成为道德圣徒，而应该能够找到其他工具。密尔认为，要使一个社会形成一种人们愿意过高尚生活的风气，那么，个人所受的道德控制就必须是最小的，超出职责范围之外的事情只能鼓励而不能强制和要求。促进道德英雄主义的正当方法是形成一种有益于利他主义成长的环境。而要

---

① John R. Fitzpatrick, Reconciling Utility with Liberal Justice—John Stuart Mill's Minimalist Utilitarianism [the Paper of Doctor of Philosophy], Knoxville: The University of Tennessee, 2001, p. 128.

形成这种环境，主要通过教育和品德高尚的个人对人们日常生活的示范影响。有了这种正确的教育和适宜的道德环境，就有了使人们成为利他主义者的可能，而不需要过度的道德制裁。道德制裁只是适用于那些伤害了别人的人或者不肯履行自己职责的人。

在《孔德的后期思想》中，密尔指出，"对于利他主义的培植，我们的计划只是孔德计划的一部分，自我主义从属于利他主义，利他主义远远不是绝对的道德责任，应该成为个人和集体教育的主要目标之一，没有任何困难足以阻止人们去形成习惯，去发展他作为对他人和世界有用的人的愿望"，① 而通过"教育与舆论熏陶的结果，不特要使他不能够设想妨害公益的行为与他自己的幸福会相容，并且要做到促进公益的直接冲动可以成为人人的惯有的行为动机之一，而且与这些动机相连的情操可以在人人的意识中占个广大的重要的位置"。② 这样，人类才会拥有一个有利于人类的繁荣和值得人们生活的世界。

由上可见，密尔强调的道德责任和义务只是要求我们不去伤害其他人，不去干预他们的目标，不去阻止他们实现他们的基本利益，不违背契约，不以自己不愿被对待的方式对待别人，而不是促进功利的最大化，更不是要求我们把自己的资源中超出基本生存需要的资源的全部或大部分捐赠给那些比我们命运更糟糕的人，优先考虑别人的利益而不是我们自己的利益，以最明智的方式利用我们的资源和才能以使我们能够尽可能多地为别人服务。在密尔看来，许多值得追求的行为并不是道德上的义务。实际上，只有少数的值得追求的行为符合道德义务的标准。高尚的道德品质是值得尊敬的品质，但是，并不应该要求每个人都成为圣徒；应该禁止为了产生和保持这种社会状态而付出代价的做法。当然，密尔也承认我们应该积极地援助他人，尤其是在其他人面临生存的困境时，不援助他人就不仅是应该的，而且是义务，否则，就是对他人基础权利的侵犯。

所以，那种指责功利主义总是为了总体功利能够最大限度地得到促进，而不关心最大限度地促进功利的人是谁？谁从中得到了好处？谁受到了伤害？并因而忽视了人的分离性，功利主义有违公正理论的观点是不适

---

① John R. Fitzpatrick, Reconciling Utility with Liberal Justice—John Stuart Mill's Minimalist Utilitarianism [the Paper of Doctor of Philosophy], Knoxville: The University of Tennessee, 2001, p. 129.

② [英] 约翰·穆勒：《功用主义》，唐钺译，商务印书馆 1957 年版，第 18—19 页。

合密尔的。密尔的功利主义是重视每个人的利益的，并且把个人的关键性利益明确地解释为是权利，因此，密尔的功利主义是认真对待权利的，在密尔那里，个人基本的道德义务不是促进最大多数人的最大幸福，保护不可让渡的个人权利才是道德义务的底线要求，密尔的功利主义理论并不与正义的要求相背离。

第三节　功利原则与正义相关的道德困境

功利主义遭受的主要批评除了上面那些以外，还有就是：当我们进入某些特殊关系中时，遵循功利主义的道德原则会使我们面临一些与正义相关的道德困境。这些困境主要表现在两个方面：一是在一些极端的情形下，遵守功利主义道德学说的要求会导致一个人丧失道德同一性；① 二是功利主义会迫使我们忽视我们因为进入某些特殊关系中而负有的特殊义务和责任。② 其实，在密尔那里，这些指责是不充分的，密尔的著作能够提供回答这些问题的资源。

一　功利原则与个人的道德同一性

批评者认为，在一些极端的情形下，遵守功利主义道德学说的要求会导致一个人道德同一性的丧失。威廉斯就利用两个现在已经很著名的例子来指责功利主义会导致个人完整性的摧毁。这里，我们根据威廉斯其中一个例子来说明他对功利主义的指责。有一个名叫吉姆的旅行家恰好旅行到南美洲的一个城镇，那个地方原属于印第安人，当时却被西班牙人占领了。由于对西班牙人不满，当地的印第安人进行了一系列不成功的反叛，结果有 20 个印第安人被抓住，并将被处决。执行处决任务的士兵头目对吉姆说，如果吉姆把一位印第安人枪决了，那么他就把另外的 19 位印第安人放了。如果吉姆不枪决这其中的一位印第安人，那 20 个人都将被处死。然而，吉姆把"绝不亲手杀人"作为自己生活的根本原则，但在这件事情上又不得不进行功利主义的计算。威廉斯认为，从日常道德及其他

---

① ［澳］J. J. C. 斯马特、［英］B. 威廉斯：《功利主义：赞成与反对》，牟斌译，中国社会科学出版社 1992 年版，第 100 页。

② 徐向东：《自我、他人和道德——道德哲学导论》下册，商务印书馆 2007 年版，第 542 页。

非功利主义道德的观点来看,"我们每个人对他所做的事情负有特殊的责任,但对其他人所作的事情不负有特殊的责任"。① 吉姆只是偶然支配了这些印第安人的责任,因此就没有义务把避免死亡和降低死亡的数量当作他自己的责任。如果吉姆不得不按照那个士兵头目的要求,按照功利主义的道德要求,把一个人杀了,以免除另外 19 个人的死去,那么,吉姆就做了一件与他根深蒂固的生活原则相违背的事情,导致他"丧失道德同一性的感觉",使他"失去正直。在这个意义上,功利主义使一个人与他的道德感情疏远了……使一个人与他的行动相分离"了。②

威廉斯之所以得出这样的结论,是由于吉姆不得不从事的功利主义计算涉及了这样一个认识:别人的意图(这里,威廉斯实际上是把意图看成一个人的根本生活原则、道德正确性的标准)和决定对他自己施加了约束。如果吉姆不是一个功利主义者,不管他是拒绝还是接受那个士兵头目的请求,他都会产生一种不愉快的感情,而这种感情不只是他的不快乐的体验,而是表达了他认为接受这样的行动是错误的这样一种感情,是他认为什么是错误的和什么是正确的指示。③ 他与世界的道德联系在某种程度上正是由于这些感情。然而,严格的功利主义者在对待这些感情方面,认为这些感情是来自功利主义的非理性观点的,因而是没有价值的,吉姆应当把自己的感情视为一文不值。即在功利主义者看来,这些感情与道德自我是毫不相干的,这就会使吉姆产生丧失道德同一性的感觉。在威廉斯看来,吉姆之所以产生不快乐的感情,是因为他的行动与他的意图相分离了。如果一个人在最深刻的层次上真诚地看待某些意图,把它们看成他生命追求的目标,在某些情况下还把它们看成他生命的一部分时,他就是在把自己等同于来自他的意图和态度的行动。即当他的行动与他的意图相一致时,他就是具有道德同一性的自我。相反,他的行动不是出于他的意图,而是出于别人的意图,但他的行动又被他人看成是与他的意图一致的,这时,他的自我道德同一性就被摧毁了。正如威廉斯所说:"当功利主义的计算根据那种由其他人的意图在某种程度上决定的效用结构发挥作用时,要求一个人放弃他自己的意图和决定并要求他接受功利主义的计算

---

① 〔澳〕J. J. C. 斯马特、〔英〕B. 威廉斯:《功利主义:赞成与反对》,牟斌译,中国社会科学出版社 1992 年版,第 96 页。

② 同上书,第 100 页。

③ 同上。

所要求的决定是荒谬的。因为，如果要求他这么做，就会使他完全与自己的行动疏远，使他与他笃信的行动根据疏远，从而使他处于某种电路中间，其输入端是每个人（包括他自己）的意图，其输出端是最佳的决定。然而，这个要求忽视了这样的事实，即他的行动和他的决定已被看成是来自他最忠实地认同的意图和态度的行动和决定。因此，在最朴实的意义上，这个要求是对他的正直的亵渎"。①

"个人道德同一性"，在威廉斯那里大概是指一个人的行动与他的生活原则（意图）的一致性。威廉斯试图以这个概念反对功利主义，并提出两个基本的主张来支持他的反对：② 一是，一个道德理论是否是可接受的道德理论，在一定程度上取决于这个理论是否采取了一种与行动者目前的道德自我的概念不相抵触的方式行动；二是，一个人的道德同一性是由他的"承诺"（一个人广泛面对并深深认同的意图③）与他的行动的一致性实现的。如果离开威廉斯所据以论证的那两个例子的具体语境，威廉斯根据这两个主张并不能够得出一个人接受了功利主义的意图去决定他的行动就会导致对他的道德同一性的摧毁的结论。因为，一个人的道德自我的概念是否具有理性的可接受性，不仅仅取决于这个道德自我概念是否与他的意图相一致，而且受制于一些普遍认同的和相互接受的道德标准。既然每个人都生活在一个共同的社会中，那么，当一个人的道德自我概念与社会中普遍认同的道德标准相悖时，反思自己的道德意图和道德自我的概念、审视自己的道德品格和行动，乃至放弃它们或许是他应该考虑的事情，否则，他就是一个极端的唯我论者。既然一个人的道德意图并不总是正确的，一个人的道德自我概念也不总是得到合理的辩护，那么，即使它们是一个人的"情感依附"，也不能表明它们是不能改变的。所以，如果一个人根据功利主义的意图而不是他原有的意图去决定他的行动，并不一定就表明功利主义把他从他自己的道德自我中异化出来了，是否异化，还要取决于现实世界的实际情况。实际上，功利主义要求我们根据对后果的

① ［澳］J. J. C. 斯马特、［英］B. 威廉斯：《功利主义：赞成与反对》，牟斌译，中国社会科学出版社1992年版，第96页。
② 徐向东：《自我、他人和道德——道德哲学导论》下册，商务印书馆2007年版，第655页。
③ ［澳］J. J. C. 斯马特、［英］B. 威廉斯：《功利主义：赞成与反对》，牟斌译，第112页。

评价来行动，就是要求我们根据世界的现实状况来进行道德选择，而不是坚持在任何状况下都坚决服从约定的道德规则。"功利主义的道德判断是相对的和关系性的，而不是绝对的和非关系性的。这个思想暗示了一个缓解道德要求、防止'被道德异化'的策略"。①

这种策略在密尔关于个人自由的一些论证中可以体现出来。密尔非常强调个人自由的重要性，以致被指责为偏离了功利主义的方向。但密尔对自由的强调也并不是绝对的，他始终认为，一个人是否拥有自由、拥有多大程度的自由，是根据一些具体情况来定的。密尔在《论自由》的第三章中，讨论个人是否有自由按照他自己的意图而行动的问题时，就指出："没有人会硬说行动应当像意见一样自由，相反，即使是意见，当发表意见的情况足以使意见的发表成为指向某种祸害的积极煽动时，也要失去其特权的"。② 密尔认为，个人在仅仅涉及自己的事情上，依照自己的意向和判断而行动是应当得到允许的，即使这样做会导致伤害自己，也不应该遭受反对。然而，如果按照他自己的意图去实施一项行动会导致对他人的伤害时，这项行动就应当受到十分慎重的考虑，否则，他就要为他的行动承担责任。他说："一个人在决定采取一项对他人的利益有这样重大影响的步骤以前，有义务把这一切情况都列入考虑之内，如果他对那些利益不予以应有的重视，他就应当由于错误而负道德责任"。③ 密尔反对给予个人在关涉他人利益的事情上纵情去做的自由。密尔指出，如果"对那人的意向，当任其纵情做去，结果是把一个或几个不幸的、堕落的生命加于后代，还会对影响所及的许多旁人以他们的行动通过任何方式引起多种祸害的时候，反倒反对施加任何约束"。这种做法实际上是给了那个人"享有一种不可少的为害他人的权利"。④ 可见，密尔在这里实际上提出了一种如何确定个人自由的策略——"对与这种自由相关的一切情况都列入考虑之内"，而不仅仅是固守自由原则。

可见，威廉斯以他假设的两个例子来说明功利主义对个人道德同一性的摧毁是不太充分的。当然，他对这些问题的提出恰恰说明了道德问题的

---

① 徐向东：《自我、他人和道德——道德哲学导论》下册，商务印书馆 2007 年版，第 657 页。

② ［英］约翰·密尔：《论自由》，许保骙译，商务印书馆 2005 年版，第 65 页。

③ 同上书，第 124 页。

④ 同上书，第 129 页。

复杂，任何一种道德理论都应该对这些复杂的道德问题予以慎重的考虑。功利主义对这些道德困境的解决，并不意味着它能够解决所有的道德困境。因此，任何一种道德理论都不是绝对正确的，而应该是开放的。

二 功利原则与个人的特殊责任和义务

对功利主义在道德困境方面的指责，除了个人道德同一性问题外，另一个极为典型的指责是：如果根据功利主义的道德要求，把每个人的生活和利益都看成同等重要的，那么，就会迫使我们忽视某些特殊人际关系，以及在这些关系中负有的特殊义务和责任。如与我们的亲人和朋友的关系，在通常情况下，这些特殊的关系对于我们来说是极其重要的，对于自己的亲人和朋友，我们应该在任何时候都要置于比其他人更为重要的位置，我们对于他们所应该负的责任也是不容忽视的。所以，如果功利主义的道德要求我们对这些特殊关系的人的关怀与对其他人的关怀是一样的，那么，功利主义就是不近情理的，甚至是荒谬的。

其实，这种批评对于密尔的功利主义是不恰当的，在密尔那里，功利主义能够协调我们因为进入特殊的人际关系中而负有的特殊义务和责任。

密尔在《功用主义》一书中就指出："依功用主义伦理学，增多幸福是德行的目的：任何人（除开千人中之一以外）能够大规模地增多幸福（换言之，作公众的恩人）的机会是例外的；并且，只有遇到这些机会，他才要考虑到对公共的功用；在一切别的场合，只有对私人的功用，某些少数的人的利益或幸福，是他必须留意的"。[①]

密尔在这里事实上表明了：只有在遇到个人利益，或和我们自己有特殊关系的那些人的利益与公共利益相冲突的情况下，才需要我们考虑公共的利益。这里密尔用了"考虑"（consider）一词，他的意思是，在两种利益发生冲突时，我们要考虑是否应该促进公共的功利，而不是要求我们一定要牺牲自己的利益，去促进公共的功利或大多数人的利益。前面的分析已经表明，如果仅仅需要牺牲我们的一些非关键性的利益，来保护其他人或大多数人的关键性利益（也是他们的基础权利），这不仅是我们应该做的，而且是我们的不完全的义务；如果我们甘愿牺牲自己的利益乃至我们的生命以促进公共利益，而不管这些利益是否是人类关键性的利益，密

---

① ［英］约翰·穆勒：《功用主义》，唐钺译，商务印书馆1957年版，第20页。

尔认为这是人类最高的美德，但不是我们必须履行的人类的完全强制性的义务。密尔认为，在其他那些与公共利益没有发生冲突的场合，我们每个人都首先要关心自己和那些与我们关系特殊的人的利益，对自己和这些人的利益的关心，事实上，从长远来看更有利于促进公共功利的最大化。因为，在回答什么样的行为和什么样的行动主体能够最大化功利这个问题上，作为只具有有限理性和有限时间的人类来说，他的答案如果离开他所熟悉的人群，就是难以确定的。毕竟，只有那些他最熟悉的人和行动，他才拥有最充分的信息，也才知道是谁，或谁的行为能够最有效地促进功利，或者知道我们应该怎样才能够最大地促进这些人的利益。所以，要想最大化地促进公共功利，我们首先要关心和促进那些与我们关系特殊的人的利益。密尔的功利主义实际上是允许和鼓励我们对这些人的利益予以优先的考虑，只是在这些人的利益与公共利益发生冲突时，如果我们能够在减少人类的痛苦、促进人类的更大利益方面作出贡献时，我们就应该那样做，当然，不是必须那样做。

本章小结

由上面的分析可见，密尔对功利与正义之间的一致性关系的阐明，在一定程度上澄清了功利原则与正义之间的关系，使功利原则遭受的可能会侵犯个人权利等方面的指责得到了辩护，同时也表明了密尔的功利主义是认真对待权利的，在一定程度上也可以解决一些与公正相关的道德困境，但是，密尔在为功利原则辩护的过程中，所采用的解决问题的方式并不是十分完满的。如密尔通过把人类关键性利益设定为个人基础权利的方法，来解决功利原则容纳个人权利的问题，而在界定什么是人类关键性利益的问题上似乎并不是那么确定；而且，在一些困境面前，功利主义的解决方式也还会面临一些道德损失。如在威廉斯所列举的例子中，如果吉姆根据功利主义的道德原则选择枪决一个人而拯救其余的 19 个人，那么，确实实现了功利的最大化，然而，在这个问题上，还有在惩罚无辜者的典型案例中，功利主义都被指责将个人变成了实现目的的手段，从而侵犯了个人的权利。

道德困境确实是人类现实生活中必须面临的一些生存状况，在有些情况下，无论我们作出哪一种选择，都会面临道德损失。面对这些情况，义务论尚未找到解决问题的计策。功利主义遵循后果论，即通过选择具有较大功利、较好效果的那个行动，或避免更大伤害发生的那个行动，尽管也不可避免地会导致一些道德损失的发生，但是，功利主义确实为解决道德困境提供了一种虽然不是十分完美但也算是可供选择的方式。

第五章　功利原则与自由

　　由霍布斯、洛克和卢梭开创的，以自然法和自然权利为基础的自由主义认为，人的自由权利是人的天赋权利，人们在契约基础上形成的国家的目的之一，就是要保护人的自由权利。边沁反对把自由的权利建立在自然法和自然权利的基础上，认为权利只能是法律规定的权利，没有先于法律的权利，他把权利看成法律权利的同义语，[①] 并进而把法律权利分为自由权和获得帮助的权利，[②] 但不管是哪一种权利都是以普遍功利为基础的。边沁指出："除了那些由普遍功利创造的权利，我不知道有什么自然权利，但是，甚至在那种意义上，还是从不听到自然权利这样的词更好"。[③]边沁认为，人们不管是谈论非法律权利还是自然权利，都可以被理解为是一种断言人应当有某种法律权利，而法律权利是以普遍功利为根据的。然而，边沁在功利主义基础上主张人的权利尤其是人的自由权利的观点，使他的理论似乎显示出了一种张力，因为，边沁将最大多数人的最大幸福设定为其道德理论的目标，并认为人的自由权利应该建立在功利基础之上，那么，为了实现功利最大化的目标，就有可能会侵犯个人的自由权利。然而自由主义主张自由权利具有优先性，自由只能因为自由的缘故才能够被限制。因此，边沁主张在功利的基础上讨论个人的自由权利，在个人权利与功利最大化之间必然会产生冲突，功利原则与个人自由权利之间就必然会产生矛盾。

　　为了解决由边沁功利主义所造成的功利原则与自由的矛盾，密尔在其《论自由》一书中提出了自由原则，目的是划定国家和社会对个人自由干

---

① 余涌：《道德权利研究》，中央编译出版社 2001 年版，第 150 页。
② 同上书，第 154 页。
③ 同上书，第 155 页。

预的界限，以保护个人在涉己行为领域的自由不受干预，针对那些指责功利原则可能会为了功利最大化而侵犯个人自由的责难，为功利原则进行辩护。密尔认为，在仅关涉自身的行为领域，个人如果没有伤害到他人应当认作权利的某些相当确定的利益，那么，他行为的自由不应该受到任何形式的社会干预，也不受制于社会功利的计算。然而，密尔的自由原则及其赖以建立的基础"伤害"概念、涉己与涉他行为的划分等遭受了许多责难，如果这些责难不能澄清，那么，密尔要实现其以功利主义为基础的、对个人自由进行保护的目的就难以达到。更进一步，即使这些问题是可以解决的，个人在涉己行为领域的自由也是可以划定的，但是，由于功利主义以功利原则为最终标准，个人自由仍然面临着被最大化功利侵蚀的可能，奴隶制或家长主义的合理性就可能得到辩护，自由与功利原则之间存在着张力。在这一章，我们主要探讨密尔是如何应对这些责难，以实现其保护功利主义基础上的个人自由的目的的。

第一节　自由原则与伤害概念

在国家权利和个人自由的关系问题上，密尔与边沁有相同的地方。边沁虽然认为自由权利是由法律赋予的，但他又认为国家和政府可能会侵犯个人的自由权利。边沁指出"就其自身而论，政府本身就是一种巨大的恶"，并相信"所有制定的法律都只会侵犯自由"，同时"制定法律就是做能够带来善果的恶事"。① 密尔继承了边沁关于国家（政府）和社会可能会侵犯个人自由权利的观点，主张要对国家和社会干预个人自由的权利进行限制，给予个人在仅关涉自身的行为领域以充分的自由。为此，他在阐明"伤害"概念的基础上提出了自由原则，目的在于划定社会干预个人自由的权限，以保护个人在涉己行为领域中的绝对自由。然而，密尔自由原则的目的被认为是不能够实现的，原因在于或者密尔自由原则的内涵本身隐含了一些冲突，或者自由原则赖以建立的伤害概念模糊不清，或者基于伤害概念的自由原则会与功利原则相冲突等。其实，这些问题在密尔那里似乎是可以解决的。

---

① 安东尼·阿巴拉斯特：《西方自由主义的兴衰》，曹海军等译，吉林人民出版社 2004 年版，第 466 页。

一　密尔的自由原则

（一）自由原则的提出及其目的

密尔在《论自由》中提出了"极其简单的原则"——自由原则，有时评论者们也称之为"伤害他人的原则"（简称为"伤害原则"）。这条原则就是："人类之所以有理有权可以个别地或者集体地对其中任何分子的行动自由进行干涉，唯一的目的只是自我防卫。这就是说，对于文明群体中的任一成员，所以能够施用一种权利以反其意志而不失为正当，唯一的目的只是要防止对他人的危害。"①

密尔的这条原则是指，任何文明群体中的任一成员，能够对别人施用一种权利以反其意志而不失为正当的条件是：以防止其对他人的危害。如果个人的行动没有伤害到其他人，或者不能合乎情理地被预期到会伤害他人，那么，社会对他的这种行为的干预就是不合法的。如果是为了那人自己精神上或物质上的好处，而去干涉这个人的行为，也都不能成为正当的理由。个人只要其行为不会伤害到其他人，他就可以拥有绝对的自由去行动，而不会受到社会舆论和法律的干预与制裁。"任何人的行为，只有涉及他人的那部分才须对社会负责。在仅只涉及本人的那部分，他的独立性在权利上则是绝对的。对于本人自己，对于他自己的身和心，个人乃是最高主权者"。② 这里，密尔把没有侵害到其他人的私人行动称为涉己行为，而相对于涉己行为的涉他行为，就是指会伤害到他人的行为。密尔认为，在仅关涉自身的涉己行为领域，个人能够拥有绝对的自由和享受其个性，任何形式的社会干预都应当被禁止。

密尔把这条原则置于一个绝对的统治地位，认为凡属社会，不管是以法律手段还是公众意见等，强制和控制的方法对付个人之事，都要绝对以它为准绳。当这条原则应用于成熟的人们和社会时，对社会压制产生了双重的禁止：一是为着个人自己的物质或精神的利益个人可以不屈从于压制；二是由于其他人不赞成他的行为，个人也可以不屈从于压制。

密尔提出自由原则的目的是要保护个人的自由。个人自由在密尔看来

---

① ［英］约翰·密尔：《论自由》，许保骙译，商务印书馆2005年版，第10页。
② 同上书，第11页。

就是"一个人做他所要做的事"，① "采取我们自己所认为最好的行动"，②
或者"用我们自己的方式来寻求我们自己的利益"。"唯一实称其名的自
由，乃是按照我们自己的道路去追求我们自己的好处的自由"。③

　　密尔之所以要保护个人自由，是因为在他看来，自由不仅是个人幸福
的一个重要组成部分，而且是实现个人幸福与社会功利最大化的必备条
件。然而，个人自由在现实社会中遭受了过度的侵犯。密尔认识到，虽然
民主共和国真正出现了，但是，这个政府并未真正成为人民自己的政府，
人们并没有获得真正的自由，社会通过公共权威的措施，或通过集体意见
对个人自由进行了过于强大的干预，甚至达到了施虐的程度。这是因为，
政府对人民的影响主要是通过两个途径来实现的：一是公共权威的措施，
即以刑罚为后盾的政治机构作出的措施；二是集体意见的干预，即得势舆
论、得势感想的干预。前者具有强制性，后者具有普遍性，能够深入生活
细节，奴役到灵魂，束缚个性的发展。在这两条途径的作用下，人民几乎
没有自由可言。丧失了自由的个人，不仅无法实现自己的功利，而且也无
法促进社会的普遍繁荣；丧失了自由的社会，必然导致全社会的平庸、懒
惰，缺少真知灼见和决策的合理性，最终导致总体功利的巨大损失。密尔
认为，个人只有获得属于他的个人自由，才能获得真正的幸福，也才能够
促进社会功利的最大化。"只要我们不试图剥夺他人的这种自由，不试图
阻碍他们取得这种自由的努力。每个人是其自身健康的适当监护者，不论
是身体的健康，或者是精神的健康。人类若彼此容忍各照自己所认好的样
子去生活，比强迫每人都照其余的人们所认好的样子去生活，所获是要较
多的"。④

　　因为个人自由对于个人幸福和社会功利都具有如此重要的意义，所
以，密尔又以格言的形式表达了个人自由与社会控制之间的界限：一是
"个人的行动只要不涉及自身以外什么人的利害，个人就不必向社会负责
交代。他人若为着自己的好处而认为有必要时，可以对他忠告、指教、劝
说以致远而避之，这些就是社会要对他的行为表示不喜或非难时所仅能采
取的正当步骤"。二是"关于对他人利益有害的行动，个人则应当负责交

① ［英］约翰·密尔：《论自由》，许保骙译，商务印书馆 2005 年版，第 115 页。
② 同上书，第 117 页。
③ 同上书，第 14 页。
④ 同上。

代，并且还应当承受或是社会的或是法律的惩罚，假如社会的意见认为需要用这种或那种惩罚来保护它自己的话"。①

总之，密尔在《论自由》中提出自由原则的目的是，要划清个人与社会之间的权利界限，强调个人的自由只要不涉及对他人的伤害，就不应该受到限制，以便实现对个人自由的保护，促进个性的发展，实现社会功利的最大化。

（二）密尔自由原则的内涵

然而，许多批评者认为密尔的自由原则并不能够实现其目的，其中的一个重要的原因在于：密尔自由原则的内涵本身隐含了一些冲突。即使在对自由原则进行不同解释的情况下，表现出的冲突是不同的，但冲突的存在是肯定的。其实，在符合密尔本意的解释下，密尔的自由原则是可以避免批评者所说的那些冲突的。

对于密尔自由原则内涵的理解，出现了多种不同的解释。这些不同的解释，格雷在《密尔论自由、功利和权利》一文中概括为三种：②

第一种解释是把密尔的自由原则仅仅当作为了"防止伤害性的行为"而导致的对自由进行限制的原则。这种解释认为，自由原则不是阐明干涉正当的必要条件是不伤害他人，而是阐明了为对自由进行干预寻找好的借口的充要条件。如布朗（Brow）就认为，自由原则表明了这样的观点：对自由的限制将能够防止对他人所造成的伤害，这将一直是对自由进行限制的唯一好的理由，除此以外，别无其他任何好的理由。"在消极层面，自由原则讲述了我们所能够问及的一些问题。凭借对限制理由所给出的必要条件，它排除了一切不相关的事物，只确定了防止对他人进行伤害的法则"。③ 然而，布朗又认识到，在没有伤害到他人时，对自由的限制将失去正当性的理由，因此，没有对他人造成伤害就成了反对密尔"自由限制"理论的借口。即除非对他人的伤害能够被防止，根本就不存在对自由限制的理由。这种解释使密尔的自由原则导致了一个尖锐的问题：把功利作为优先价值的功利主义者密尔，不可能同时又支持以自由为优先价值的自由原则，在能够促进功利的行动与自由原则发生冲突时，只有将自由

---

① ［英］约翰·密尔：《论自由》，许保骙译，商务印书馆 2005 年版，第 112 页。
② 曹海军：《权利与功利之间》，江苏人民出版社 2006 年版，第 59 页。
③ 同上书，第 58 页。

原则按照某种"辞典序列"的方式，置于功利原则之上才能够解决冲突。因为，正如威廉姆斯（Williams）所分析的那样，所有道德理论都有这样的特点，即在其理论体系内部，总有一个道德原则能够优先于其他的道德原则之上（至上性原则），[①] 密尔的伦理学理论既然明确表示以功利原则为道德的至上性原则，就表明了密尔不可能同时又以自由原则为至上性原则。但是，布朗与其他修正主义者都认为，如果要使自由原则与功利原则不发生冲突，辞典序列的安排就必须严格地要求自由原则优先于功利原则。这在密尔的伦理学理论中就导致了一个无法解决的问题：究竟是自由优先还是功利优先？

第二种解释认为，密尔的自由原则可以看成一种普遍性的、对伤害进行防御而对自由的限制原则。这种解释认为，自由原则认可在没有人引起伤害的情况下，为了减少伤害，允许对自由进行限制。这种解释会导致为了普遍性功利的促进而允许对一些人的自由进行干预，这样就导致了不能够平等地给予每个人自由权利的问题，即导致"关于普遍功利的集中性考量"与"关于平等的分散性考量"之间的冲突。[②]

第三种解释认为，密尔的自由原则是一种关于"有害行为"的原则。这种解释认为，在个体的行为没有伤害到其他人的地方，运用强制力对个人自由进行社会控制是应该被禁止的，在对他人造成伤害的地方，个人自由是可以被限制的。在这种解释下，密尔的自由原则可以被视为是对伤害行为进行防范的框架性原则，而不是关于制止伤害行为的工具性原则。[③]在这种解释下，对他人的伤害只是对实施伤害者个人自由干预的必要条件，而不是充分条件。

我们认为，这三种解释都有价值，但第三种解释似乎更接近密尔的意图，因为密尔的自由原则（包括他提出的那两条格言）是为了表明，在仅关涉自身的私人行为领域，个人拥有绝对的自由，个性应受到绝对的保护；只有在个人的行为侵害到了他人，他的自由才能够受到干预。伤害他人是干预个人自由的必要条件，但不是充分条件。密尔指出："我们绝不可假定，由于对他人利益的伤害或者可能伤害这一点单独就能构成社会干

---

① 曹海军：《权利与功利之间》，江苏人民出版社 2006 年版，第 58 页。

② 同上书，第 59 页。

③ 同上。

涉的正当理由，所以没有什么时候不能把这种干涉解释成为正当"。① 密尔的自由原则只是表明了，社会在那个领域中具有干预个人自由的合法性权限，但并没有表明社会应该如何使用这种权限。当然，根据密尔的自由原则，社会能够恰当地决定，如何在尊重涉己行为的前提下，防止任何个体受到其他人的伤害。密尔强调涉己行为领域的自由权利的不可侵犯性，是为了保护个体的个性发展。因为，在涉他行为领域，个体的个性是不可能在任何时候都得到保护的。一方面，个人之间的利益冲突，往往会产生于坏的社会制度中，而有些利益冲突则不论在何种社会制度下都会存在（如竞争求职），在这些情况下，即使是个体在涉他行为领域中没有绝对的自由权，社会也会允许他在某些情形下按照他的偏好来行动，而不管是否会侵害到他人；另一方面，在涉他行为领域，社会制裁不管是法律惩戒还是社会舆论的道德强制都只是一种权宜之计，因此，社会对涉他行为领域内的个性的保护，是与社会当下对一般性的权宜的估算相一致的，而社会"对权宜的估算可能会随着文化和道德环境的不同而呈现出差异来"。② 尤其是在经济贸易活动中，一旦社会决定允许个体自由地进行市场交易时，"个人自由的原则并无涉于自由贸易的教义，所以这原则也无涉于大多数有关那个教义的限制问题"。③ 一旦排除了对法律和道德制裁的担心，一些人必然会在竞争过程中去选择他们的所爱，社会对那些失望的竞争者，并不承认他们在法律方面或道德方面享有免除这类痛苦的权利。因此，在涉他行为领域，并非每个人的个性都可能得到保护。

正是基于对个性的保护，密尔非常强调个人自由的重要，他的自由原则意在表明：在仅关涉己身的行为领域，个人有绝对的自由按照他自己的喜好来行动，因为这种行为不会伤害到他人；在涉他行为领域，社会有合法权威去规约每一个人的行动，因为这种行为会伤害到他人。所以，正如乔纳森·赖利（Jonathan Riley）所认识到的那样，密尔的自由原则并不是对"社会干预个人自由"陈述了一个充分必要条件，而是对"社会平等地分配给每一个成员的自由权利"陈述了一个充分必要条件：当且仅当个体的行为纯粹是涉己行为时，个体应当享有这样一种权利。④

---

① ［英］约翰·密尔：《论自由》，许保骙译，商务印书馆 2005 年版，第 112 页。
② 曹海军：《权利与功利之间》，江苏人民出版社 2006 年版，第 84 页。
③ ［英］约翰·密尔：《论自由》，许保骙译，第 114 页。
④ 曹海军：《权利与功利之间》，第 84 页。

正如格雷所认识到的那样，对密尔自由原则的这种解释，预示了自由是同等地应用于所有人的，它并没有表现出明显的集中或分散的特点，但它却支持自由原则派生于功利原则，自由的分配是符合正义原则的。①

所以，如果对密尔的自由原则给予符合密尔原意的解释，那么，在密尔伦理学理论体系中，在原则的至上性问题上，密尔的自由原则并不与功利原则相冲突，自由原则是派生于功利原则的。因为密尔对自由的重视就是对功利促进的重视，因为每个人个性的发展本身就是功利或幸福的一个组成部分。此外，密尔自由原则的目的仅仅为了阐明对个体行动的自由进行限制的必要条件是，个体的行为侵害到了其他人。换言之，自由原则为恰当地保护个人的自由提供了一个充分条件：如果个体的行动没有侵害到其他人，个体便有自由行动的权利。"任何人的行为，只有涉及他人的那部分才须对社会负责。在仅只涉及本人的那部分，他的独立性在权利上则是绝对的"。② 即自由原则能够平等地给予每个人自由权利。

二　密尔的"伤害"概念

即使密尔的自由原则在内涵上不存在以上的那些冲突，许多批评者仍然认为，密尔的自由原则并不能够实现其目的，因为自由原则赖以建立的重要概念"伤害"是模糊不清的。如费尔伯格（Joel Feinberg）就认为，密尔的自由原则的不确定是由于"伤害"概念的模糊不清，他指出："通常，原则的不确定主要导源于因阐述过于简单而导致的中心概念的模糊。概念的澄清在哲学的事情上是最为特别的"。③ 其实，密尔虽然没有对"伤害"概念进行明确的界定，但他对于伤害"概念"的构成要素，伤害的具体内容或行为种类都进行了分散的但却是明确的阐明，密尔的伤害"概念"是清楚的，建立于其上的自由原则的目的也是可以实现的。

（一）伤害的基本构成要素

密尔在说明个人的自由在什么情况下应该受到干预时，就已经对伤害的内涵进行了说明。密尔认为，伤害概念应该包含两个基本要素：

1. 伤害必定是对他人或公众"明确的且可指定的义务"（distinct as-

---

① 曹海军：《权利与功利之间》，江苏人民出版社 2006 年版，第 59 页。

② ［英］约翰·密尔：《论自由》，许保骙译，商务印书馆 2005 年版，第 11 页。

③ Michael Joshua Mulnix, Mill's Liberty Principle and the Conditions of Happiness（the Paper of Doctor of Philosophy），Iowa：The University of Iowa, 2005, p. 9.

signable obligation）的违背。他指出，一个人可以选择他自己喜欢做的行为，但"当一个人由于这种行为而背弃了他对一个或多数他人的明确而可指定的义务时，这情事就被划在只关己身的那一类事情之外，而应当在道德的不谅面前接受质问"。① 一个人在仅关涉他自身的行为时，他有行动的自由，一个人即使缺乏个人尊严和自重，也不能够成为道德谴责的对象，"只有在个人须为他人自爱而不知自爱因而背弃对他人的义务的时候才能成为道德谴责的对象"。② 当然，"一个人若以纯属只关己身的行为毁伤了自己而失去对公众尽其本分上某种确定的义务的能力，他就算犯了一个社会性的罪行"。③

2. 伤害必定是对他人已经发生了的"确定的损害"和"可觉察得到的"损害。如果伤害仅仅是推导性的，则不属于密尔的伤害概念范围。他说："情事一到对于个人或公众有了确定的损害或者有了确定的损害之余的时候，它就被提在自由的范围之外而被放进道德或法律的范围之内了"。④

密尔认为，一个人的行为是否构成对他人的伤害，必须满足以上两个方面或者两个方面之一，否则，个人的行为就不能够被认为是对他人有伤害的行为，而成为社会干预的对象。即使是个人的行为有可能会产生对社会的危害，密尔认为这种危害如果只是非必然的、推定性的，这种推定性的危害不属于他所定义的伤害概念范围，而只是"不便利"。他说："如果一个人的行为既没有违反对于公众的任何特定义务，也没有对自己以外的任何人发生什么觉察得到的伤害，而由这种行为产生出来对社会的损害也只属于非必然或者可以说是推定的性质，那么，这一点点的不便利，社会为着人类自由的更大利益之故是能够承受的"。⑤

（二）伤害的内容

密尔不仅对构成伤害的基本要素进行了界定，而且也阐明了伤害的内容，但由于他对伤害内容的阐明，是分散于他的《论自由》和《功用主义》两部著作中的，使得人们很难把握他关于伤害概念的内容。

① ［英］约翰·密尔：《论自由》，许保骙译，商务印书馆2005年版，第96—97页。
② 同上书，第94页。
③ 同上书，第97页。
④ 同上。
⑤ 同上书，第98页。

对于密尔伤害内容的理解，在以往的研究中流行的观点有两种，根据他们对伤害内容认识的不同，我们可以把它们分别概括为"权利伤害论"和"利益伤害论"。

"权利伤害论"认为，密尔所说的伤害应该是指对他人权利的侵害。主要代表有格雷、伯格（Berger）。他们都认为密尔所说的伤害是指对权利的伤害，但他们所说的权利又是不同的。格雷认为，在密尔那里，伤害意味着对某些关键性利益（安全、个性或自治）的损害，而这些关键性的利益被视为权利。① 伯杰也持同样的观点，他认为密尔学说的核心可以被概括为："只有当行使这种自由侵犯了某人更高级的权利时，对自由本身的干预才能被证明为正当"。②

"利益伤害论"认为，密尔所说的伤害主要是指对他人利益的侵害。主要代表有雷斯（C. Rees）、亨德里克（Ted Honderich）、威廉姆斯（Williams）。③ 他们都认为密尔所说的对他人的伤害，就是指对他人利益的伤害，但他们对利益阐释的角度是不同的。雷斯在他的《重读密尔〈论自由〉》中指出，密尔所说的伤害更多的是指对利益的伤害，伤害和影响不同，影响的范围要远远大于利益被损害的范围，如果一个人被他人的行为所影响，但其利益未受到损害，就不能称为被伤害。亨德里克基本上同意雷斯把伤害界定为是对利益的伤害，他又进一步指出，那些与伤害有关的利益是应当被视为利益的东西，而不是任何一般的利益。他认为密尔的自由原则实质上是指，"除非一个人的行为损害到那些应当被视为利益的东西，否则社会不应当予以干涉"。至于哪些东西应当被视为利益的问题他没有作进一步阐明。威廉姆斯也认为，密尔所说的伤害就是指对他人利益的伤害，但与伤害相关的利益并不是亨德里克所笼统地界定的"应当被视为利益的东西"，威廉姆斯明确地把与伤害相关的利益界定为是与权利密切相关的利益。社会有权加以干涉的事物之范围，就是那些属于正义观念之中的事物。

虽然，持"权利伤害论"和"利益伤害论"的研究者们，都从不同的侧面揭示了密尔关于伤害的内容，然而，持这些观点的研究者们似乎都

---

① 曹海军：《权利与功利之间》，江苏人民出版社2006年版，第84页。

② 同上书，第84—85页。

③ 张清：《正义与功利——密尔功利主义正义思想研究》，武汉大学博士学位论文，2005年。

没有准确地说明密尔伤害的内容。我们认为，在密尔那里，伤害是指对利益的伤害而不是对权利的伤害，但与伤害相关的利益，并不是亨德里克、威廉姆斯所说的利益，而是那种"应当认作权利的利益"，他人纯粹的厌恶或情感的痛苦不是伤害。这可以从密尔分散在《论自由》和《功用主义》中的论述得以证明。

1. 伤害是指对"应当认作权利的利益"的伤害

对于伤害他人的行为种类，密尔在其《论自由》和《功用主义》中进行了分散的阐述，他阐述的对他人伤害的行为有很多，既涉及对权利的侵害，也涉及对利益的伤害，还涉及不帮助他人的伤害，等等。其实，这些伤害他人的行为种类都可以归结为是对他人"应当认作权利的利益"的伤害。

（1）伤害他人的行为种类

密尔在《论自由》中对伤害的内涵作出过概括性的阐述，他认为对他人伤害的情况有三种："……每人既然受着社会的保护，每人对于社会也就该有一种报答；每人既然事实上都生活在社会中，每人对于其余的人也就必得遵守某种行为准绳，这是必不可少的。这种行为，首先是彼此互不损害利益，彼此互不损害或在法律明文中或在默喻中应当认作权利的某些相当确定的利益；第二是每人都要在为了保卫社会或其成员免于遭受损害和妨碍而付出的劳动和牺牲中担负他自己一份（要在一种公正原则下规定出来）。这些条件，若有人力图规避不肯做到，社会是有理由以一切代价去实行强制的。社会所可做的事还不止于此。个人有些行动会有害于他人，或对他人的福利缺乏应有的考虑，可是又不到违犯其任何既得权利的程度。这时，犯者便应当受到舆论的惩罚，虽然不会受到法律的惩罚。总之，一个人的行为的任何部分一到有害地影响到他人的利益的时候，社会对他就有了裁决权"。① 由密尔这里的阐述，可以把伤害他人的三种情况概括为：一是对他人应当认做权利的利益的伤害；二是不帮助他人使社会或其成员遭受损害和妨碍；三是对他人的福利缺乏应有的考虑。

在《论自由》的另一个地方，密尔更明确地指出："侵蚀他人的权利，在自己的权利上没有正当的利益而横加他人以损失或损害，以虚伪或两面的手段对付他人，不公平地或者不厚道地以优势凌人，以至自私地不

---

① ［英］约翰·密尔：《论自由》，许保骙译，商务印书馆 2005 年版，第 89—90 页。

肯保护他人免于损害——所有这些都是谴责的恰当对象，在严重的情况中也可成为道德报复和道德惩罚的对象"。①

在《功用主义》一书中，密尔也表达了同样的观点："不公道的最显著的事例，以及那些引起不公道之感特有的厌恶感情的事例，都是不合理的侵略，或是不合理的以权压人的行为；其次就是不合理地把持别人应得的东西，不给他；这两种事情，或是使别人直接受苦，或是把他有合理的根据期望取得的某种物质的或社会的利益剥夺，都是给他一种积极的伤害"。②"这可见使人失期望这个行为在人类的祸害和过恶中所占的重要位置了。……没有什么损害比这个伤人心还厉害；很少过恶比这个把持利益不给人还大"。③

根据以上这三个地方的阐述，密尔实际上是把伤害表述为：侵犯他人的权利以使他人利益遭受损失、剥夺他人应得的利益、剥夺他人可期望得到的利益（使人失期望）三种。

密尔在《功用主义》的第五章中指出，侵害他人包括"直接侵害，或者阻碍他，使他不能自由追求他自己的幸福"，"不合理的干涉别人的自由也是一种侵害"。④

由上面密尔的这些阐述，我们可以把密尔关于伤害他人的种类概括为以下六种：一是对他人应当认作权利的利益的伤害；二是不帮助他人使社会或其成员遭受损害和妨碍；三是对他人的福利缺乏应有的考虑；四是侵犯他人的权利（包括不公道的显著事例和自由）或通过侵犯他人权利以使他人利益遭受损失；五是剥夺他人应得的利益；六是剥夺他人可期望得到的利益（使人失期望）。

（2）伤害他人的行为的实质

在密尔的阐述中所指的六种伤害他人的行为，实际上都可以概括为第一种"对他人应当认作权利的利益的伤害"。除了第二、第六这两种较难以理解以外，其他三种都容易理解。对于第三和第五种，既然是"应有的"或"应得的"利益，就应当被认作权利的利益；对于第四种，侵犯他人的权利本身就可以看成对权利保护的利益的侵害，因为，"有一件权

---

① ［英］约翰·密尔：《论自由》，许保骙译，商务印书馆 2005 年版，第 93 页。
② ［英］约翰·穆勒：《功用主义》，唐钺译，商务印书馆 1957 年版，第 64 页。
③ 同上书，第 65 页。
④ 同上书，第 64 页。

利就是有个社会应该保护我使我享有的东西"。① 而不公道的显著事例，都或是对个人权利的伤害，或是对权利所保护的利益的侵害，既然个人的权利也可以看成个人的利益，那么，不公道的事例也是对应当被认作权利的利益的侵害。

至于第二种伤害的种类，即当别人明显需要帮助时如果不提供这种帮助，密尔认为，这也是对他人的伤害。他指出，虽然没有人有要求我们慷慨或仁慈的道德上的权利，即没有任何个人有权利要求我们尽力施予他福利，但"一般人类是有这种权利的"。② 即虽然个人并不对任何他人负有慷慨和仁慈的义务，但慷慨和仁慈如果被理解为是"尽力利益他人"的话，尽力利益他人就可以被归结为是每个人的义务。尽力利益他人，在密尔那里包括不伤害他人和帮助他人两个方面。并认为不必要在不伤害别人和帮助别人之间区分开来。密尔经常强调，人们对别人具有的义务不仅在于不主动地伤害别人，也在于当别人明显需要帮助时提供这种帮助。"还有许多积极性的对他人有益的行动，要强迫人们去做，也算是正当的……凡显系一个人义务上当做的事而他不做时，就可要他对社会负责，这是正当的。须知一个人不仅会以其行动遗患于他人，也会因其不行动而产生同样的结果，在这两种情况下要他为此损害而对他们负责交待，都是正当的"。③ "为着促进他人的好处的无私效劳绝不需要有任何降减而是需要大大增加的"。④

这是因为每个人既然都生活在社会中，就都要在为了保卫社会或其成员免于遭受损害和妨碍而付出的劳动和牺牲中担负他自己的一份责任，在别人明显需要帮助时提供这种帮助，这并不意味着要把慷慨和仁慈囊括在公道的范围之内，而是尽力利益他人可以归结为公认已久的公道例子——还债与报恩之中，是"报答社会对我们的功德"，⑤ 是知恩图报，也是我们每个人的义务，否则就是对他人被认作权利的利益的伤害。

同样，对于第六种伤害情况即"使人失期望"这个行为，密尔也把它当成是对他人的伤害，因为一方面，所期望的是一种由被期望人所把持

① ［英］约翰·穆勒：《功用主义》，唐钺译，商务印书馆1957年版，第58页。
② 同上书，第54页。
③ ［英］约翰·密尔：《论自由》，许保骙译，商务印书馆2005年版，第12—13页。
④ 同上书，第90页。
⑤ ［英］约翰·穆勒：《功用主义》，唐钺译，第54页。

的利益；另一方面，被期望人所把持的利益是期望人有权利可以得到的，当然这种权利不是法律或道德赋予他的，而是许诺者赋予他的。因为人会对他人产生期望，是出于他人的承诺，守诺是一种普遍的德性，而"当特殊的德性演变为普遍的德性，它就会成为责任领域中的构成元素之一"。① 一旦个人作出许诺，他人就会对他有所依赖，他就有了守诺的责任。所以，当每一个有益于社会的人使其他人从他那里得到了一种期望，他就有了把自己所把持的、应当给予期望人所期望的利益的责任，如果没有正义的借口，他使此种期望变成了失望，他就是没有履行义务，就应当受到谴责。由此可见，使人失期望也是对他人被认作权利的利益的伤害。

密尔把伤害看成对他人"应当认作权利的利益的伤害"这个观点也可以从反面得到论证。

密尔把伤害看成对他人被认作权利的利益的伤害，这个观点还可以从密尔并不把某些事实上的伤害的例子列入他的伤害概念范围得以证明。如密尔认为，对于那些失望的竞争者，虽然他们在竞争中的失败使其失去了一些利益，但社会"不承认他们在法律方面或道德方面享有免除这类痛苦的权利"，② 因而他们遭受损失的利益，并不是被法律或道德认可的应当认作权利的利益，社会也就不会感到有使命要予以干涉。

由上面的分析可见，密尔所说的伤害，是对他人被认作权利的利益的伤害。难怪密尔在《论自由》中，在阐述了伤害的几种较典型的种类（前三种类型）之后，接着得出的结论是："总之，一个人的行为的任何部分一到有害地影响到他人的利益的时候，社会对他就有了裁判权"。

虽然我们认为密尔所说的伤害不是指对权利的伤害，而是被认作权利的利益的伤害。可以说属于"利益伤害论"，但我们所持的这种观点与威廉姆斯所持的观点并不相同。威廉姆斯虽然认为伤害是对与权利密切相关的利益的伤害，但他又认为，社会有权加以干涉的事物之范围就是那些属于正义观念之中的事物。由上面的分析可见，伤害虽然是对被认作权利的利益的伤害，但这些权利并非都是由法律和道德赋予的，如在第二种情况下，个体为了他自己的目的，其他人应该去帮助他，这不是正义原则下的权利的应有之义；在第六种情况下，不让人失期望也不是正义原则下的权

---

① 曹海军：《权利与功利之间》，江苏人民出版社 2006 年版，第 86 页。
② ［英］约翰·密尔：《论自由》，许保骙译，商务印书馆 2005 年版，第 113 页。

利的应有之义。这两种行为都不能够列为不正义的行为，而是属于无情的行为。所以，伤害所侵犯的利益是被认作权利的利益，但这种权利并非都是正义原则下的权利。

2. 他人纯粹的厌恶或情感的痛苦不属于伤害

密尔在确定伤害的内容主要是指对被认作权利的利益的伤害的同时，坚决反对把导致对他人纯粹的厌恶或情感的痛苦看成伤害。

密尔认为，一个人的行为和性格，如果只涉及自己的好处，而不影响到与他发生联系的其他人的利益，如果说影响也只是招致他人观感不佳的判定，他因此而承受的唯一后果，只是与那种判定密切相连的一些不便，而不应该受到任何形式的社会制裁。他们在涉己行为方面的缺陷，最多可能会使我们产生厌恶或不快的情感，但这些不快的情感不能成为对伤害的确证，因为这些行为并没有给我们导致可以察觉的直接的伤害。如与我们自己怀有不同宗教意见的人可能会令我们产生反感情绪，但我们不能够因为这种反感情绪是由他们引起的，就认为这是对我们的伤害。如回教国禁止吃猪肉，我们不能够把这种禁令当作宗教迫害，因为没有一个人的宗教规定以吃猪肉为义务，① 该宗教禁令也就没有导致对我们明确而可指定的义务的侵害，因而不能归结为宗教迫害。

密尔指出，虽然"有很多人把他们所厌恶的任何行为看作对自己的一种伤害，愤恨它好像它对于他们的情感是一种暴行"。② 其实，这些行为所带给他们的痛苦，都是由于他们自己缺乏宽容心所导致的，是自我导引的结果，一旦他们采取一种宽容的态度对待这些行为时，这些情感上的痛苦是可以避免的。行为者并没有故意带给他们这些情感方面的伤害，他们只是在涉己行为领域做自己喜欢做的事情而已，他不应该因这种不是由他直接引起的伤害而受到制裁。

可见，密尔的伤害概念并不是模糊不清的，而是清晰的。伤害有着确定的内容，"伤害"被界定为是对他人被认作是权利的某些相当确定的利益的伤害，那种纯粹的厌恶（个体情感痛苦或厌恶感受）在一个文明社会中是不能够被界定为"伤害"的。即伤害在密尔那里，是一种行为所产生的可察觉的经验性的后果，是否导致伤害是一种经验性的问题。一旦

---

① ［英］约翰·密尔：《论自由》，许保骙译，商务印书馆 2005 年版，第 101—102 页。

② 同上书，第 100 页。

我们拥有了充足的证据，并能够凭借这些证据，回答行为是否导致对他人的伤害，那么，就能够回答是否应该干预个人的自由问题，对个人自由的干预就不需要对功利进行复杂的计算。正是由于在密尔那里，"伤害"概念被以此种严格的方式进行了界定，"那么针对个体自由应当在何种境地被任何一个文明社会中的权利所卫护的判断，将不再依附于任何对功利的复杂计算"。① 自由原则在应用方面，就确实如密尔所说的那样，是"一条极其简单的原则"了。因此，把密尔的自由原则不能够实现其保护个人自由权利的目的归因于伤害概念的模糊不清是不恰当的。

由上面对自由原则及其赖以建立的"伤害"概念的分析可见，以密尔的自由原则本身包含冲突，或以密尔自由原则赖以建立的伤害概念模糊不清作为理由，来反对密尔自由原则能够保护个人自由的目的是不恰当的。密尔的自由原则能够实现其保护个人自由的目的，但是，密尔自由原则目的的实现，是以其对伤害概念的界定为前提的。离开这个特定的概念，密尔的自由原则在实现个人自由这个目的方面确实会遭遇一些难题。

第二节　伤害概念与自由原则目的的实现

然而，即使密尔的自由原则内涵本身并不包含冲突，其赖以建立的伤害概念也是清晰的，密尔的自由原则仍然被指责为不能够实现其保护个人自由的目的。因为以伤害概念为基础的自由原则，在实际的应用中会遭遇多个方面的问题：一是有着不同的道德或文化价值取向的人，在同一件事情上对于伤害是否存在、伤害的程度如何的问题，会得出不同的结论，因此，伤害的内容难以确定。二是完全不伤害他人的涉己行为领域是不存在的，因此，涉己行为与涉他行为领域的划分是不可能的；三是以伤害概念为基础的自由原则会与功利标准相矛盾。其实，自由原则在应用中可能出现的这些问题，密尔在其著作中都进行了说明。

一　伤害的确定与自由原则的目的

如果密尔的伤害概念被界定为是对他人应当认作权利的利益的伤害，那么，对于什么利益应当被认作权利的利益，有着不同的道德或文化价值

---

① 曹海军：《权利与功利之间》，江苏人民出版社 2006 年版，第 76 页。

取向的人可能会得出不同的结论，伤害的内容难以确定。因此，有批评者指出，自由原则在应用方面似乎并不像密尔所说的那样是一项"简单的原则"，根据伤害来确定是否应该干预个人的自由就是不可能的，密尔以自由原则来实现对个人自由保护的目的是难以实现的。其实，如果密尔的伤害概念确实如我们上面所分析的那样，那么，密尔建立于伤害概念之上的自由原则所设想的保护个人自由的目的就是可以达到的。对于批评者的批评也是可以应对的。

认为密尔的自由原则由于建立在伤害概念基础之上，所以不能够实现自由原则保护个人自由的目标的批评者，主要以格雷、内格尔为代表。

格雷认为密尔的自由原则是"告诉我们什么时候对自由的限制可能是合理的"，① 而要知道应该在什么时候限制人们的自由，就需要对危害进行计算。即"我们必须在危害和限制自由所产生的利益之间作出功利主义的比较"。② 内格尔（Ernest Nagel）也认为，对于行为是否导致伤害是难以确定的。他指出："一种对于什么被认为是对他人的伤害（某些类型的社会控制被得以认可意义上的伤害）的说明，不能逃避并或多或少地涉及到清楚全面的道德和社会设想……即使当普遍的道德原则达到一致时，要去决定某种类型的行为是否确实伤害了他人也是困难的"。③

其实，格雷之所以得出这样的结论，是因为他对自由原则目标的界定不符合密尔的本意。在密尔那里，如果自由原则的目限于对个人自由的保护，那么，密尔的自由原则最重要的是要告诉我们什么时候不能够限制人们的自由，而不是如格雷所说的是要"告诉我们什么时候对自由的限制可能是合理的"。他虽然提出了干预个人自由的必要条件——伤害他人，但他的目的是为了提出不干预个人自由的充分条件——不伤害他人的涉己行为，而不是要说明如何根据伤害来进行对个人自由的干预。

这可以在密尔早期的著作中得以证明。密尔在他 1834 年写的论文《论惩罚》中就阐述了关于"伤害原则"的观点。他认为侵犯他人自由权利唯一正当的理由是自卫（self-defence）。当我们的行为侵犯到他人的权

---

① ［英］约翰·格雷：《自由主义的两张面孔》，顾爱彬、李瑞华译，江苏人民出版社 2005 年版，第 117 页。

② 同上。

③ Michael Joshua Mulnix, Mill's Liberty Principle and the Conditions of Happiness（the Paper of Doctor of Philosophy），Iowa：The University of Iowa, 2005, p. 117.

利的时候，我们的自由要被限制。"社会给任何人造成痛苦而不失为正当的唯一权利是自卫的权利；如果根据这种程度对厌恶的社会成员的正常自由进行干预是正当的，就隐含着可以把他关进监狱并待在那里也是正当的，为了使社会无辜的成员免遭他们的侵害，任何更大程度的强制也是正当的"。①

可见，在密尔那里，自卫的权利是自由权利的界限。

伤害原则就变成了：个体的行为没有伤害到其他人，他就有自由行事的权利。正如赖利所认识到的那样："自由原则对社会平等地分配给每一个成员的自由权利陈述了一个充分条件：当且仅当个体的行为纯粹是自我认知时，个体应当享有这样一种权利"。②

这样，尽管如格雷所认识到的那样，在存在着多种不同的善的多元价值的世界里，"对危害的判断随着各种善的生活理想的不同而不同"，③ 甚至"对事实的共识本身并不能产生出对危害的一致判断"。④ 或者如内格尔所说的那样，当伤害与普遍的道德原则达到一致时，也难以决定某种类型的行为是否确实伤害了他人，密尔的自由原则也可以应用于对个人自由的保护。因为：

一方面，密尔自由原则的目的是：告诉人们，个人的自由在什么情况下可以具备充分的条件得到保护，而不是如格雷所说的那样，要告诉人们，应该如何根据个人对他人的伤害程度来对个人自由实施干预。对于如何干预个人的自由所需要确定的、可察觉的伤害是否存在的问题，伤害的程度如何的问题，其答案确实需要"依赖于矛盾着的道德或文化价值"，⑤ 但这并不与自由原则提出的，个人自由在涉己行为领域应受到保护的论断相矛盾。因为只要不伤害他人的条件得以满足，个人自由就应该受到保护，而并不会因为格雷所说的"有着不同的善的生活理想的人应用时，

---

① Huodong, L., Mill's Harm Principle as Social Justice (the Doctor of Philosophy Degree), Carbondale: Southern Illinois University, 2004, p. 95.

② 曹海军：《权利与功利之间》，江苏人民出版社 2006 年版，第 84 页。

③ ［英］约翰·格雷：《自由主义的两张面孔》，顾爱彬、李瑞华译，江苏人民出版社 2005 年版，第 117 页。

④ 同上书，第 118 页。

⑤ 曹海军：《权利与功利之间》，第 88 页。

就有着不同的结果"，① 就可以否认密尔的自由原则能够应用于对个人涉己行为领域的自由的保护。

另一方面，在应用自由原则考虑是否要干预个人的自由时，不需要对危害进行计算，更不需要在危害和限制自由所产生的利益之间作出功利主义的比较。因为密尔通过把厌恶或情感方面的痛苦排除在伤害概念的内涵之外，就使任何特殊社会加诸个体之上的权威，被限定于涉他行为领域之内了。对于伤害的考量问题就被限制在这个涉他行为领域了。一旦除了其他人的厌恶或情感的痛苦，在没有别的证据证明他人已经受到伤害的情况下，个体的行为就属于涉己行为，个体就可以具有合法的自由。即使是不同的社会和个体在既定的情形下，对被证明的侵害到他人的程度会有不同的认识，"针对自由原则应用的难以解决的争执也不需要产生"。② 也不会出现格雷所断言的情况，即 "穆勒的原则不能使对善有着不同观点的人们就自由应否受到限制统一意见"，③ 因为能否解决和如何解决这些问题是涉他行为领域里需要解决的问题，并不会影响到人们在涉己领域的自由权。所以，对密尔建立在伤害概念基础之上的自由原则不能够实现保护个人自由的目标的批评是不恰当的。

二　涉他行为领域与涉己行为领域划分的可能

认为密尔的自由原则不能够保护个人自由的另一个极为重要的论据是：涉己行为领域是不存在的领域，因此，涉己与涉他行为领域的区分是不可能的。其实，这种反对并不恰当，涉己与涉他行为领域的区分在密尔那里是可能的。

（一）对涉己行为与涉他行为划分的可能性的质疑

认为密尔不可能划分涉己与涉他行为领域的主张，主要基于以下两个方面的原因：

一是因为社会中的个人并不是孤立的原子，没有人会完全是孤立的，任何人的行为都可能影响到他人，也会被他人的行为所影响。一个人如果做了什么严重或永久有害于自己的事，其祸害就不可能不至少延及其左右

---

①　［英］约翰·格雷：《自由主义的两张面孔》，顾爱彬、李瑞华译，江苏人民出版社 2005 年版，第 118 页。

②　曹海军：《权利与功利之间》，江苏人民出版社 2006 年版，第 88 页。

③　［英］约翰·格雷：《自由主义的两张面孔》，顾爱彬、李瑞华译，第 116 页。

的亲人和远及亲人之外的人。他如果毁了自己的财产，对那些直接或间接依赖它资助的人就有了损害，并且通常也必在或大或小的数量上减少了群体的总资源。他如果毁伤了自己肉体的或精神的官能，他就不仅给所有依赖它以取得某一部分快乐的人带来了灾祸，而且也使自己丧失了为同胞尽其所应尽一般的义务的资格，或许还在他们的好感或善心上成为一个负担。如研究密尔的学者斯蒂芬（Fitzjames Stephen）就指出："每个人不仅在行为上互相影响，而且在思想、情感和意见方面也是相互影响的，孤立的人是不存在的，就像手离开了身体而不存在一样，这是一个很简单的事实"。① 因此，并不存在密尔所认为的、仅仅伤害自己而不会影响到他人的涉己行为，"对涉己与涉他行为的划分，就像试图划分行为的时间性与空间性一样，每一个行为既发生在一定的时间，也发生在一定的空间，同样，我们的每一个行为既影响我们自己也影响到他人……所以，这种划分完全是不合理的和荒谬的"。②

二是因为个体自我伤害的行为虽然不伤害到他人，但给他人树立了不好的榜样。

正是基于以上两个方面的原因，密尔对涉己行为与涉他行为领域的划分受到了质疑。

（二）涉己与涉他行为领域划分的可能性

对于以上的质疑，密尔事实上已经在他的《论自由》一书中从两个方面予以了回答：

1. 对他人的影响不等于对他人的伤害

密尔并不否认一个人所做的对于自己的祸害会通过其亲近的人们的交感作用或利害关系而严重地影响到他们，也会在较小的程度上一般地影响到社会。但影响并不必然是伤害，只有直接的影响才会影响到他人的利害，而间接的影响只是"冒犯"他人而已。一个人在自由选择自己的行为时，如果他的涉己行为是有过错的，并使这个行为导致了他对一个或多数人的明确而可指定的义务的违背，或者导致了对他人"可察觉得到的""确定的侵害"时，也即伤害了其他人被认作权利的某些确定的利益时，

① Smith, G. W. John Stuart, *Mill's Social and Political Thought—Critical Assessments*, London and New York, Routledge, 1998, p. 34.

② Ibid., p. 11.

这个行为就可称为不正义的行为，从而落入了涉他行为的领域并要受到社会的干预。密尔指出："当一个人由于这种行为而背弃了他对一个或多数他人的明确而可指定的义务时，这情事就被划在只关己身的那一类情事之外，而应当在道德的不谅面前接受质问"。① 或者"情事一到对于个人或公众有了确定的损害或者有了确定的损害之虞的时候，它就被提在自由的范围之外而被放进道德或法律的范围之内了"。②

即使是那种"对他人的福利缺乏应有的考虑，可是又不到违犯其任何既得权利的程度"，③ 密尔认为这种行为可称为是无情的行为，也会落入涉他行为的领域而应当受到舆论的惩罚，虽然不会受到法律的惩罚。

密尔列举了一些例子，如个人的铺张浪费导致了未能偿还债务而侵害了债权人的利益，士兵或警察因酗酒而影响了执行任务等，他们的行为就超出了涉己行为的领域而落入了涉他行为领域。而如果个人铺张浪费和喝酒并没有导致对他人的伤害，则还属于涉己行为而不应该受到干预。

总之，密尔认为，如果涉己行为是不正义的或无情的行为，就导致了"涉己行为的过错"而落入涉他行为的领域。

然而，这并不意味着涉己行为领域是空无一物的领域。因为在许多情形下，涉己行为并不是不正义的和无情的，即涉己行为的过错是可以避免的，虽然涉己行为会间接影响他人，但不会伤害而只是冒犯他人。如果铺张浪费的人能够还债，喝酒的士兵依然能够执行任务，吸食可卡因的人能够在流行的社会习俗下友善地对待或援助他人，那么，社会不应该由于他们的"冒犯"而干预他们。他们应该拥有自由。所以，密尔指出："如果一个人的行为既没有违反对于公众的任何特定义务，也没有对自己以外的任何人发生什么可觉察得到的伤害，而由这种行为产生出来的对社会的损害，也只属于非必然或者可以说是推导的性质，那么，这一点点的不便为着人类自由的更大利益之故是能够承受的"。④ "只有在个人须为他人自爱而不知自爱因而背弃对他人的义务的时候才能成为道德谴责的对象"。⑤

---

① ［英］约翰·密尔：《论自由》，许宝骙译，商务印书馆 2005 年版，第 97 页。
② 同上。
③ 同上书，第 89—90 页。
④ 同上书，第 98 页。
⑤ 同上书，第 94 页。

2. 坏的榜样更利于他人的自我发展

的确，一个人自我伤害的行为虽然不伤害到他人，但给他人树立了不好的榜样，而坏的榜样确实会有其毒害作用。但密尔认为，这种涉己行为的过错所起的榜样作用是利多于害，因为这种涉己行为的过错，必定伴随着它痛苦的或败坏名誉的后果。所以，如果这个例子从他人的自我发展的角度来看，更有利于人们的自我改进。

由以上的分析可见，密尔关于涉己和涉他行为领域的划分是可能的，批评者对密尔的这种划分的可能性的否定并不恰当。

三 基于伤害概念的自由原则与功利原则相一致的可能

即使如我们前面所分析的那样，密尔的自由原则要实现其保护个人自由权利的目的，并不需要确定是否造成伤害或伤害的程度如何，而且密尔关于涉己与涉他行为领域的划分也是可能的，但密尔的自由原则仍然被指责为不能够实现其保护个人自由的目的，因为自由原则以伤害概念为基础，会导致自由原则与功利标准相矛盾。其实，这种指责对于密尔也是不恰当的。

（一）伤害概念导致自由原则与功利标准相矛盾的责难

有批评者指出，如果密尔的自由原则建立在伤害概念之上，就会导致自由原则与功利原则相矛盾。因为密尔的自由原则规定，对自由限制的行为只限于产生对他人伤害的行为，然而，个人自由选择的行为有时虽然不会伤害到他人，但会伤害到自身，而对自身的伤害也会导致对社会功利的损失，所以，坚持自由原则有时会导致对社会功利最大化的危害。这样，坚持自由原则就会与密尔以功利原则为道德的标准相矛盾。如克罗（Harry M. Clor）就持这种观点。

克罗指出，密尔的自由原则似乎与他在标准范畴方面的观点矛盾。因为密尔反对"抽象权利的概念（作为脱离功利而独立的一个东西）"，①并且"在一切道德问题上"，密尔"最后总是诉诸功利的"。② 而密尔所提倡的自由原则，给予成年人没有限制的自由，事实上会导致三种伤害：一是对自己的伤害（由于这种伤害个人不能对社会福利作出贡献）；二是对

---

① ［英］约翰·密尔：《论自由》，许保骙译，商务印书馆2005年版，第12页。
② 同上。

那些自愿招致它的其他人的伤害；三是对社会造成长远的或间接的普遍伤害。① 这些伤害会导致社会功利的最终损失，所以，如果自由原则只是限制个人去伤害他人，而允许个人伤害自己，就会导致自由原则与作为道德标准的功利原则相矛盾。对于克罗所说的这个矛盾，其实在密尔那里是不存在的。在密尔那里，以伤害概念为基础的自由原则与功利原则是相一致的。

（二）基于伤害概念的自由原则与功利原则一致性的可能

在密尔看来，自由原则允许给予个人自由，并不意味着必然会导致对个人自身或他人的伤害，更不意味着会导致社会功利的损失，即以伤害概念为基础并不必然导致自由原则与功利原则相矛盾。密尔是从以下几个方面来说明这个问题的。

1. 涉己行为被界定为自我发展的行为

在密尔看来，个体的涉己行为是对他人无害的行为，但不一定就是对自己有害的行为。如果涉己行为是对己无害的行为，那么这个行为在个体自身那里，就可以被看成自我发展的行为，无论他所处的社会习俗认可的是何种善行。密尔在《论自由》中事实上作出过这种说明：之所以强调要给予个人自由选择其行为，是因为"他的自愿选择正证明他所自愿选定的事物对他是可取的，或者至少是能忍受的；而最能助成他的好处的办法大体说来也是让他采取自己的追求方法"。② 给予个人在涉己行为领域以自由的目的，就是让个人有机会思考和选择自己认为有利于他自己的事情，让个人在这种选择中锻炼和发展自己的各种能力。在这个领域里，个人只需履行对己的义务。而"所谓对己的义务，就是说不是对社会负有责任的，除非情况使得它同时也成为对他人的义务。这个名词如果除所谓自慎之外还有什么更多的意义，那就是指自重或自我发展"。③

2. 有过错的涉己行为会导致社会惩罚或自然惩罚

如果他人在涉己行为领域选择的行为并不是有利于他自我发展的行为，而是会导致对自己或他人伤害的行为，我们可以把这种行为称为"有过错的涉己行为"。这种有过错的涉己行为会导致社会惩罚或自然

---

①　Harry, M. C., "Mill and Millians on Liberty and Moral Character", *The Review of Politics*, 1985, 47（1）: 5.

②　[英] 约翰·密尔：《论自由》，许保骙译，商务印书馆 2005 年版，第 122 页。

③　同上书，第 94 页。

惩罚。

　　对于这种有过错的涉己行为，密尔指出了可以置之于社会惩罚的两种情形：一种情形是，当这种涉己行为"既非迫于某些更具必要性的义务，又在自己择取方面并无说得过去的正当理由，而竟失于对他人的利益和情感给以它们一般应当得到的考虑，他就成为道德不谅的对象"。[①] 另一种情形是，"一个人若以纯属只关己身的行为毁伤了自己而失去对公众尽其本分上某种确定的义务的能力，他就算犯了一个社会性的罪行"。[②] 但是，在这两种情形下，行为人受到制裁的根据在于，他对他人或社会义务的有失考虑这一点，而不是导致他有失考虑的原因。如一个士兵或警察因为执行任务时喝醉了酒而受罚，他之所以受罚并不因为他喝醉酒，而是因为他不能够执行任务，他喝酒是自由的，但他不执行任务则需要受罚。

　　对于个人在涉己行为中的过错，在不涉及对他人与社会责任的违背，不涉及对他人的伤害时，他虽然不会受到社会制裁的惩罚。但如果这种行为伤害到了自身，就会受到自然的惩罚。如他可能会遭到人们的蔑视、警告、避免与他合群，但是，人们对他的暗示、建议、厌恶、劝说和警告，即使是到了鲁莽的程度，也不构成是对他的伤害。因为自由赋予我们做自己喜欢或厌恶的事情，自然惩罚虽然与我们的厌恶相关联，但在自由原则之下是可以允许的。自然惩罚给行为人造成的伤害可能是可察觉的，但密尔认为这种伤害是他自己选择的涉己行为所导致的，是他自己选择的行为的直接结果，并不是他人施加于他的伤害。"一个具有某些直接只关己身的缺点的人可以从他人手里受到极其严酷的惩罚；但是他之所以受到这些惩罚只是作为那些缺点本身的自然的和也可说自发的后果，而不是有谁为了惩罚之故有目的地施罚于他"。[③]

　　密尔确实认为对一种并没有伤害他人却大有害于自己的行为，即使是社会全体或多数人厌恶或不喜欢，也不能成为社会或他人对他进行干涉和控制的正当理由。但他又认为如果这种对自己的极大危害导致他"失于对他人的利益和情感给以它们一般应当得到的考虑"时，他就要受到道德的谴责，如果导致了"他对他人或社会义务的有失考虑"，甚至"失去

①　［英］约翰·密尔：《论自由》，许保骙译，商务印书馆2005年版，第97页。
②　同上。
③　同上书，第92—93页。

对公众尽其本分上某种确定的义务的能力"，他就算犯了一个社会性的罪行，而应该受到社会干预乃至制裁。并且密尔认为每个人都是社会中的一员，"每人既然受着社会的保护，每人对于社会也就该有一种报答，每人既然事实上都生活在社会中，每人对于其余的人也就必得遵守某种行为准绳，这是必不可少的"。① 既然每个人作为社会的人，其必须要履行某些对他人和社会的义务，而极大地伤害自身必然会导致对这些义务的违背，所以，个人事实上有机会这样做，而不会导致对这些义务的违背的可能性极少。密尔认为如果有人确实有这种机会，而他又自愿这样做，那么，社会不应该干预他的这种自由。

即使有这种机会这样伤害自己的个人，确实如克罗所说会导致其"不能对社会福利做出贡献"，但密尔认为这只是"一点点的不便利，社会为着人类自由的更大利益之故是能够承受的"。② 密尔认为要给予他人这样的自由实际上是为了进一步强调个人自由的重要性。

密尔或许会认为，具有成熟能力的成年人从来不会采取这样严重伤害自己的行为，除非他别无选择，或者过于年轻，以致无法理解这种行为的后果。如果是这样，自由原则就不适用于无自我发展能力的人类个体，因为自由原则只适用于成熟的人类，自由原则的目的是为了给个人自我发展的机会，而人类的自我发展始终是最大的社会功利。所以，适用于自由原则的那些成熟的人类个体，他们应该是具备自我发展能力的个体，因而也就是能够促进社会功利的个体。因此，密尔的自由原则并不与他在标准范畴方面的观点相矛盾。

3. 自愿受影响不完全等同于自愿受伤害

至于克罗所说的给予成年人没有限制的自由，会导致的第三种伤害，即"对那些自愿招致它的其他人的伤害"的说法不符合密尔的本意，因为：第一，密尔所说的影响不是伤害。密尔认为，凡属影响到本人都会通过本人而影响到他人，这种影响属于间接影响；直接影响是指那种"直接的、最初的"影响，这种影响是对自己本人或那些自由自愿的、非经蒙骗的同意和参加的他人的影响。密尔认为只有直接的影响才是对他人的"间接的利害"（indirect interest）。而间接的影响并没有对其他人真正造

---

① ［英］约翰·密尔：《论自由》，许宝骙译，商务印书馆 2005 年版，第 89 页。
② 同上书，第 98 页。

成任何伤害，而只是"冒犯"了其他人而已。在《论自由》中，密尔在谈到公众为何在纯粹私人行为问题上的意见往往对错各半时，他指出："因为在这类问题上他们只需要判断他们自己的利益，只需要判断某种行为如任其实行出来将会怎样影响到自己。……因为在这类情事上，所谓公众的意见至好也不过是某些人关于他人的善恶祸福的意见；甚至往往连这个都不是，而不过是公众以完完全全的漠不关心掠过他们所非难的对象的快乐或便利而专去考虑他们自己欢喜怎样和不欢喜怎样罢了"。① "公众在干涉私人行为时，很少想到别的什么，只不过想到凡不同于他自己的做法或想法是怎样罪大恶极罢了"。② 由密尔的这些论述可见，在密尔看来，一个对他人有影响的行为或事情，就是指这个行为或事情与那些人的做法、想法、喜好不一致的行为或事情；是那些别人不喜欢的和讨厌的行为或事情。而不是真正有害于他人应当认作权利的利益。难怪泰恩（C. L. Ten）指出："根据密尔，如果一个行动间接地影响了其他人或其他人的利益只是因为他们不喜欢这个行动，或者这个行动与他们自己的做法或想法不一致；或者不道德"。③ 所以，那些自愿受影响的人并不会受到伤害。

第二，密尔赞成那种只会导致对双方有影响的定约而不支持那种有害于双方自己的定约。密尔确实说过，若干个人在只关他们而不关他人的共同事情上，有自由经相互同意来签订协约，即使这种协约对双方有影响。"若说也影响到他人的话，那也是得有他们自由自愿的、非经蒙骗的同意和参加的。"④ 但密尔所说的有影响不是指会导致伤害。如果人们自愿签订的协约是有害于双方的，那么，这种协约是要撤销的。"就是某种订约有害于双方自己时，这有时也足可成为叫他们解除那个订约的充分理由。"⑤

由以上两个方面的分析可见，密尔主张给予个人自由，并不是允许人们作出那种使自己不能够对他人和社会履行义务的自我伤害，也不是允许

①　[英]约翰·密尔：《论自由》，许保骙译，商务印书馆 2005 年版，第 100 页。

②　同上。

③　Harry, M. C., "Mill and Millians on Liberty and Moral Character", *The Review of Politics*, 1985, 47 (1)：7.

④　[英]约翰·密尔：《论自由》，许保骙译，第 13 页。

⑤　同上书，第 122 页。

对那些自愿招致它的其他人的伤害，从而给予个人自由并不会导致对社会长远的或间接的普遍伤害。所以，克罗所说的给予个人自由会导致的三种伤害情况是不存在的，密尔基于伤害概念之上的自由原则并不会与他在标准范畴方面的观点相矛盾。像克罗一样持这种观点的人之所以会有这样的看法，正如莱恩所指出的，是因为"人们没有把真正错误的行为和愚蠢的行为或无美感的行为区别开来……密尔的观点是道德或合法的判断必须基于主体有意地去伤害别人，那些超出这个领域的行为则属于审慎和审美的事情"。①

既然以上的分析表明，密尔以伤害概念为基础的自由原则，在实际的应用中并不会遭遇伤害的内容难以确定，不可能划分涉己行为与涉他行为领域，以伤害概念为基础会导致自由原则与功利标准相矛盾这些问题，那么，自由原则就可以实现其保护个人自由的目的。当然，密尔对这些问题的解决是基于其对伤害内容的特殊规定；是以对涉己行为与涉他行为概念的界定为前提的。

第三节　功利原则与自由的统一

虽然上面的分析表明，密尔通过自由原则以保护个人自由的目的是可以实现的，然而，批评者仍然指出，即使是密尔的自由原则能够使个人在涉己领域拥有绝对的自由，个人自由在一般情况下不需要诉诸最大化功利的计算，但是，个人自由有时会与社会功利最大化发生冲突，那么，在这种情况下，以功利原则为至上性原则的密尔功利主义的自由主义，必然会为了最大化社会功利而侵犯个人自由，就有可能会为了促进功利的最大化而允许奴隶制和家长主义的存在。这样，密尔所极力倡导的自由原则的目的仍然无法实现。而如果在个人自由与功利最大化发生冲突的情况下，个人自由并不需要让位于功利最大化，自由原则在涉己行为领域具有普适性，似乎就会导致对功利原则至上性的否定，功利原则与自由的矛盾依然没有解决。其实，在密尔那里，这些问题是能够解决的。

---

① Harry, M. C. , "Mill and Millians on Liberty and Moral Character", *The Review of Politics*, 1985, 47（1）: 7.

一　功利原则与自由统一的桥梁——自我发展

对于为了功利最大化有可能会导致对个人自由侵犯的问题，密尔通过把功利最大化界定为人类的自我发展解决了这个问题。

（一）功利最大化的条件——自由

在前面第三章中，我们已经分析、说明了在密尔那里，最大化的功利就是指人类的自我发展，人类的自我发展是在每一个个人的自我发展的基础上得以实现的。一个由一些发展了的个人组成的社会就是一个具有多样性的有个性的社会。在这样的社会里，当每个人的个性和能力都得到发展时，每个人就将能够以适合自己的方式发展。每个人也就因此而成为促进所有人发展所必需的多样性的一个部分。"相应于每人个性的发展，每人也变得对于自己更有价值，因而对于他人也能够更有价值"。①

根据密尔自我发展概念的特征和实质内容，自我发展的实现需要以自由作为前提条件来加以保证。即功利最大化需要以自由作为其实现的条件。

1. 自我发展的个人是具备"理想性格"的个人

密尔对"自我发展"这个概念虽然没有进行明确的界定，但"自我发展"这个概念的特征可以从他的论述中概括出来。可以说，密尔所界定的"自我发展"概念的特征主要体现在"理想性格"的概念中。② 这种理想的性格包括两个方面：一方面，这种性格是一种积极的性格；另一方面，这种性格是"坦率的无畏的性格"。

密尔认为，发展了的个人应该具备一种性格，这种性格应该是一种积极的性格。因为"一个人，其欲望和冲动是他自己的——这些是他自己的本性经过他自己的教养加以发展和校改的表现——就称为具有一个性格"。③ 相反，"凡是听凭世界或者他自己所属的一部分世界代替自己选定生活方案的人，除需要一个人猿般的模仿力外便不需要任何其他能力"。④ 所以，一个发展了的个人，应该是一个具有积极性格的人，而不是消极被

---

① ［英］约翰·密尔：《论自由》，许保骙译，商务印书馆2005年版，第74页。

② Andrew Valls, "Self-Development and the Liberal State: The Cases of John Stuart Mill and Wilhelm von Humboldt", *The Review of Politics*, "Spring, 1999", 61（2）: 253.

③ ［英］约翰·密尔：《论自由》，许保骙译，第71页。

④ 同上书，第69页。

动的人。

此外，密尔认为，发展了的个人应该具备一种"坦率的无畏的性格"，他虽然也注意到具有这些性格的个人可能有时会越雷池，但他仍然乐观地认为，他们这样也是有益于社会而不是有害于社会的。"说某一个人比另一个人欲望和情感较为强烈和较为多样，意思只是说他具有较多的人性原料，因而就或许有能力做较多的祸害，但也确定有能力做较多的好事"。①

总之，密尔认为，一个发展了的个人应该是一个具备了积极的性格和坦率无畏的性格的人，而具有这些性格的人就是有个性的个人，而要判断一个人是否是自我发展了的个人，是否是有个性的个人，也主要以这个人是否形成了一种理想的性格为标准。

2. 自我发展需要那些能够提升个人更高能力的生活方式

密尔关于自我发展的概念在实质性的内容上主要强调的是一种有利于提升个人道德和智力能力的生活方式。密尔认为人类的发展与生活方式的价值密切相关。因为发展至少意味着一个人较高理性能力和道德情感的锻炼，或者意味着一个人的道德和智力能力的提升。任何发展的概念，如果没有包含这些因素就不能说明形成好生活的人性特征。并不是所有的生活方式都能达到这种效果，所以，要使个人获得发展，就必须选择那种能够提升人的道德和智力能力的生活方式。密尔认为，只有在这些生活方式的影响下，个人的道德和智力能力才能够得到提高，也才能够得到发展。密尔因此主张"做一个不满足的人比做一个满足的猪好；做一个不满足的苏格拉底比做一个傻子好"。② 虽然密尔也认为个性的价值还与个性自身的好处相关。如密尔认为，由一个人自己规划的自己的存在方式总是最好的，这当然"不是因为这方式本身算最好，而是因为这是他自己的方式"。③ 当然，密尔也涉及了生活方式本身对那个人的满足，"同一种生活方式，对于这个人是一个健康的刺激，足以使其行动和享受的一切官能得到最适当的应用，对于另一个人则成为徒乱人意的负担，足以停歇或捣碎一切内心生活"。④ 但是密尔更强调的是那种能够提升个人更高能力的那

① ［英］约翰·密尔：《论自由》，许保骙译，商务印书馆 2005 年版，第 70 页。
② ［英］约翰·穆勒：《功用主义》，唐钺译，商务印书馆 1957 年版，第 10 页。
③ ［英］约翰·密尔：《论自由》，许保骙译，第 80 页。
④ 同上。

些生活方式。

由密尔"自我发展"概念的特征和实质内容可见，一个社会要成为一个有个性的、发展的社会，需要一个个发展了的、具备"理想性格"的个人，而要培养出这样发展的个人，重要的在于要让人们有发展自己个性的自由，有选择那些能够提升个人更高能力的生活方式的自由。因此，在密尔那里，要使个人得到自我发展，意味着需要更特别的条件来鼓励和实现个人的自我发展；如此有意义的发展并不是在任何条件下都可以实现的，而是需要特殊条件来保障的。这些条件包括物质的条件和制度的条件等。在一些环境下期望人类的发展是不可能的；个性的发展也不是仅凭个人的自觉欲望就能够实现的，是由环境所提供的机会而实现的。他在《逻辑学体系》中指出："改变我们自己个性的愿望，不是我们自己付出的任何努力所得来的，而是被我们无力改变的环境所给予的：要么外在的原因将它带给我们，要么它根本就不存在"。① 因此，国家必须尽量保证有利于其成员发展的条件的存在。即要使人们能够在"精神方面、道德方面和审美方面成长到他们本性能够达到的体量"，② 必须具备"自由和境地的多样性"；③ 必须使人们在生活方式方面拥有"如此多般的歧义"。因此，在密尔看来，自由是自我发展的条件，人类自我发展这个最大功利目标的实现要诉诸自由。

（二）自由促进功利最大化

密尔认为要实现功利最大化需要自由作为条件，是基于他的这个信念：人类的事务应该根据具有普遍性和真理性的两个原则："第一个原则是，每个人或任何一个人的权利和利益，只有当有关的人本人能够并习惯于捍卫它们时，才可免于被忽视。第二个原则是，从事于促进普遍繁荣的个人能力愈大，愈是富于多样性，普遍繁荣就愈达到高度，愈是广泛普及"。④ 而人们能够捍卫自己的权利和利益、提升自己的能力的必不可少的条件是人们能够拥有自由。因为自由能够实现这些目标，具体表现在：思想自由和言论自由（意见自由）有利于趋向真理；个性自由有利于个

---

① ［英］理查德·贝拉米：《重新思考自由主义》，王萍等译，江苏人民出版社2005年版，第44页。
② ［英］约翰·密尔：《论自由》，许保骙译，商务印书馆2005年版，第80页。
③ 同上书，第67页。
④ ［英］J. S. 密尔：《代议制政府》，汪瑄译，商务印书馆1982年版，第44页。

人的自我发展；政治参与的自由有利于促进公共精神的形成。

1. 意见自由促进人类精神福祉

密尔认为意见自由对于人类的精神福祉具有重要的意义，而精神福祉是人类其他福祉的基础。这里，密尔"精神福祉"概念的内涵不仅仅是指真理性的意见，而且还应该包括人们所有能力的发展。意见自由对人类精神福祉的影响也表现为对这两个方面的影响。

（1）意见自由促进真理的发展

意见自由包括思想自由和言论自由。密尔认为，意见自由对于促进真理具有重要的意义，因为人类的认识具有局限性，每个人的意见都可能会对会错，没有人可以确定地掌握一切真理，对于整个时代来说也是一样，时代并不比个人较为不可能错误一些。通过允许言论自由这个程序，可以使那些导致真理性意见的真相、证据和好的观点得以产生。所以，任何人，不管是以人民的名义，还是以政府的名义来压制个人的意见自由都是不合法的，即使是全人类对某个问题的看法意见一致，而只有一个人持反对的意见，那么，人类迫使这个人沉默也是不正当的，因为那个意见不一定就是错误的。"假如那意见是对的，那么他们是被剥夺了以错误换真理的机会；假如那意见是错的，那么他们是失掉了一个差不多同样大的利益，那就是从真理与错误冲突中产生出来的对于真理的更加清楚的认识和更加生动的印象"。① 况且，"我们永远不能确信我们所力图窒闭的意见是一个谬误的意见"。② 因此，"凡压默讨论，都是假定了不可能错误性"。③ "迫使一个意见不能发表的特殊罪恶乃在他是对整个人类的掠夺"。④

密尔认为，即使我们确信一种意见是绝对正确的，允许其他拥有表达意见的自由权利也是非常重要的，因为，如果不允许对它的反对意见得到充分表达，那么这种真理就不能在与错误意见的斗争中表现其正确性，"在每一个可能有不同意见的题目上，真理却像是摆在一架天平上，要靠两组互相冲突的理由来较量"。⑤ 只有在冲突的意见中，真理才能有机会表现出来。况且，现实世界的许多原则和意见，都介于真理与谬误的中间

---

① ［英］约翰·密尔：《论自由》，许保骙译，商务印书馆 2005 年版，第 19—20 页。
② 同上书，第 20 页。
③ 同上。
④ 同上书，第 19 页。
⑤ 同上书，第 42 页。

状态，一些对立的见解实际上处在真理的两端，需要从对立的对方意见来补充和充实自己。而且，作为真理，"若不时常经受充分的和无所畏惧的讨论，那么它虽得到主张也只是作为死的教条而不是作为活的真理"。① 因为，"在缺乏讨论的情况下，不仅意见的根据被忘掉了，就是意见的意义本身也常常被忘掉了"。② 保留下来的就只是意见的外壳和表皮，其精华则已尽失去。只有通过意见分歧，才能使真理的各个方面得到公平比赛的机会。所以，"在人类心灵未臻完善的状态下，真理的利益需要有意见的分歧"。③ 这种分歧对于人们完善各自的意见是大有裨益的，而且对于真理的发现和发展也是必要的。

（2）意见自由提升人类的智力能力和道德品性

密尔不仅认为意见自由对于发现和发展真理具有重要意义，而且也认为意见自由有利于提升人类的智力能力和道德品性。

一方面，人们可以通过从公开辩论的意见中进行选择的过程提升自己的智力能力。密尔指出，一个人对于一件事情，如果仅仅知道他自己的一方，即使他的理由也许很好，也许也不曾有人能驳倒他，但是，如果他也同样不能够驳倒反对方面的理由，甚至不知道那些反对的理由是什么，那么，他对那个事情就知之甚少，就没有根据在两种意见之中进行选择。因为，"要真正知道那部分真理，只有兼顾双方、无所偏重、并力图从最强的光亮下来观察双方的理由的人们才能做到"。④ 在这种无法进行正确选择的情况下，如果他没有合理地暂且把他的判断悬搁起来，那么，"他便不是被权威带着走，就是像世界上一般情况那样采取他自己情绪上所最倾向的一方"。⑤ 而"人类的官能如觉知力、判断力、辨别感、智力活动甚至道德取舍等等，只有在进行选择中才会得到运用……智力的和道德的能力也和肌肉的能力一样，是只有经过使用才会得到进展的"。⑥ 如果让一个人接受一种与自己的理性推理的结果不一致的意见，这不但不能加强，反而会减弱他的智力能力。因此，意见自由对于人们智力能力的培养极为

① ［英］约翰·密尔：《论自由》，许保骙译，商务印书馆2005年版，第40页。
② 同上书，第45页。
③ 同上书，第60页。
④ 同上书，第43页。
⑤ 同上书，第42页。
⑥ 同上书，第68—69页。

重要。

另一方面，意见自由对于提升人们的道德品性至关重要。密尔指出，一个信条，当它尚在为其存在而奋斗（与其他信条争议，为自己辩护）的时候，只要使它们对其他信条占上风的斗争持续下去，人们对它们的意义的感觉就不会减弱，或者甚至还把它阐发到更加充分的意识之中，"也体验到那个信条在品性方面的充分效果，那是对于那个信条的信仰在一个为它彻底浸透的心灵中应当产生的效果"。① 一旦那个信条变成了一个承袭的东西的时候，这个信条的接受者就像是抱持一个偏见，这个信条就会变得与人类的内心生活几乎完全没有联系，在信徒的心中只是死的信条而并不成为一种力量。可见，"在缺乏讨论的情况之下，不仅意见的根据被忘掉了，就是意见的意义本身也常常被忘掉了"，这时，这种危害就不只是知识上的，而是"道德上的危害"了。② 宗教的教义如果成了仅仅形式上宣传的东西，那它对于人们的行善、至善是无效的，因为它妨碍人们寻求依据，阻碍他们从亲身体验中得出由衷的信念。密尔以基督教信条为例，说明了缺乏意见自由对道德品性的危害："若说对公众的义务这个概念在近代道德中还得到一点点的承认，那也是引自希腊和罗马的源泉，而不是得自基督教。同样，甚至在私人生活道德方面，若还存有任何所谓恢宏气度、高尚心胸、个人尊严、甚至荣誉之感等等品质，那也是得自我们教育中纯人事的部分，而不是得自其宗教的部分：在一个宣称只认服从为唯一价值的伦理标准之下绝不可能生长出那些品质来"。③

总之，密尔认为意见自由对于人类精神福祉具有重要意义：思想自由和言论自由有利于使自己的意见"借着讨论和经验"从对立的意见中得以修正并趋向于真理；④ 有利于"至少在普通的反驳面前作辩护"中培养人类的智力和判断力；⑤ 有利于克服"既定意见的沉睡"；⑥ 有利于避免教义的意义本身"丧失或减弱并且失去其对品性行为的重大作用"。⑦ 所

---

① ［英］约翰·密尔：《论自由》，许保骙译，商务印书馆 2005 年版，第 46—47 页。
② 同上书，第 45 页。
③ 同上书，第 58 页。
④ 同上书，第 21 页。
⑤ 同上书，第 41 页。
⑥ 同上书，第 50 页。
⑦ 同上书，第 62 页。

以，意见自由可以促进人类精神福祉，促进人类的自我发展。

　　2. 生活方式的自由促进人类个性的发展

　　在前面关于密尔的自我发展概念的阐明中，我们已经表明，个性的发展（理想性格的形成）是密尔自我发展概念中的实质内容，而且，密尔的"自我发展"概念的特征主要体现在"理想性格"的概念中。密尔认为发展了的个人应该具备一种理想性格，这种理想性格应该是一种积极的性格、坦率无畏的性格，具备这样理想性格的人就是有个性的个人。而要使个人的个性得以形成，必须使"其欲望和冲动是他自己的"，并使"他自己的本性经过他自己的教养加以发展和校改"。因为人与人之间具有差异性，人性不是一架机器，不能按照一个模型铸造出来，然后让它去作替它规定好了的工作；相反，人性更像一棵树，"需要生长并且从各方面发展起来，需要按照那使它成为活东西的内在力量的趋向生长和发展起来"。① 密尔这里所说的使人性"成为活东西的内在力量"是指人的欲望和冲动，他说："一个人，其欲望和冲动不是他自己的，就没有性格"。② 即人自己的欲望和冲动而不是他人的欲望和冲动是培养性格的前提，但密尔所说的性格是一种理性的欲望、道德的欲望。所以，他又进一步指出："一个人的性格除了是自己的之外还加上是强烈的，并且又在一个强烈的意志管制之下，那么，他就算有一个富有精力的性格"。③ 即个人要形成富有精力的性格，必须以自动性和个人性为前提，并加上自己的理性思考和意志的管制。这就要求个人有自由根据自己的欲望和冲动，通过自己的理性思考而不是盲从于传统、习俗和他人的意见来决定自己的生活计划，选择自己的生活方式。因为：

　　（1）个人自由决定和选择自己的生活计划可以提高他们的道德和智力能力。

　　密尔认为，如果个人具有通过自己的理性思考来决定自己的生活计划，选择自己生活方式的自由，那么，个人的智力能力和道德能力就能够在这种选择中得到使用和锻炼，并得以发展，从而成为更突出的人类。"人类的官能如觉知力、判断力、辨别感、智力活动甚至道德取舍等等，

---

① ［英］约翰·密尔：《论自由》，许保骙译，商务印书馆 2005 年版，第 70 页。
② 同上书，第 71 页。
③ 同上。

只有在进行选择中才会得到运用……智力的和道德的能力也和肌肉的能力一样，是只有经过使用才会得到进展的"。[1] 因为"他必须使用观察力去看，使用推论力和判断力去预测，使用活动力去搜集为作决定之用的各项材料，然后使用思辨力去作出决定，而在作出决定之后还必须使用毅力和自制力去坚持自己的考虑周详的决定"。[2] 与之相反，那些"凡是听凭世界或者他自己所属的一部分世界代替自己选定生活方案的人，除需要一个人猿般的模仿力外便不需要任何其他能力"。[3]

（2）个人自由选择其生活方式可以为发展其精神提供条件。

密尔认为，如果每个人都过一种模仿别人的生活，都把一切个人性的东西磨成一律，人类生活就不可能变得丰富多样和富有生气，因为，当导出一项行动的东西，不是与本人自己的情感和性格相吻合的东西，就会使这个人的情感和性格趋于怠惰和迟钝；就不能给高超思想和高尚情感提供丰足的养料，从而也不可能使人类成为思考中高贵而美丽的对象。由于人们的嗜好是多种多样的，不同的人在快乐的来源上和痛苦的感受性上是不同的，不同的物质条件和道德状况对不同的人的影响也是不同的，即"不同的人需要不同的发展其精神的条件，不同的人不能健康地生存于同一道德的空气和气候之中，正不亚于各种各样的植物不能健康地生存于同一物质的空气和气候之中"。[4] 所以，人们要获得其公平的一分愉快，要在精神方面、道德方面和审美方面有公平的发展机会，并成长到他们本性所能够达到的程度，就必须允许人们在其生活方式方面也有多种歧异。

密尔指出，如果每个人都过一种模仿别人的生活，如果只有相关的极少数人得以鼓励去发展他们的个性，那么，关于生活方面的问题的争论就会从根本上减少，使人们的理性能力失去锻炼的机会；如果多数人都选择一种模仿的生活，那么，对于其他人来说，反对这种取向就尤其重要。

当然，密尔并不否认我们也需要行为榜样，我们也能够从发展了的人那里学到东西，特别是，要靠天才人物来保持已有事物的生命，倡导前所未有的新事物。然而，天才的成长需要特定的土壤，需要自由的空气自由

---

① ［英］约翰·密尔：《论自由》，许宝骙译，商务印书馆 2005 年版，第 68—69 页。
② 同上书，第 69 页。
③ 同上。
④ 同上书，第 80 页。

地呼吸，所以要尽可能给予不合习俗的事物以最自由的发展余地，甚至对于行动的独立性以及对于习俗的蔑视也应该鼓励。

（3）盲从于传统、习俗和他人意见会影响智力和道德能力的发展。

密尔认为，如果一个人的行动是遵循习俗去做的，那么，这个行动就不可能表现出这个人的任何创意和个性，那么这个人也就无法获得以能够展现个性的方式来做这个行动的人所能够获得的幸福。因为，"习俗是为合乎习俗的情况和合乎习俗的性格而造成的，而他的情况或性格也许不合乎习俗。……即使习俗既是好习俗又适合于他，但如果他是仅仅因系习俗而遵从习俗，那并不会对他有所教育，也不会使他的作为人类专有禀赋的任何属性有所发展"。① 所以，凡因系习俗就照着办事的人是不作任何选择的，因而他不论在辨别或者要求最好的东西方面就都得不到实习，他的智力的和道德的能力就不会得到进展。同样，"凡在不以本人自己的性格却以他人的传统或习俗为行为的准则的地方那里就缺少着人类幸福的主要因素之一，而所缺少的这个因素同时也是个人进步和社会进步中一个颇为主要的因素"。②

所以，密尔反对过一种模仿他人的生活和按习俗生活，主张根据自己的情感和性格来自由地选择自己的行动道路。这样，才能够实现个人的自我发展，从而促进人类的发展。"相应于每人个性的发展，每人也变得对于自己更有价值，因而对于他人也能够更有价值。"③ 对于密尔来说，有价值也就意味着有助于功利和幸福，即个性自由发展会促进社会功利。"人类要成为思考中高贵而美丽的对象，不能靠着把自身中一切个人性的东西都磨成一律，而要靠在他人权利和利益所许的限度之内把它培养起来和发扬出来"。④

3. 政治参与的自由促进公共精神的形成

对于密尔来说，国家是社会的一个扩展名（延伸），是为了实现社会的目的而选择的一种手段，是人们相互帮助的媒介物。"好政府的第一要素……就是促进人民本身的美德和智慧。对任何政治制度来说，首要问题就是在任何程度上它们有助于培养社会成员的各种可想望的品质——道德

---

① ［英］约翰·密尔：《论自由》，许保骙译，商务印书馆 2005 年版，第 68 页。
② 同上书，第 66 页。
③ 同上书，第 74 页。
④ 同上。

的和智力的"。① 在《论自由》中，密尔也表示了同样的观点："国家的价值，从长远看来，归根结底还在组成它的全体个人的价值"。② 密尔认为，如果一个国家只是重视管理技巧和实际事务的改善，而忽视全体个人道德和智力能力的扩展和提高这一基本利益；或者只是为了某些有益的目的，而使人们成为易于驾驭的工具，并进而阻碍他们的发展，就像为了使机器更易于使用，而撤去了机器的基本动力一样，结果将使它一无所用。所以，为了极大地改变人类的命运，国家应该作为一种培养其公民道德和智力发展的工具，这种培养不仅通过国家政策，更主要的要通过公民的政治参与（包括参与国家事务和参加地方行政单位）。密尔通常强调政治参与对于教育公民和发展公民个人自身的作用，认为普通公民通过有一段时间去参与公共职务与社会职务可以使他们在道德、智力和情感方面得到极大的教育和训练。这主要是因为：

（1）政治参与有利于教育和促进公民的智力能力。

密尔认为，实际的参与对于大多数人来说是最好的学习方法，在实践中，人们不仅要思考、反省，而且能够学到许多东西。所以，即使是生活上的事务，也需要由每个人或者每个家庭自己去处理，这样才能唤起某种程度的才智和实践能力。如果组成一个民族的每一个人，在对于他们自己的命运的事情上没有任何发言权，或者在关于他们的集体利益的事情上不能运用自己的意志，他们最多只能被容许提建议，那么，一般公众就不会对一切较大的实际问题感兴趣，也就不会去了解和掌握这方面的知识，更不会去思考这方面的事情。而当有关集体利益的一切考虑由政府替他们去做时，他们的思维能力就失去了锻炼的机会，从而影响了他们的知识和智力能力。

（2）政治参与能够培养关心公共利益的公共精神和培养解决公共事务的能力。

密尔认为，政治参与能够使人们的注意力从私人利益转向公共利益，从而使人们获得道德方面的教育。因为：

一方面，诱导人们对公共利益关心的最佳的方法是，给予一个人"为公众作一些事，无论是作为一个教区会成员，还是作为一个陪审员或

---

① ［英］J. S. 密尔：《代议制政府》，汪瑄译，商务印书馆1982年版，第26页。
② ［英］约翰·密尔：《论自由》，许保骙译，商务印书馆2005年版，第137页。

者选举人"。普通公民之所以能够通过参加公共职务而获得道德方面的教育，主要是因为"当从事这种工作时，要求他衡量的不是他自己的利益；遇有相冲突的权利要求，应以和他个人偏爱不同的原则为指导；到处适用以共同福利为其存在理由的原则和准则；并且他常看到在同一工作中和他共事的人们比他更熟悉这些观念和实际运用，他们的研究将帮助他明白道理，并鼓舞他对普遍利益的感情。使他感到自己是公众的一分子，凡是为公众的利益的事情也是为了他的利益"。① 通过这种方法，他的"思想和情感"就可以从追求自我利益的"狭窄的圈子"里走出来，而使之置于公共利益这个更为宽广的圈子里，那么，他的兴趣就会直指向"更高雅的目标和更高尚的利益"。② 如果"没有这种培养公共精神的学校，几乎就不会感到，不处在显赫社会地位的普通人，除了遵守法律和服从政府以外，还对社会负有义务。不会有和公众同一化的无私的感情……因此甚至私人道德也受损害，而公共道德实际上已不存在"。③ 密尔赞成民主和代议制政府的一个最主要的深层原因就在于此。

另一方面，政治参与是唯一一种能够使大多数人彰显他们的推理、辩论能力，并能够使他们关心那些影响他人的事务的制度环境；政治参与还是唯一能够迫使人们扩大他们的眼界的地方，特别是当大多数人从事于并不需要他们发展的体力劳动时，这种作用尤为重要。④ 因为通过政治参与，能够给工人提供一种相对于工厂来说，更能够运用他们较高级能力的地方。在工厂里，工人们不是受到鼓励而是受到阻止去发展自己。密尔认为在发达的工业化国家中，政治参与尤为迫切，因为在那些没有通过广泛地让人民具体地参与政府事务来培植公共精神的地方，一个商业民族的精神就是低劣的和奴性的，所以密尔认为，公民参加国家的活动能够鼓励人们的自我发展。而私人的活动，由于人们做的只是日常的工作，进行这些劳动的动机是出于满足最基本的个人利益而不是出于热爱，所以，日常所做的事情无论是事情本身还是做事情的方法，都不可能把人们的精神引导到超出个人以外的思想或感情上，所有的人就只是一心一意地关心自己，

① ［英］J. S. 密尔:《代议制政府》，汪瑄译，商务印书馆1982年版，第54页。
② Roger B. Porter, *John Stuart Mill and Federalism*, *Publius*, (Spring, 1977), 7 (2): 103.
③ ［英］J. S. 密尔:《代议制政府》，汪瑄译，第54—55页。
④ Andrew Valls, "Self-Development and the Liberal State: The Cases of John Stuart Mill and Wilhelm von Humboldt", *The Review of Politics*, (Spring, 1999), 61 (2): 263.

并与他的邻居进行竞争。一旦让人们做一些有益于公众的事情，就可以在一定程度上弥补这些缺陷。相反，如果"使一个人不能为他的国家作任何事情，他也就不关心他的国家……在专制国家最多只有一个爱国者，就是专制君主自己"。①

总之，密尔认为，只有给予个人以自由，包括思想和意见的自由、生活方式的自由、政治参与的自由等，人们的个性（理想性格）才能得以形成，而理想性格的形成便是一个真正的自我发展，自我发展就是最大化的功利，所以，自由能够促进功利最大化。

（三）真正的自由寓于功利最大化之中

虽然在密尔看来，人类最大化的功利是人类的自我发展，自我发展内在地需要自由，自由也确实能够促进个人的自我发展，个人的自由是实现自我发展的唯一社会条件，社会应该保护个人的自由，保护自由与实现功利最大化是一致的。但是，自由与功利最大化的冲突，在密尔的思想体系中似乎还是存在的。密尔在《政治经济学原理》一书中就把自由看成"根据某人自己对何为值得追求的目标的判断来采取行动"，②那么，自由就成了追求自我利益的个体最大限度地实现其自身需求的程序，然而，这种程序无法从个人利益的最大满足中实现社会功利的最大化。因为，一方面，不同个体设法要满足的需求可能只是偶然产生的需求，他们的需求和偏好是不稳定的，因而难以对它们进行连贯的排序，所以也就无法提出任何有助于实现公共利益的规律。③另一方面，以个人利益的满足为行为动机的个人，也不能够为行动主体提供足够的动机，使其以一种对社会负责任的方式行动。所以，密尔在《政治经济学》一书中明确反对理性的行为主体之间利益天然和谐的原理。这就可以得出结论：密尔承认国家干预具有正当性。国家干预必然会侵犯到个人的自由，因此，如果密尔承认国家干预的正当性，似乎就会与他极力强调要保护的个人自由相矛盾。

其实，在密尔那里，这种矛盾是不存在的。因为在密尔看来，真正的自由并不是不受任何约束的自由，而是在承认一定社会控制的前提下的自由。密尔认为，既要给予人民适度的自由，以使个人更好地促进个人利益

---

① ［英］J. S. 密尔：《代议制政府》，汪瑄译，商务印书馆1982年版，第39页。

② 转引自［英］理查德·贝拉米《重新思考自由主义》，王萍等译，江苏人民出版社2005年版，第46页。

③ 同上书，第45页。

与公共利益；又要保证社会适度的控制，以使个人利益与公共利益相协调。

　　为了公共利益的实现，国家的干预是必需的。国家或社会干预个人自由的条件，除了防止对他人的伤害以外就是，个人不愿意履行他应当履行的、某种对共同利益有重要影响的社会义务的责任的情况。在《政治经济学》中密尔也指出："在特定的时代和国家中，特殊的情境下，所有那些真正对共同利益重要的东西，几乎没有国家不应当，或者甚至不必视为己任的。这不是因为单个的个体不能有效地履行它，而是因为他们不愿意"。① 所以在密尔看来，如果个人自由可能会妨碍到公共利益时，个人的自由是要受到国家的干预的，损害公共利益的自由不是真正的自由。如抚养和教育孩子是每个父母应尽的义务，如果一个人只顾把孩子生下来，而不喂养他们的身体和教育他们的心灵，那么，对于那个孩子和整个社会来说都是一种道德上的犯罪。"国家就应当实行监督，务使这项义务尽可能在父母的负担之下得到履行"。② 因为父母对这项义务的忽视，就是对人类公共利益的侵害，对后代身心发展的延误。如果对儿童和智障人缺乏照料，实际上就是给他们设置了自由的内在约束，使他们无法得到真正的自由，从而影响他们的自我发展。密尔认为这是要反对的，也是需要国家干预的。因此在密尔那里，自由被看作一种传统的消极方式，是"根据某人自己对何为值得追求的目标的判断来采取行动的"，并不是为所欲为的行动，所以，自由又是受到无数限制条件制约的自由。

　　一方面，自由原则允许个体在仅关涉自身的行为中，选择他认为最有利于他自身的行为，在没有涉及对他人伤害的涉己领域，每个人的自由和个性都将得到保护，以便在自我改进中实现他的自我发展。而每个人的自我发展就是最大化的社会功利。同样，在密尔那里，功利最大化原则暗示着可以存在多元化的生活方式，这些生活方式只要是仅关涉自身，每个人都可以在其私人领域中，自由地选择其偏好的价值。另一方面，个人的自由选择如果伤害到他人的利益和公共利益，就要受到法律、教育和舆论的干预和限制。这种限制的目的是为了防止对他人利益的伤害和对公共利益

---

① ［英］理查德·贝拉米：《重新思考自由主义》，王萍等译，江苏人民出版社2005年版，第46页。

② ［英］约翰·密尔：《论自由》，许保骙译，商务印书馆2005年版，第126页。

的侵害，因此，在密尔看来，真正的自由在于功利最大化之中，在于个性的自我发展之中。

这样，自由原则在涉己行为领域中具有了普适性。而且，这种具有普适性的自由原则并不会与密尔理论体系中具有至上性地位的功利原则发生冲突，并不会如格雷所指出的那样"密尔的问题是其普适化的自由原则并不能内在地与其功利原则保持协调一致"。①

因为在密尔那里，自由原则虽然明确地确定了文明社会中个体自由的合法性范围，能够保证个体拥有完全的思想和言论自由，以利于人们作出合乎其自身发展所需要的判断。但自由原则的作用，只在于告诉人们，在什么情况下拥有绝对的自由，以及应该如何应用自己的自由，而不是告诉人们在一切情况下应该如何行动，这应该是功利原则的任务。

密尔始终认为，功利原则是道德的基本原则，是行为道德性的最终评判标准，对于任何行为的评判不能够直接诉诸功利原则，否则会导致弄巧成拙的结果，而是要通过诉诸次级原则。自由原则实际上就是适用于干预个人自由问题方面的次级原则。这是因为：

一方面，自由原则的目的在于保证个人在涉己行为领域中的自由，它通过告诉人们在涉己行为领域应该如何行动，以利于个体实现其功利最大化。自由原则并不告诉人们在涉他行为领域应该如何行动。

另一方面，自由原则最主要的任务，在于反对任何形式的社会控制对个人的涉己行为进行干预，认为这些干预是在错误的时间发生的错误干预。自由原则对这些干预的反对目的仍然是为了保护个人在涉己行为领域的自由，使个人拥有实现自我发展的唯一条件，拥有实现社会功利最大化的手段。

所以在密尔那里，自由原则不管是反对干预个人自由还是维护个人自由，目的都是为了实现社会功利的最大化，自由原则从属于功利原则。自由原则的普适化并不会导致与功利原则相矛盾。正如汉德里奇（Honderich）所指出的，密尔的自由原则是"应用于干预问题的功利原则"。②

于是，密尔"通过断言我们真正的自由在于我们效用的最大化之中，

① 曹海军：《权利与功利之间》，江苏人民出版社 2006 年版，第 48 页。
② 同上书，第 54 页。

巧妙地解决了自由和效用之间的冲突"。① 对于密尔来说，对于某些目标如诗歌而不是图钉的追求，形成了我们真正的自由，因为它提升了我们的能力，给予我们"战胜自己个性的力量"，从而使我们"在道德上是自由的"。只有"一个具有坚定道德感的人才是完全自由的"。② 即真正的自由在于功利最大化之中，不存在着为了功利最大化而侵犯个人自由的问题。

虽然密尔通过自我发展这个桥梁实现了功利最大化与自由的统一，但密尔对这个问题的解决仍然存在问题：

第一，尽管密尔把功利原则作为价值论的原则，而不是作为直接判断是非的标准，使得密尔的功利主义的自由主义免除了传统的、认为其功利原则与自由原则存在不一致的指责，但是，这种观点同时也揭示了"密尔为从追求某人自己的幸福，到追求共同的幸福这一典型的功利主义问题所提出的解决方法是原则循环论。因为他的结论是包含在他遭到异议的、认为我们天生都是密尔式的功利主义者这一前提当中的"。③

第二，密尔把社会理解为一种个体主义的、以利益为基础的概念，是不能够为自由体制的基本原理提供辩护的。④ 因为每个人在发展他自己的个性时，都会与他人发生联系。也正是在这个过程中，人们才产生了对自主性的尊重。密尔忽视了这一点，他把自主性看成自由主义的中心价值观，实际上就预设了一种特殊的道德和社会的背景，在这种背景下，自由是一种需要加以促进的集体目标。而一旦缺少了这样的社会背景，自由在个人那里就成了既没有意义，也不可能实现的东西。⑤

所以，密尔虽然通过把功利最大化界定为人类的自我发展、真正的自由在于功利最大化之中解决了功利原则与自由之间的矛盾，但密尔对这个问题的解决是以两个预设为前提的。离开这些预设，密尔的问题似乎仍然存在。

二 功利原则与家长主义

虽然以上的分析已经表明，密尔通过把功利最大化界定为自我发展，

---

① ［英］理查德·贝拉米：《重新思考自由主义》，王萍等译，江苏人民出版社 2005 年版，第 49 页。
② 同上书，第 46 页。
③ 同上书，第 43 页。
④ 同上书，第 64 页。
⑤ 同上书，第 37 页。

在理论上解决了功利原则与自由的矛盾，但对于现实生活中体现了这二者
矛盾的现实问题，如功利最大化与家长主义的关系问题、功利最大化与奴
隶制的关系问题，功利主义仍被指责为没有对这些问题提供合理的说明。
而对这些问题的说明，影响到功利原则的合理性。所以，关于密尔对家长
主义的态度，在传统上被看成密尔自由原则的一个部分。探讨密尔关于自
由与功利原则的关系问题，必须探讨密尔关于家长主义的态度。

　　根据德沃金（Dworkin）的界定，"家长主义可以理解为对个人的行
为进行强制性的干预，而其理由是这种干预有利于促进被干预个人的利益
和幸福"。① 家长主义的行为包括两个因素：一是侵犯个人的自由；二是
侵犯自由是为了被侵犯自由的人的利益。

　　在关于对待家长制的态度问题上，许多批判密尔的思想家都认为密尔
是一个自由主义者，应该会很直率地轻视任何形式的家长主义权威。有些
思想家还认为，从密尔所发表的反对家长主义的言论来看，密尔应该不会
为"最谦虚的家长主义干预"做辩护。② 还有一些思想家认为"密尔试图
断言绝对禁止家长主义"。③ "在《论自由》中，他捍卫了'一个非常简
单的原则'——除了自卫，社会不能强制不情愿的个人，家长式统治绝
对是不合法的，'道德立法'是绝对不正当的。"④

　　然而，作为功利主义者的密尔，以功利最大化为行为的道德标准，为
了促进最大多数人的最大幸福，应该主张社会对他的公民有一定程度的家
长主义行为。如果他没有这样的主张，德沃金认为："这不像谨慎的、有
资历的密尔及他的功利主义同伴在其他道德问题上的看法"。⑤

　　其实，密尔对家长主义的态度，并不如德沃金及其他批判者所说的那
样，绝对禁止任何形式的家长主义，也不会为了使功利最大化而允许任何
形式的家长主义。密尔虽然认识到家长主义对个人自由的影响，但并不是

　　① 黄伟合：《英国近代自由主义研究——从洛克、边沁到密尔》，北京大学出版社 2005 年
版，第 99 页。
　　② Michael Joshua Mulnix, Mill's Liberty Principle and the Conditions of Happiness（the Doctor of
Philosophy degree），Iowa：The University of Iowa, 2005, p. 30.
　　③ Ibid. .
　　④ 戴维·米格、韦农·波格丹诺（英文版主编）、邓正来（中文版主编）：《布莱克维尔政
治学百科全书》（修订版），中国政法大学出版社 2002 年版，第 513 页。
　　⑤ Michael Joshua Mulnix, Mill's Liberty Principle and the Conditions of Happiness（the Doctor of
Philosophy degree），Iowa：The University of Iowa, 2005, p. 30.

绝对地反对家长主义。如果像泰恩（C. L. Ten）那样，把家长主义分为"强的家长主义"和"弱的家长主义"两类："强的家长主义主张，即使一个人的决定是完全自愿的和完全未受伤害的，但为了防止他伤害自己而对他进行干预是正当的。弱的家长主义是这样的教条，只有当一个人要从事的自我伤害的行动的决定中存在着缺陷时，为了防止他伤害他自己，我们的干预才是正当的"。① 那么，密尔反对的是强的家长主义而支持的是弱的家长主义。有一些评论家如泰恩（C. L. Ten）、费尔伯格（Joel Feinberg）、格雷也赞成这种观点。② 在一般情况下，密尔对家长主义持反对态度，因为密尔认为家长主义具有反功利的性质，不利于功利最大化的实现，但密尔认为，在一些极端的情况下，只要一定的条件得以满足，家长主义的存在有其合理性。

（一）家长主义的反功利性质

家长主义对个人的强制性干预，表面上是为了被强制的那个人自身的利益和幸福，为了防止他遭受伤害。在密尔看来，家长主义事实上是不能够达到这个目标的，相反，家长主义还会有害于个人利益和幸福的实现，家长主义具有反功利的性质。③ 不管是从功利的物质性内容方面，还是从功利的非物质性方面来看，都是如此。

密尔认为，家长主义的反功利性质表现在以下两个方面。

1. 家长主义不真正了解和关心他所要干预的个人的利益

密尔认为，家长主义不能够真正地了解什么是它所要干预的那些个人的真正利益，也不可能真正关心它所要干预的那些个人的利益。

一方面，家长主义不能够真正地了解他人真正的利益是什么。密尔认为，对于个人自己的利益是什么的问题，只有个人自己才是最了解的。个人不仅对自己的兴趣有所了解，并且对兴趣的养成有更多、更好的亲身经验。"本人关于自己的情感和情况，则虽最普通的男人或妇女也有其认识方法，比任何他人所能有的不知胜过多少倍。社会在个人只关乎己身的事

---

① Huodong, L. , Mill's Harm Principle as Social Justice（the Doctor of Philosophy Degree），Carbondale：Southern Illinois University, 2004, p. 160.

② Ibid. , pp. 160-161.

③ Samuel Evans Kreider, John Stuart Mill："Utility, Liberty, and Eudaimonia"［the paper of Doctor of Philosophy］, Kansas：Proquest Information and Learning Company, the University of Kansas, 2005, p. 99.

情上要强使他一反其自己的判断和目的，这种干涉只能是以一般的臆断为根据；可是这种一般臆断可能完全错误，而且即使是对的，怕也还是不可由一些对于某些个别情事的情况只不过有着仅仅从外表看来的一点认识的人错误地应用于那些个别情事"。① 所以，对于个人的真正利益是什么的问题，家长主义者是不能够真正了解的，如果以此为干预个人自由的借口就是不合理的。

另一方面，家长主义不可能真正关心它所要干预的那些个人的利益。因为家长主义者所要关心的利益，不是他们自己的利益而是其他人的利益。而"对于一个人的福祉，他本人是关切最深的人；除在一些私人联系很强的事情上，任何人对他人的福祉所怀有的关切，和他自己所怀有的关切比较起来，都是微薄而肤浅的。社会对于作为个人的他所怀有的关切（除开对于他对他人的行为而外）总是部分的，并且完全是间接的"。② 所以，虽然家长主义表面上是为了它所要干预的那些人的利益，但不管实施干预行为的是政府或是其他的个人，他们都不可能会真正周全地考虑到他所要干预的那些人的真切利益，因为这些利益是其他人的利益而非他们自己的利益，他们不可能会像关心自己的利益那样真正地关心那些人的利益。

既然家长主义不能够、也不可能真正了解和关心它所要干预的个人的利益，甚至还很有可能会比那些个人自己作出的决定犯更大的错误，那么，家长主义以为了他人的利益的好处为借口而干预个人自由，对个人的行动予以强制干预就是不合理的。为此，密尔呼吁："不论是一个人也好，或者是任何多数人也好，都无权对另一个成年人说，为了他自己的益处他不可用其一生去做某件他所选定要用其一生去做的事"。③

2. 家长主义不利于提升个人的道德和智力能力

密尔认为，家长主义不利于训练和促进个人的道德和智力能力的发展，不利于社会功利最大化的实现。

密尔认为家长主义会对个人功利造成非常严重的损害，因为家长主义要求当事人根据政府，或有权利干预他们的人所认为的有利于当事人自己

---

① ［英］约翰·密尔：《论自由》，许保骙译，商务印书馆 2005 年版，第 91 页。
② 同上。
③ 同上。

的方式行事，而不是根据当事人他们自己思考过的方式去行事，这样必然会阻止个人运用他们的理性、判断和选择的能力，阻碍他们道德品质的培养。而这些能力的运用，并从中所得到的发展，对于个人的幸福是非常重要的，是个人幸福的极为重要的组成部分，是最大化的社会功利。虽然由个人自己选择他认为适合于他自己的生活方式和活动方式，有时可能会给他的物质利益方面遭受某些损失，但"一个人因不听劝和警告而会犯一切错误，若和他容让他人逼迫自己去做他们认为对他有好处的事这一罪恶相权起来，后者比前者是远远重得多的"。① 这在言论自由和个人生活方式选择的自由中也是如此，通过判断和选择而得到的能力的开发和锻炼是幸福或功利的组成部分，而且是最大的功利。如果我们没有为我们自己选择生活方式的能力，我们也可以是快乐的，但不是幸福；它也是可以达到功利的，但它绝对不可能达到最大的功利。

因此，家长主义虽然其出发点是为了实现个人功利的最大化，但事实上它是永远也不可能实现社会功利最大化这个目标的。在一定条件下，社会组织采用的家长主义的做法注定要失败。因为在实践上，它不能准确地代表它所统治的个人的实际利益，不能实现最大化的功利；在道德上，它是对每个个人所享受的幸福条件的侵犯。因此，密尔指出：我们害怕"付给统治者那么无限制的管理个人的权利"。②

（二）家长主义适用的条件

密尔虽然已经认识到家长主义的反功利性质，但密尔并没有一概认为社会组织采用家长主义的做法是不道德的，是应直接排除掉的。实际上，密尔在《功用主义》中有很多地方说明了家长主义在一些纯道德问题上具有吸引力的原因：因为，家长主义的法令与我们的道德直觉是相一致的，即二者都认为正确的行为要受到鼓励，错误的行为要遭到惩罚。密尔认为家长主义在这个方面的立场是合理的："假如我们不怕付给统治者那么无限制的管理个人的权力，（这种怕是应有的）那末，我们一定很乐意看公平的行为，就是顶小节，也强迫实行，不公平的行为，就是顶小节，也受禁止。我们以为一个人，照公道说，应该做这一件事，我们通常说应该强迫他这样做。无论哪一个有权力的人强迫他履行了这个义务，我们都

---

① ［英］约翰·密尔：《论自由》，许保骙译，商务印书馆2005年版，第91页。
② ［英］约翰·穆勒：《功用主义》，唐钺译，商务印书馆1957年版，第52页。

高兴"。① 同样，在《论自由》中密尔也表现出对家长主义宽恕的态度："在对付野蛮人时，专制政府正是一个合法的型式，只要目的是为着使他们有所改善，而所用手段又因这个目的之得以实现而显为正当"。②

由上面的分析可见，密尔认为家长主义是可以存在的，但条件是不能够给予统治者太大的权力，专制政府或强的家长主义的存在是有条件的（他明确指出，只有在对付野蛮人时，专制政府才是合法的）。那么，适合家长主义存在的条件是什么样的呢？我们可以根据密尔对自由原则适用范围的界定而得知。在密尔看来有两种情况可以适合家长主义的存在：一是能力未达成熟的人；二是"未界成年的社会当中的一些落后状态"。

1. 家长主义适用于能力不成熟的人类

既然家长主义对个人自由和行动的干预是为了被干预人自身的利益，如果一个人对于自己的利益是什么都没有能力认识到，那么，这种干预在密尔看来就是必要的。在《论自由》中密尔明确指出，自由原则对于那些没有能力发现他们利益的人们是不适用的："或许无须多加说明，这条教义只适用于能力已达成熟的人类。……自由，作为一条原则来说，在人类还未达到能够借自由的和对等的讨论而获得改善的阶段以前的任何状态中，是无所适用的。不到那样的时候，人们只有一无所疑地服从一个阿喀霸（Akbar）或者一个查理曼（Charlemagne），假如他们幸而找到那样一位大帝的话"。③ 密尔这里所说的"已达成熟"的人类是指人们已经获得了"能够借自由的和对等的讨论而获得改善"的能力，达到了一种"可以借说服或劝告来引导他们去自行改善"④ 的状态。即成熟的人类具备了能够运用自己自由权利的能力，是一种如果给予他们自由，他们就可以与他人平等地进行讨论如何使他们自己获得改善的能力，这种能力实际上已经预设了人们已经拥有了关于什么是对他自己有利的足够的知识，也已经具备了足够的理性分析能力，能够用来分析他们应该怎样做才是符合自己利益的；已经达到了不需要靠强制的手段而是可以借说服或劝告的方式来引导他们自行改善的状态。如果人类尚未达到这种能力，则不适合赋予他们自由的权利，而需要家长主义的干预与引导。

---

① ［英］约翰·穆勒：《功用主义》，唐钺译，商务印书馆 1957 年版，第 52 页。
② ［英］约翰·密尔：《论自由》，许保骙译，商务印书馆 2005 年版，第 11 页。
③ 同上书，第 11—12 页。
④ 同上书，第 12 页。

　　密尔认为，对于那些尚处在需要他人加以照管状态的人们，为了能够在将来赋予他们自由的权利，首先要通过教育来训练他们的"自由能力"，因此，对小孩或野蛮人进行强制教育就是必需的。密尔在《论自由》中就批评了人们作为父母，"在子女问题上误用自由的概念"的做法，认为"国家对于生为公民的每一个人都应当要求并强迫他们受到一定程度的教育"，① 这几乎是一条自明的真理。教育对于自由原则的应用具有十分重要的意义。因为，在密尔看来教育是一种"培养自由能力的努力"，② 密尔认为对小孩或野蛮人进行教育，目的是"使他们能适于将来许给他们的自由的特权"，③ 是为了训练人们成功地表达个性的能力，训练作为人类专有禀赋的能力，如觉知力、判断力、辨别感、智力活动、道德取舍等；是为了使人们获得一种理性地判断个人目标和社会目标的能力；而不是像绝对家长主义那样坚持或传播思想或行动的"可接受的"模式，也不是专制地坚持和传播现实中的某一种政治的、宗教的、道德的、社会的甚至科学的理论和态度。④

　　教育训练孩子和野蛮人的自由能力，主要是通过家长主义的方式来引导、干预他们的利益选择和生活方式的选择。这是因为（以教育孩子为例）：

　　儿童还处于一个尚不知道他们自己的最好利益是什么的阶段，而家长却是处在一个能认识到儿童的利益的位置，因为他们已经经历过儿童期，也见证了自己与他人儿童期的情况与成人后的情况，认识到了儿童期选择什么样的生活方式会有利于或有害于成人期的生存境况，并且当他们的决定得到现实生活的认证时就变得更加可信。所以儿童要由家长为着他们的好处告诉他们什么是应该做的，尤其是具有教育能力的家长比起儿童自己来更知道什么对儿童是好的。只有通过家长的引导和干预，孩子才有可能得以顺利地生存下去，也才可能在将来的生存中获得如意的机会。所以，密尔指出："对于尚处在需要他人加以照管的状态的人们，对他们自己的

---

　　① ［英］约翰·密尔：《论自由》，许保骙译，商务印书馆 2005 年版，第 125 页。

　　② 同上书，第 122 页。

　　③ 同上书，第 121 页。

　　④ Michael Joshua Mulnix, Mill's Liberty Principle and the Conditions of Happiness（the Paper of Doctor of Philosophy），Iowa：The University of Iowa, 2005, pp. 237-238.

行动也须加以防御，正如对外来的伤害须加以防御一样"。① 如果家长没有这样做，而是"任其纵情做去"② 的话，在密尔看来就是"把自由概念用错了地方"，③ 这是应当受到法律制裁或社会舆论的谴责的。难怪密尔指出："造成一个人的存在，这件事实本身就是人类生活范围中最有责任的行动之一。谁要承揽这个责任，谁要授予可以是祸可以是福的生命，除非那个被授予生命的人将来至少会取得称意生存的一般机会，那就是对那个人的犯罪行为"。④

可见，密尔认为对孩子和野蛮人进行强制教育，这种家长主义形式并不是一种错误的形式。相反，在这种事例中，对家长主义权利的运用是有价值的，在道德上也具有正当性。

2. 家长主义适用于社会当中的一些"落后状态"

对于自由原则的不适用范围，密尔指出，自由原则除了不适用于能力未达成熟的人类外，对于尚未成熟的社会当中的一些"落后状态"也是不适用的。密尔明确地说："对于那种种族自身尚可视为未界成年的社会当中的一些落后状态，我们也可以弃诸不论"。⑤ 根据前面的分析可知，密尔这里所说的"落后状态"包括两种：一种是社会处于落后状态；一种是成人处于落后状态。社会的落后状态是指，社会还存在着"不利的社会情况或不完善的制度"；⑥ 成人的落后状态是指，人们尚未达到可以借说服或劝告的方式来引导他们自行改善的状态。处于落后状态的人们之所以是"落后的"，并不是因为他们的理性能力还没有发展到需要的程度，而不能作出满足目的所需要的判断；而是因为这些人们虽然已经达到了能够使用自由权利的能力，但由于缺乏恰当的信息或者教育，他们还难以运用他们的自由能力。这些人在正确的教育引导下，或在告知相关信息的情况下，他们也会和生活在文明社会中的人一样有能力运用他们的自由权利。

一方面，如果社会是处于落后状态的，密尔认为，就需要在政治权利

---

① ［英］约翰·密尔：《论自由》，许保骙译，商务印书馆 2005 年版，第 11 页。

② 同上书，第 129 页。

③ 同上书，第 128 页。

④ 同上书，第 129 页。

⑤ 同上书，第 11 页。

⑥ ［英］J. S. 密尔：《代议制政府》，汪瑄译，商务印书馆 1982 年版，第 180 页。

的行使方面或社会调控方面实行家长主义。密尔指出："在那虚假地称为民主实则是起实际作用的阶级进行独占统治的制度下，所有其他的人既无代表也得不到表达意见的机会，逃避最狭隘的阶级立法和最危险的政治无知的唯一可能将存在于这样一种倾向之中，即：无教养的人可能必须选择有教养的人当代表并尊重他们的意见"。① 即使是在一个真正民主形式的政府中，密尔认为家长主义也是一个必要的制度上的结构。因为，民主制也并不是每个人亲自参与政治活动，而是设立代表代议制，能否选择出好的代表，就影响着社会大多数人的利益能否真正得到实现。为此，密尔指出："选民应该选择比他们自己更有智慧的人作他们的代表，并且应该同意按照那个较高智慧来统治自己，这是很重要的"。② 这是因为这个特殊的阶层在行使政治权利、控制行为、不合理的欲望等方面具有高度娴熟的能力，并且他们不会因为占据权威位置而为自己谋求更进一步的利益。③

因此，在社会制度还处于某些落后的状态时，实行家长主义为了一些个人的利益，而迫使他们去行动，不仅是正当的，而且是非常重要的。密尔甚至认为这种重要性应该在政治制度上得以体现。"我认为国家的制度把受过较多教育的人们的意见看作比受教育较少的人们的意见有较大的分量就是很重要的。因而我将仍然坚决主张给予经过鉴定证明的较高程度的教育以复数选票"。④

密尔认为，受过较多教育、有着较高智慧的人们不仅在政治权利的行使方面，而且在社会干预方面也应该有特权，这不仅因为他们在控制行为、不合理的欲望方面具有高度娴熟的能力，他们不会因为占据权威位置而为自己谋求更进一步的利益，更重要的在于他们拥有的知识而个人是没有的，尽管这知识也是个人应该具有的。在涉及调整社会政策方面复杂的情况时，普通的公众或者无能或者没有机会达到这些方面的专家所掌握的知识，因为这种知识是"训练有素的头脑"和社会建设方面的专家才拥有的。如对国民经济的调控，就必须由能够在这个领域作出社会调控的专家实施家长主义的调控，一般的公众是无法做到的，甚至也是无法理

① ［英］J. S. 密尔：《代议制政府》，汪瑄译，商务印书馆1982年版，第181页。
② 同上书，第176页。
③ Michael Joshua Mulnix, Mill's Liberty Principle and the Conditions of Happiness（the Doctor of Philosophy degree），Iowa：The University of Iowa, 2005, p.26.
④ ［英］J. S. 密尔：《代议制政府》，汪瑄译，第177页。

解的。

密尔认为，在这些方面实施家长主义干预能够有利于实现社会功利的最大化（这主要是指物质利益方面），而不会干预到人们的自由权利，因为"尊重智力上的优越不须达到自我否定即否认任何个人意见的程度"。①当然，密尔不否认二者的意见有发生冲突的情况，在二者意见发生冲突时，密尔认为公众的意见错误的可能性较大。即使不然，"为了得到有能力的人在他自己不适于作判断的许多事情上为他服务这种不可估量的好处，也值得在非绝对根本性问题上放弃他自己的意见"。②密尔认为，如果公众是明智的话，他们将为了他的一般价值而不去计较他和他们的意见之间的许多巨大分歧。但是，公众有权知道他打算怎么做，在所有关系到他的公职的事情上他打算用什么意见指导他的行动。如果有些意见是他们所不能接受的，他就要使他们确信他仍然值得当他们的代表或专家。

另一方面，如果是成人处于"落后状态"，密尔认为对他们实施家长主义也是正当的，因为，虽然在一般情况下，确实是个人总比别人更了解自己的利益，即使是在低限度的智力能力内，在掌握的信息充分的情况下，一个人处在自己的位置上确实能更深刻地体会到对自己的利益来说什么是好的（坏的）。但处于落后状态的人们由于掌握信息的不充分，以致不能正确地行使自由权利，甚至不能够正确地判断什么是对于自己的利益来说是最好的。然而，一个立场超然的观察者有时也可以很有能力地作出关于他人利益的合理的判断。这是因为掌握信息的充分性可以影响到个人的选择。在判断什么是最有利于幸福的时候，如果有一些人已优先掌握了信息，而个人自己却没有掌握这些信息，那么，掌握信息的那些人就比你自己更清楚什么是最有利于你的幸福。这个时候，他们对你行动的自由的干预不能视为不正当。密尔举了一个例子来说明这个问题。

"不论是一位公务人员或者是任何一个人，如果看见有人要走上一座已经确知不保安全的桥梁，而又来不及警告他这个危险，他们可以将他抓回，这不算是侵犯了他的自由；因为自由在于一个人做他所要做的事，而这个人并不要掉在河里。可是，有时一个祸患还没有确实性而只有危险性，除本人自己外便没有人能够判断他的动机是否足够促使他冒险一试，

① ［英］J. S. 密尔：《代议制政府》，汪瑄译，商务印书馆1982年版，第178页。
② 同上书，第179页。

在这种情事中，我想人们对他……只应当发出危险警告，而不应当以强力阻止他去涉险"。[①]

由前面阐述的密尔关于家长主义适用的两种情况来看，不管是由于人类能力的不成熟，还是由于社会当中的一些"落后状态"，归根到底都是由于或者是人们缺乏自我决断的能力，或者是人们缺乏恰当的信息或教育来运用他们的技能。这两种情况都是在一个人要从事的自我伤害的行动的决定中存在着缺陷，根据泰恩对家长主义的分类，密尔支持的家长主义的类型就是弱的家长主义。

以上的分析也表明，密尔反对强的家长主义，但并不是绝对地反对任何形式的家长主义，密尔对弱的家长主义的支持，实际上表明了他的立场：政治权威对个人自由的干预是要设定界限的，同样，个人自由也有一个合理界限，这些界限的设定，既是为了有利于个人自由的实现，也是为了社会功利最大化的实现，二者并不矛盾。密尔对弱的家长主义的支持，不仅与他作为自由主义者，同时作为功利主义者是相一致的。

当然，密尔对弱的家长主义的辩护也存在着一些问题。如他认为对儿童与野蛮人的教育是为了培养他们的自由能力，然而，这种自由能力应该培养到一个什么样的程度才算是具备自由的能力？另外，对他们的教育如何才能够避免对他们灌输社会普遍认可的概念和"可接受的"生活方式？等等，对于这些问题，密尔没有给出说明。

三　功利原则与奴隶制

功利主义以功利原则为道德的基本原则，即以社会总体功利的最大化为行为的唯一标准，被指责为可能为奴隶制辩护。因为，如果以社会功利总量为唯一的评判标准，那么，为了社会功利总量的最大化，允许一部分奴隶的存在，牺牲这一部分人的自由权利就是合理的。这也是当代社会契约论者罗尔斯对功利主义批评的最核心内容。密尔要为功利原则辩护，必须能够解释这个问题。

（一）功利主义在奴隶制问题上所面临的问题

对于功利主义被指责为可能支持奴隶制的这种批评，许多功利主义者

---

① ［英］约翰·密尔：《论自由》，许保骙译，商务印书馆 2005 年版，第 115 页。

和功利主义的支持者都对这个问题进行了辩护。在这些辩护中，黑尔
（R. M. Hare）的辩护是比较著名的。黑尔在他写的《奴隶制怎么了》
（*What Is Wrong With Slavery*）论文中就对功利主义在奴隶制问题上可能会
遭受的责难概括为两个方面。[①]

　　一方面，反对者会把问题指向现实的、历史上的奴隶制。黑尔认为这
些问题并不会给功利主义造成麻烦。在现实的奴隶制度下，奴隶获得的功
利要比他们所遭受的痛苦要小得多。以美国的殖民地为例。奴隶在这种制
度下受到的虐待远远超过他们所得的利益，尤其是他们令人不可相信的残
忍的生活条件。在种植园中，大量的奴隶人数远远超过非奴隶人数。在这
种情况下，出于功利的考虑就要废除奴隶制。因此，功利的判断就与功利
主义的自由主义的判断相一致。

　　另一方面，反对者提出的更具挑战性的反对意见是针对一个假设的奴
隶制情况提出来的。这种假设的奴隶制情况是：奴隶人数与非奴隶人数比
起来相当的少，奴隶的生活条件非常的仁慈，奴隶的生活也过得非常好，
当然，这也是相对来说的。并且他们所得利益超过他们的遭遇。根据这种
假设的情况，黑尔得出结论说：一个诚实的功利主义者必须承认在这种假
设的情况下，奴隶制的存在是可以得到功利辩护的。然而，这又会受到反
对者的诘难：功利主义没有给出明确的、足够的证据来证明个人的权利，
因为功利主义还是会在一些极少可能发生的情况下赋予奴隶制以合法性，
而这种赋予明显地侵犯了我们内心的道德直觉，这种道德直觉是反对奴役
奴隶的，且承认奴隶的个人权利具有不可侵犯性。

　　黑尔认为，这种假设情况下的奴隶制是支持功利主义的而非直觉主
义。我们内心深处的道德直觉是我们对现实生活经历的结果。这种结果来
自于对现实生活中奴隶制的认识。在现实的奴隶制中，功利主义是要受到
谴责的。既然我们关于奴隶制的那些残忍的道德直觉并不是从假设的奴隶
制的情况中来的，那么，我们的道德直觉与假设的奴隶制相冲突就是必然
的了。因此，我们不能由于假设的奴隶制与我们的道德直觉发生冲突，就
认为功利主义对假设的奴隶制的支持就侵犯了奴隶的个人权利。道德直觉

---

　　① Samuel Evans Kreider, John Stuart Mill, "Utility, Liberty, and Eudaimonia" ［the paper of Doctor of Philosophy］, Kansas：Proquest Information and Learning Company, the University of Kansas, 2005, p. 105.

仅是人们的初步印象，初步印象也允许有例外发生。

黑尔的辩护虽然不完全符合密尔的思想，但他的辩护具有重要的意义。黑尔认识到了功利主义并不支持现实的奴隶制，但也不否认在一些极端的情况下，允许少量奴隶的存在并不必然会与我们的道德直觉相冲突。这些思想与密尔的思想是一致的。但黑尔没有从密尔那里找到功利主义反对奴隶制的真正原因。

（二）密尔在奴隶制问题上的立场

密尔的功利主义在理论上是不支持奴隶制度的，不管是现实的奴隶制还是假设的奴隶制（如果奴隶制必然包含剥夺奴隶的自由的含义的话）。密尔对奴隶制的反对，不仅仅由于从大量的奴隶和他们悲惨的生活状况中得出的一个明显的功利主义结论——奴隶所遭受的痛苦大于所获得的利益；更为重要的原因在于奴隶制会侵犯个人的自由（当然，自由在密尔那里也是幸福的一个组成部分），使个人丧失自治的机会，从而影响个人的自我发展，影响功利最大化的实现。然而，根据密尔的理论，在一些极端的情况下，允许少量奴隶的存在并不会导致功利原则与自由的冲突。

1. 密尔反对奴隶制

密尔认为，奴隶制的存在会导致奴隶主对奴隶自由的侵犯，因此，应该禁止个人自愿或被迫卖身为奴。他在《论自由》中明确指出："在我国和大多数其他文明国度里，一个自己卖身为奴或者允许他人出卖己身为奴的定约在法律上是无效的、作废的，无论法律或舆论都不强其实行"。[1]如果认为密尔的功利主义支持奴隶制，就是对密尔自由概念的误解。密尔在《论自由》的第五章中专门对这个问题进行了阐明。

密尔承认："所谓在只关个人的事情上的个人自由，其含义中也相应地包括着若干个人在只关他们而不关他人的共同事情上经相互同意来共同规定的自由"。[2]即人们可以在不违犯第三方面的权利的情况下约定双方的自由，且照一般的规律来说，人们应该遵守那个约定。然而，在每个国度的法律中，这个一般的法律也有某些例外的情况。这些法律不仅不责成人们遵守那种违犯第三方权利的约定，"就是某种定约有害于双方自己

---

[1] ［英］约翰·密尔：《论自由》，许保骙译，商务印书馆2005年版，第122页。
[2] 同上。

时，这有时也足可成为叫他们解除那个定约的充分理由"。① 那种自己卖身为奴或者允许他人出卖己身为奴的定约就是需要解除的定约。因为我们强调除非为着他人之故便不许干预一个人的自愿行动，目的是要给予个人自由；之所以给予个人自愿选择的机会，是因为他的自愿选择正证明他所选定的事物对他是可取的，或者至少是能够忍受的；而最能够助成他的好处的办法大体说来也是让他采取自己的追求方法。然而，"卖身为奴之举乃是放弃他的自由，乃是除此一举之外便永远放弃使用任何自由"。② 这样，就违背了原来之所以要给予他自己处置自己的目的——给予他自由，也使他自己从此以后便居于一种因系自愿留居其中，就再也不会有什么有利推测的地位。所以密尔说："自由原则不能要求一个人有不要自由的自由。一个人被允许割让他的自由，这不叫自由。"③ 如果一种定约是要求个人割让其自由的，那么这个定约就是应该要解除的。

密尔更进一步指出，人们有在无关第三方面的事情上自愿定约的自由，也应该有自愿解除定约的自由。他说："所谓当事人在只关他们自身的事情上应有不受控制的行动自由这条原则，仍需要让有定约拘束的双方在无关第三方面的事情上各能解除那个定约。"④ 如果没有这种允许自愿解除定约的自由，那么，就不可能有什么定约了。因为参加定约者的意志是会变的，如果一旦经双方同意签订了协约，就不能够更改这个协约，那么，一旦人们的意志发生改变之后，这些不可取消的定约便会给人们在将来进入新的关系设置障碍，对于人们的自主性来说就成了一种外在的约束。而卖身为奴的定约是一种不允许奴隶能够有机会自愿解除的定约，奴隶在这种定约中将会永远失去其自由，因此，这种定约违背了我们所强调的要给予个人自愿选择其行为的目的——"给予个人自由"，因而是得不到辩护的。

2. 密尔支持奴隶制的极端条件

在一般情况下，由于奴隶制对奴隶个人自由权利的侵犯，密尔是反对奴隶制的。密尔之所以如此强调自由的重要性，是因为个人自由是自我发展的必要条件，甚至是唯一的条件。因为自由的选择权可以决定人们的生

---

① [英] 约翰·密尔：《论自由》，许保骙译，商务印书馆 2005 年版，第 122 页。
② 同上书，第 122—123 页。
③ 同上书，第 123 页。
④ 同上。

活方式，促进每一个人个性的形成，个性的形成就是真正的自我发展，是公共利益的最大化。即个人自治是促进功利最大化的唯一最大贡献者。最普遍的个人自治促进功利的最大化，并且我们很有可能通过个人自治的最大化实现社会功利的最大化。"因此，密尔的功利主义并不阻止作为社会分子的个人自治，而是要求一种作为社会第二原则的义务论和个人道德考虑的普遍的自治"。① 密尔的目标是社会的普遍自治。如果允许一部分人成为奴隶，就是允许一些人的自由权被剥夺，而一旦社会失去了普遍的自由，就不可能有普遍的自治和功利最大化的实现。如果批评者指责功利主义为了使社会功利最大化而会赞成奴隶制，就是把功利主义者对功利的计算看作仅仅是对一些物质利益的或经验性的利益的计算，忽视了密尔幸福概念中的丰富内涵，尤其是密尔关于公共利益概念的界定、自由与社会公共利益（功利最大化）之间关系的观点。不管是反对政府或社会干预个人自由，还是反对家长主义，密尔的目的都是为了实现社会功利最大化。即密尔对自由的强调是为了实现社会功利的最大化，并且，为了实现这个目标，对"所有那些真正对共同利益重要的东西"，国家也必定是要进行干预的。

既然社会必须对所有那些对共同利益真正重要的东西进行干预，那么，在估算什么样的东西会影响共同利益的问题上，社会也有可能因为错误的计算而出现通过对自治的镇压作出一些伤害个人自治的事情。"因此，在密尔的功利主义的自由主义中就有一个明确的假设：反对奴隶制，但允许奴隶制在一些极其稀少的、极端的情况下存在。比如，社会文明的存亡已岌岌可危。在这种情况下，密尔作为功利主义者或是自由主义者极易地就是支持奴隶制存在的"。②

密尔在极端的情况下支持奴隶制，并不会在他的理论中导致功利最大化与自由的冲突。因为人类种族的灭亡意味着所有可能的人类幸福的中止，在这种情况下强调对每个人或某些人的自由权利的保护已经没有太大的意义，这些个人的自由权利必须要让位于安全这种人类的公共利益。虽然密尔认为，自由这种个人权利在和平、安全的社会条件下是极为重要

---

①　Samuel Evans Kreider, John Stuart Mill, "Utility, Liberty, and Eudaimonia"［the paper of Doctor of Philosophy］, Kansas：Proquest Information and Learning Company, the University of Kansas, 2005, p. 111.

②　Ibid., p. 112.

的，是实现社会功利最大化的唯一条件，但是，个人自由这种权利也与其他的个人权利一样，之所以需要社会的保护，最根本的原因也在于保护人类的安全这种最基本的社会公益。因此，当需要侵犯一些人的自由权利的奴隶制的存在与整个人类的安全的保护出现冲突的情况下，允许这种奴隶制的存在就是应当的。这并不意味着权利不重要，其实，安全本身也是人类的一种最基本的权利，所以，在一些特定的条件下，一些次一级的人类基本权利或非基本权利要让位于安全这种最基本的利益和权利。这本身不是功利与权利之间的冲突，而是权利与权利之间的冲突，即人类最基本权利和次一级基本权利的冲突，而解决这种冲突的根据是功利原则。因为在密尔那里，当次级原则发生冲突时，总要诉诸功利原则。在这种情况下，人类最大的功利就是安全这种公共利益。正是在这种意义上，密尔承认在特定的条件下允许奴隶制的存在与他作为自由主义者和功利主义者并不冲突。况且，这种奴隶制不过是在非常情况下的短期需求，一到社会状况变得比较和平与安全，一切的权利都可以得到恢复。

更何况，密尔也曾明确指出，自由只适用于发达的文明社会，这种社会已达到一种和平、安全、繁荣和教化的状态："这条教义只适用于能力已达成熟的人类。……在对于野蛮人时，专制政府正是一个合法的型式，只要目的是为着使他们有所改善，而所用手段又因这个目的之得以实现而显为正当。自由，作为一条原则来说，在人类还未达到能够借自由的和对等的讨论而获得改善的阶段以前的任何状态中，是无所适用的"。[①] 可见，他的自由原则不适用于野蛮、落后的状态和能力未成熟的人类。因此，在人类的安全尚未得到有效保护的情况下，允许奴隶制的存在，并不表明在密尔的功利主义思想中存在着功利最大化和自由的冲突。当然，密尔允许奴隶制存在并不是为了实现作为物质利益的功利的最大化，而是为了实现人类安全这种最基本的、最大的人类功利。

因此，指责密尔坚持功利原则作为道德的标准，可能会为了功利最大化而允许奴隶制的存在的人，事实上是把密尔所要追求的最大化功利界定为物质利益的最大化，这是对密尔最大化功利概念及密尔思想的误解，因而对密尔的这种指责是不恰当的。

---

① ［英］约翰·密尔：《论自由》，许保骙译，商务印书馆 2005 年版，第 11—12 页。

本章小结

由上面的分析可见，密尔提出自由原则，以保护个人在涉己行为领域的自由权利这个目的是能够实现的。密尔通过把功利最大化界定为人类的自我发展，真正的自由在于功利最大化之中，实现了功利原则与自由的统一，既在理论上解决了自由原则在涉己行为领域的普适性与功利原则作为道德的基本原则的至上性之间的冲突问题，也解决了功利最大化与家长主义之间、功利最大化与奴隶制之间可能出现冲突的现实问题。理论界在这些问题上对密尔的许多指责都是不恰当的。当然，密尔解决问题的方式也并非无懈可击，而是还存在着一些缺陷。这些缺陷或者是他解决问题的方法所涉及的一些相关问题还没有解决，或者是他解决问题的方法建立在他自己界定的一些概念或假设之上，而这些概念和假设的科学性并没有得以确证。

结　　论

在近代西方伦理学理论以寻找一条普遍的伦理原则为主题、近代思想家对功利原则进行了初步探索的基础上，边沁系统阐明了功利主义伦理学理论，提出以功利原则作为个人行为和政府行为的道德评判标准，并对功利原则的内容进行了阐释，对功利原则的合理性和科学性进行了论证。但是，边沁的论证并不充分，功利原则及功利主义学说遭到许多责难。密尔作为边沁学说的推崇者和继承人，为功利原则辩护就成了他的伦理学思想的主旨。正是围绕着为功利原则辩护的主旨，密尔在《功用主义》、《论自由》、《代议制政府》等著作中阐明了其伦理学思想。然而，在学术界，对于密尔为功利原则的辩护被普遍认为不成功。原因在于两方面：一是在理论上，密尔为功利原则辩护的思想本身存在着逻辑矛盾；二是坚持功利原则在实践上会导致价值冲突。

其实，这些关于密尔为功利原则辩护的观点并不完全正确。因为，虽然密尔为功利原则的辩护事实上并不成功，但对于密尔的辩护为何不成功的原因并不在于学者们所指出的那两个方面，而是在于其他方面。

一　密尔为功利原则辩护的思想在理论上并不存在逻辑矛盾

对于密尔为功利原则辩护在逻辑上所犯的错误，主要是指密尔犯了由"是"推出"应当"的错误。即密尔由人们实际欲求幸福推出幸福是值得欲求的；由每个人实际欲求自己的幸福推出公共幸福是值得欲求的。

的确，密尔在证明功利原则合法性的过程中，确实运用了由"实际欲望"到"值得欲望"的推理模式，但是密尔并没有犯由"是"到"应当"的逻辑谬误。

首先，在这个问题上密尔所受到的第一方面的指责是：由人们实际欲求幸福推不出幸福是值得欲求的。其实，密尔采用由"实际欲望"到"值得欲望"的论证模式来论证幸福是值得欲望的这个观点，与他的工具主义立场、他对于逻辑学意义上的"证明"概念的内涵以及逻辑证明范围的理解有关。根据工具主义，要证明一个东西是好的，只要证明它是取得一个不需要证明而又被认为是好的东西的手段，那么，这个东西是好的就得到了证明。在实践辩护的链条中，每一个目的都可以通过证明它是更深一层的目的的手段而被证明为是好的。信仰也可以通过更深一层的信仰而得到证明。当然，工具主义主张的这种辩护会导致三种辩护模式类型：辩护的链条持续永久地追溯下去；这种辩护循环进行；辩护的链条可以在那些其自身不需要证明的目的那里得以终止。密尔选择第三种类型，这种类型与基础主义有关，而基础主义的观点是：存在着不需要证明的可以适度地被认为是标准的命题。即根据基础主义的辩护模式，我们可以确定基本信条和基础目的的种类。但这些基本信条和基本目的的合理性还要在认识论和伦理学方面进行哲学探讨。

密尔坚持的是传统的英国经验主义，因而，密尔把基本的目的看成一种感觉状态。而这种作为感觉状态的最终目的不可能成为其他目的的手段，那么，根据"手段—目的链"的证明方法，它的合理性无法通过别的目的予以证明，而要通过事实来证明，即考察人们实际上是否欲求这种感觉状态。当密尔已经证明人们实际上欲求的是幸福这种感觉状态时，根据工具主义，就可以证明幸福是好的，即可以证明幸福是值得欲求的。同样，只要证明了人们实际上都欲求个人的幸福，如果公共幸福是由个人幸福所构成的，那么，就可以证明公共幸福是值得欲求的。

然而，即使工具主义的立场是正确的，密尔这种由"是"推出"应当"的证明仍然被认为是无效的推理。其实，这也是对密尔的误解，因为，在《逻辑学体系》中密尔就指出，证明是从证据到结论的推论，属于逻辑证明范围的是那些具备有意识证据的推论，而那些不具备有意识证据的推论，严格来说不属于逻辑证明的范围。这样，密尔就把那种仅仅在外观上由一个事实到另一个事实的行进，其逻辑结果仅仅是逻辑前提的重复的那种情况排除在逻辑推理或推论的领域之外了。密尔使用的推论规则是 p→p，这种推论与摩尔、西季威克等思想家关于推论的观点是不同的，但这种推论显然也是有效的推论。

所以，如果工具主义的观点是正确的，并且，密尔对逻辑证明的内涵及逻辑证明范围的划定是可以接受的，那么，密尔由人们实际欲求幸福到幸福是值得欲求的这个论证就可能是合理的，密尔并没有犯逻辑上的错误。但这并不是说密尔对这个问题的解决就无懈可击。因为在这个问题上，密尔的论辩是在他对实践推理的工具主义理解的基础上进行的，工具主义是他的论辩的起因，如果工具主义是错误的，那么，实践推理的前提就不能是欲望。因而，"欲望作为值得欲望的证据"就不再成立，以感觉作为证明"值得欲望"的前提就是不可能的，密尔的论辩就会变得无意义；同样，密尔对幸福是值得欲望的这个观点有效性的证明，是基于工具主义的理论假设前提之下的，离开这个前提，这种证明就失去其意义。

其次，密尔在这个问题上所受到的第二方面的指责是：即使密尔基于工具主义基础之上的推理模式——由"实际欲望"到"值得欲望"是正确的，也不能够得出"公共幸福是值得欲望的"这个结论。原因主要有两个方面：一是在个人身上不存在对普遍幸福的实际欲望；二是公共幸福不可以通过对个人幸福的加总达到。其实，学者们之所以持在个人身上不存在对普遍幸福的实际欲望的观点，是因为把密尔的"公共幸福"概念误解为是社会所有个人的物质利益的总和而导致的。实际上，在密尔那里，公共的幸福或公共的功用是指人类的自我发展，是由个人利益中的较高级的快乐——道德和智力能力、个性的发展所合成的。当每一个人都追求自我发展的时候，公共利益就得以实现。当然，并不是每个人都追求自我发展，每个人也不一定在任何时候都追求自我发展，但由于人们有良心这种社会性的动机，这种社会性动机在道德制裁力的作用下，在法律、教育和舆论的影响下会使个人发展出一种促进公共利益的坚定性格，并使促进公共利益成为人们惯有的行为动机之一。因此，个人利益与公共利益具有内在的一致性，即使是发生冲突也是暂时的，一旦个人的智力能力发展到对这种一致性的认识后，冲突自然会消失。这样，密尔就解决了在个人那里对公共利益的实际欲望的可能性。

同样，对于认为公共幸福不可以通过对个人幸福的加总而达到这种指责，也是基于对公共幸福概念的误解之上的。如果把密尔的公共幸福理解为自我发展，那么，公共幸福就可以通过加总而实现，因为，当每个人都获得自我发展的时候，由这些发展了的个人所组成的社会整体也必然得到发展。

可见，认为密尔为功利原则辩护的思想在理论上存在逻辑矛盾的观点并不正确。

二 密尔为功利原则辩护的思想在实践上并不会导致价值冲突

认为密尔为功利原则辩护的思想在实践上会导致价值冲突的观点，主要是指密尔强调以功利原则为道德的基本原则，即强调功利最大化会导致功利与正义、功利与自由之间的价值冲突。其实，这些冲突在密尔的理论那里是可以解决的。密尔的论证可以表明，在他那里，功利与正义、功利与自由是一致的。

（一）功利与正义的内在一致性

认为强调功利最大化会导致功利与正义之间冲突的指责，可以概括为四个方面：

一是追求功利的最大化会导致对个人权利的侵犯。在这个方面，不仅罗尔斯，而且诺齐克、德沃金等都对功利主义提出了批评，认为功利主义将权利与功利看作可以互相权衡的两种利益，因而，在某些时候就会将权利作为功利的权宜之计，为了功利最大化而牺牲个人权利。在他们看来，个人的权利，尤其是其中的一些权利是任何人、任何时候都不能够侵犯的。

其实，这些批评对于密尔的功利主义思想来说是不适用的，因为密尔并不认为，为了最大限度地促进整个福利，个人的基础权利是可以侵犯的。相反，在密尔看来，权利被看成保护某些人类关键性利益不受任意侵犯的手段，正是那些关键性的利益有资格成为功利主义的目标之一；也正是这些关键性的人类利益的道德重要性赋予了权利独特的道德力量，使权利本身也成了功利主义所要促进的道德价值。因此，这些权利不仅是不能够被侵犯的，而且对这些权利的尊重还可以成为功利主义所要促进的目标之一。即权利本身对于功利这个目标来说不仅是工具性的，而且是构成性的，那么，尊重权利与促进功利这个总目标就不相矛盾。

密尔不仅反对为了功利最大化而可以侵犯个人的权利，而且采取了独特的方法使其功利主义思想容纳个人权利。

密尔的方法第一是通过把人类关键性的利益设定为权利的基础，甚至是个人的基础权利，使得权利对于功利这个目标来说既是工具性的，也是构成性的，对权利的维护与对功利的促进并不矛盾，二者是一致的；第二是把功利原则仅仅作为一个普遍的价值论原则，而不是行动的决策程序，通过诉诸次级原则作为行动的直接决策程序，使得功利原则可以协调我们对权利的尊重而实现功利原则对权利概念的容纳。

二是以功利原则为道德的基本原则会忽视人的分离性。批评者指出，如果功利主义只追求功利总量的促进，那么，只要总体功利能够最大限度地得到促进，功利主义并不关心最大限度地促进功利的人是谁，因而，忽视了人的分离性。

其实，在密尔的功利主义理论那里，坚持功利原则并没有忽视个人的分离性，因为在密尔看来，人们的道德责任并不是功利最大化，而是不伤害他人，人们要平等地对待自己的利益与他人的利益，首先要关注自身的利益，但不能够伤害别人的利益，而是要关心他人的利益，积极地援助他人，甚至在一些极端的情况下，还可能要牺牲自己的利益，但这种牺牲不能够被强制，而是承认甘心做这种牺牲是人类的最高的美德。所以，密尔强调功利原则并不会忽视人的分离性。

三是遵守功利主义道德学说的要求会导致一个人的道德同一性的丧失。这种指责主要来自威廉斯。"个人道德同一性"在威廉斯那里大概是指一个人的行动与他的生活原则（意图）的一致性。威廉斯认为，如果一个人根据功利主义的意图而不是他原有的意图去决定他的行动，就把他从他自己的道德自我中异化出来了，就会导致一个人的道德同一性的丧失和个人完整性的摧毁。其实，一个人接受了功利主义的意图去决定他的行动并不必然导致对他的道德同一性的摧毁。因为一个人的道德自我的概念是否具有理性的可接受性，不仅仅取决于这个道德自我概念是否与他的意图相一致，而是受制于一些普遍认同的和相互接受的道德标准。而功利主义要求我们根据我们对后果的评价来行动，就是要求我们根据世界的现实状况来进行道德选择，而不是坚持在任何状况下都坚决服从约定的道德规则。这并不是对个人道德同一性和个人完整性的摧毁，而是提出了一种缓解道德要求，防止"被道德异化"的策略。

四是功利主义会迫使我们忽视某些特殊人际关系，以及在这些关系中负有的特殊义务和责任。批评者指出，在通常情况下，我们与我们的亲人和朋友的关系是极其重要的，而且我们对于他们所应该负的责任也是不容忽视的。功利主义把每个人的生活和利益都看成同等重要的，就是要求我们对这些特殊关系的人的关怀与对其他人的关怀是一样的，那么，功利主义就是不近情理的，甚至是荒谬的。

其实，这种批评对于密尔的功利主义是不恰当的，密尔事实上指出，要想最大化地促进公共功利，我们首先要关心和促进那些与我们关系特殊的人的利益。只是在这些人的利益与公共利益发生冲突时，如果我们能够在减少人类的痛苦、促进人类的更大利益方面作出贡献时，我们就应该那样做，而不是必须那样做。所以，密尔的功利主义能够协调我们因为进入特殊的人际关系中而负有的特殊义务和责任。

由上面四个方面的分析可见，密尔强调功利原则为道德的基本原则并不会导致功利最大化与正义之间的价值冲突。

（二）功利最大化与自由的一致性

虽然密尔在强调以功利原则为道德的基本原则的同时，强调对个人自由的保护，并在伤害概念的基础上提出了自由原则，指出在涉己行为领域，个人的自由不受社会和政府的干预，对个人自由的干预应该限于涉他行为领域。然而，密尔的自由原则被认为并不能够保护个人的自由，原因有四个方面：

一是伤害的概念模糊不清，伤害的内容难以确定。其实，密尔的伤害概念是清楚的，伤害的内容也是确定的。伤害包含两个方面的要素：伤害必定是对他人或公众"明确的且可指定的义务"的违背，是对他人已经发生了的"确定的损害"和"可觉察得到的"损害。伤害的内容是指那种"应当认作权利的利益"，他人纯粹的厌恶或情感的痛苦不是伤害。即使有着不同的道德或文化价值取向的人对伤害的内容或是否导致伤害可能会得出不同的结论，但自由原则保护个人自由的目的也是可以实现的。因为，只要不伤害他人的条件得以满足，个人自由就应该受到保护。

二是涉他行为领域与涉己行为领域难以划分。对于这个问题，密尔实际上通过区分"伤害"概念和"影响"概念予以了解决。密尔承认，虽然许多行为都会直接或间接地影响到他人，但影响不等于伤害，只有违背了他人可指定的义务，或者导致了对他人"可察觉得到的""确定的侵害"时，才是对他人的伤害，所以，涉己与涉他行为领域是可以划分的。

三是自由原则建立在伤害概念之上可能会与功利原则发生冲突。因为自由原则只限制对他人的伤害而允许对自己的伤害，允许对那些自愿招致它的其他人的伤害，而对自己和那些自愿的人的伤害会有损社会功利的最大化。对于这个问题，密尔通过把涉己行为界定为自我发展的行为，自愿受影响不完全等同于自愿受伤害，有过错的涉己行为会导致社会惩罚或自然惩罚，自由原则只适用于成熟的、有自我发展能力的人类个体等方面，说明了建立在伤害概念之上的自由原则并不会与功利原则发生冲突。在这个基础上，密尔还通过把功利最大化界定为自我发展，自我发展与自由二者的相互促进关系阐明了功利原则与自由的统一关系。

四是强调功利原则为道德的基本原则会导致对任何形式的家长主义和奴隶制的支持。其实，密尔没有绝对禁止任何形式的家长主义，也不会为了使功利最大化而允许任何形式的家长主义。密尔认为家长主义具有反功利的性质，不利于功利最大化的实现，一般情况下要反对家长主义；但密尔承认，在一些极端的情况，如能力未达成熟的人；未界成年的社会当中的一些落后状态，家长主义的存在有其合理性。

密尔坚持功利原则也不会导致支持奴隶制或为奴隶制辩护。密尔反对奴隶制不仅因为奴隶所遭受的痛苦大于所获得的利益，而且因为奴隶制会侵犯个人的自由（自由在密尔那里也是幸福的一个组成部分），使个人丧失自治的机会，从而影响个人的自我发展，影响功利最大化的实现。然而，根据密尔的理论，在一些极端的情况下（比如，社会文明的存亡已岌岌可危），允许少量奴隶的存在并不会导致功利原则与自由的冲突。因为人类种族的灭亡意味着所有可能的人类幸福的中止，在这种情况下强调对每个人或某些人的自由权利的保护已经没有太大的意义，这些个人的自由权利必须要让位于安全这种人类的公共利益。

可见，密尔提出自由原则、以保护个人在涉己行为领域的自由权利这个目的是能够实现的。密尔通过把功利最大化界定为人类的自我发展，真正的自由在于功利最大化之中，实现了功利原则与自由的统一，在理论上，既解决了自由原则在涉己行为领域的普适性与功利原则作为道德的基本原则的至上性之间的冲突问题，也解决了功利最大化与家长主义之间、功利最大化与奴隶制之间可能出现冲突的现实问题。所以，指责密尔为功利原则辩护的思想会导致功利与自由之间的价值冲突是不恰当的。

三　密尔为功利原则辩护的思想存在的问题

尽管密尔为功利原则辩护的思想，在理论上和实践上并不存在以上批评者所指出的那些问题，但这并不意味着密尔为功利原则的辩护是无可挑剔的，事实上，与任何理论体系一样，密尔的理论也存在着问题。

（一）幸福概念构成元素的多样性使幸福概念难以成为行动的明确而具体的标准

密尔为功利原则的辩护，是在以幸福概念修正边沁功利概念的基础上进行的。然而，密尔这个作为功利原则辩护前提的幸福概念，尽管其作为包含多种元素的、具体的复合整体，克服了边沁功利概念的抽象性和单一性，但也正是由于幸福概念的构成成分的多样性，使其不能够成为行动的一个明确而具体的标准，从而导致幸福概念变得没有意义。所以，密尔在提出幸福概念以克服边沁功利概念的缺陷，使功利原则得以避免由边沁功利概念所引起的责难的同时，又使功利原则陷入了因幸福概念的不确定所导致的困境。

（二）密尔为功利原则合法性的证明基于一些其合理性没有得到确证的理论假设和理论前提之上

在为功利原则的合法性进行逻辑证明的过程中，虽然密尔为功利原则辩护的思想在理论上并不存在逻辑矛盾，但他却犯了其他的错误。这些错误表现在：

第一，密尔基于工具主义的立场来对功利原则进行证明，手段的合法性根据目的来证明，但在证明链条的终点，没有更深一层的证据可以证明最终目的的可欲性，值得欲求被认定为等同于被欲求。这种认定是根据"欲望证明值得欲望"的模式来进行的，这种模式根据感觉来证明一个人的信仰系统的基础前提。然而，感觉是易变的，也是会错的，所以，以感觉作为证据来证明一个人的信仰系统的基础前提是不可靠的。

第二，密尔在运用工具主义作为其证明的理论前提时，并没有对工具主义观点的合理性进行阐明。

第三，密尔采用了由"实际欲望"证明"值得欲望"的策略，这种策略并不是完美的，毕竟，一个人实际欲望的并不一定是值得欲望的，实践推理的理论需要在各种竞争的欲望之间进行调和。

第四，密尔在证明"个人实际欲望公共幸福"这个观点时，实际上是把他的证明建立在一个假设之上，即人都有追求公共幸福的动机，而这种动机在道德制裁力和教育、法律、舆论的影响下，一定能够使这种个人欲望公共幸福的动机变成对公共幸福的实际欲望。在这个问题上，密尔对人性持了一种过于乐观的看法。

（三）密尔为功利原则辩护所采用的解决问题的方式并不十分完满

密尔在为功利原则辩护的过程中，通过界定一些概念和预设一些理论前提，解决了一些问题，但密尔所采用的这种解决问题的方式并不十分完满。

第一，在解决功利最大化与个人权利之间可能发生冲突的问题上，密尔通过把人类关键性利益设定为个人基础权利的方法，来解决功利原则容纳个人权利的问题；而在界定什么是人类关键性利益的问题上，似乎并不是那么确定；而且，在一些困境面前，功利主义的解决方式也还会面临一些道德损失。如在威廉斯所列举的例子中，如果吉姆根据功利主义的道德原则，选择枪决一个人而拯救其余的 19 个人，那么，确实实现了功利的最大化，然而，在这个问题上，还有在惩罚无辜者的典型案例中，功利主义都被指责将个人变成了实现目的的手段，从而侵犯了个人的权利。

第二，在解决功利最大化与自由之间可能发生冲突的问题上，虽然密尔通过把功利最大化界定为人类的自我发展，通过自我发展这个桥梁实现了功利最大化与自由的统一，但密尔对这个问题的解决仍然存在问题：

一方面，尽管密尔把功利原则作为价值论的原则而不是直接判断是非的标准，可为其免除传统的、认为其功利原则与自由原则存在不一致的指责，但是，这种解决问题的方式，同时也揭示了密尔在解决如何从追求某人自己的幸福到追求公共的幸福这一问题时所采用的解决方法是原则循环论。因为他的结论是包含在"我们天生都是密尔式的功利主义者"这一前提当中的。

另一方面，密尔把社会理解为一种个体主义的、以利益为基础的概念是不能够为自由体制的基本原理提供辩护的。因为每个人在发展他自己的个性时，都会与他人发生联系，也正是在这个过程中人们才产生了对自主性的尊重。而密尔把自主性看成自由主义的中心价值观，实际上就预设了一种特殊的道德和社会背景。在这种背景下，自由是一种需要加以促进的集体目标，而一旦缺少了这样的社会背景，自由在个人那里就成了既没有意义，也不可能实现的东西。

由上面三个方面的分析可见，尽管密尔为功利原则所作的辩护，并不像批评者所说的那样在理论上存在着逻辑矛盾，在实践上会导致价值冲突，但还是存在着这样或那样的问题。

其实，密尔为功利原则辩护不成功最主要的原因并不在于以上这些问题，而在于他试图在脱离社会历史的发展、脱离现实社会制度安排的正当性的前提下，来寻求一条超历史的、超阶级的、永恒的普世伦理原则。马克思曾对此进行了批评："我们驳斥一切想把任何道德教条当作永恒的、终极的、从此不变的道德规律强加给我们的企图，这种企图的借口是，道德的世界也有凌驾于历史和民族差别之上的不变的原则。相反地，我们断定，一切已往的道德论归根到底都是当时的社会经济状况的产物。而社会上到现在还是在阶级对立中运动的，所以道德始终是阶级的道德；它或者为统治阶级的统治和利益辩护，或者当被压迫阶级变得足够强大时，代表被压迫者对这个统治的反抗和他们的未来利益"。① "人们自觉地或不自觉地，归根到底总是从他们阶级地位所依据的实际关系中——从他们进行生产和交换的经济关系中，吸取自己的道德观念"。② 马克思基于社会历史发展和阶级的维度来思考道德原则，认为道德原则的正当性基础完全蕴含在人类发展的社会历史维度之中的观点是正确的。如果离开道德原则所赖以存在的社会历史背景，而仅仅从道德的动机或结果出发去论证一切道德原则的合理性，必然会导致将人与人的一切关系利益化或崇高化的单向维度，而成为一种形而上学的抽象。因此，密尔在离开社会历史发展的前提下为功利原则所作的辩护，就注定是失败的，而且，密尔伦理学的这种形式化研究范式，实质上是以一种抽象的方法和概念掩盖了其对资本主义现实和道德的非批判态度。

正是因为道德产生的社会历史性，所以，即使密尔为功利原则的辩护没有成功，也没有使功利主义失去其在它产生的那个时代甚至其后的时代

---

① 《马克思恩格斯全集》第 1 卷，人民出版社 1972 年版，第 225 页。
② 同上。

所应有的生命力。因为：一方面，任何理论都是时代的产物，十七至十八世纪的西方，尤其是英国，在摆脱中世纪禁欲主义的束缚之后，尤其是产业革命所带来的物质繁荣，使个人追求私利的欲望得到了空前的释放。在这种人们过度追求私利的背景下，为了求得社会的和平、稳定和发展，对于个人的行为，最重要的在于应该如何处理个人利益与社会公共利益的关系；而对于刚刚取得统治权的资产阶级，如何发挥其协调个人利益与公共利益的关系的功能是最重要的。在这种个人利益与公共利益矛盾凸显的时代，如何解决这些利益矛盾是当时伦理学理论着重要解决的问题，边沁及其之前的英国思想家对功利原则的探讨，在极大程度上也是基于对这个问题的考虑。

另一方面，虽然康德的义务论伦理学在当时也是极有影响的理论，但康德的义务论从动机论立场出发判断行为的道德价值，认为评判行为不能只看结果，而主要是看动机，动机善，行为即善；动机恶，行为即恶。对行为的道德正当性的评判主要是根据义务，义务是道德行为价值的依据和标准。而义务是出于对道德法则的尊重而产生的行为。作为绝对命令的道德法则不能从人的自然本性、感性经验、功利偏好中引出，否则，就会与道德背道而驰。虽然康德根据动机而不是后果作为行为评判标准的义务论理论，对于提升人的人格、人性，体现道德本身的尊严和人格的尊严具有重要的意义，但由于它的先验主义与形式主义的特征以及道德力量的缺失等问题，他的义务论理论蒙上了一层理想主义和乌托邦的色彩。这种忽视人的感性欲望满足的伦理学理论，对于刚刚从中世纪禁欲主义解放出来的近代资产阶级国家的公民来说，尤其不具说服力。

正是在这种背景下，密尔为功利原则所作的辩护，即使不是十分的成功，还存在着一些问题，但并不影响该原则在当时乃至其后的时代里对个人利益与公共利益矛盾的解决，并不影响该原则成为评判个人行为与政府行为正当性的原则。

同时，即使功利原则在解决道德困境方面还存在问题，但由于道德困境确实是人类现实生活中必须面临的一些生存状况，在有些情况下，无论我们作出哪一种选择，都会面临道德损失。面对这些情况，义务论尚未找到解决问题的计策。功利主义遵循后果论，即通过选择具有较大功利、较好效果的那个行动，或避免更大伤害发生的那个行动，尽管也会不可避免地导致一些道德损失的发生，但是，功利主义确实为解决道德困境提供了一种虽然不十分完美，但也算可供选择的方式。

当然，道德困境、个人利益与公共利益的矛盾是任何时代都必须解决的矛盾，密尔为功利原则的辩护，不管其是否完美，它毕竟是那个时代的产物。功利主义要成为一种对现实生活有切实指导作用的理论，就应该是开放的、发展的。

参考文献

［英］约翰·穆勒：《约翰·穆勒自传》，吴良健、吴衡康译，商务印书馆1987年版。

［美］苏珊·李·安德森：《密尔》，崔庆杰、陈慧颖译，中华书局2003年版。

樊浩：《伦理的实体与不道德的个体》，《学术月刊》2006年第5期。

［美］莱因霍尔德·尼布尔：《道德的人与不道德的社会》，蒋庆等译，贵州人民出版社1998年版。

牛京辉：《英国功用主义伦理思想研究》，人民出版社2002年版。

［澳］J. J. C. 斯马特、［英］B. 威廉斯：《功利主义：赞成与反对》，牟斌译，中国社会科学出版社1992年版。

包利民、M. 斯戴克豪思：《现代性价值辩证论——规范伦理的形态学及其资源》，学林出版社2000年版。

［英］亨利·西季威克：《伦理学方法》，廖申白译，中国社会科学出版社1993年版。

龚群：《当代道义论与功利主义研究》，中国人民大学出版社2002年版。

［美］阿拉斯代尔·麦金太尔：《伦理学简史》，龚群译，商务印书馆2003年版。

［英］乔治·摩尔：《伦理学原理》，长河译，上海世纪出版集团2005年版。

［英］C. D. 布劳德：《五种伦理学理论》，田永胜译，中国社会科学出版社2002年版。

周辅成主编：《西方著名伦理学家评传》，上海人民出版社1987年版。

郭夏娟：《论密尔的功利主义道德标准》，《中州学刊》1994 年第 4 期。

Bogen, J. Farrell, D. M. , "Freedom and Happiness in Mill's Defense of liberty", *The Philosophical Quarterly*, 1978, 28 (113): 325–338.

Levi, A. W. , "The value of liberty: Mill's on Liberty 1859–1959", *Ethics*, 1959, p. 69.

黄伟合：《英国近代自由主义研究——从洛克、边沁到密尔》，北京大学出版社 2005 年版。

周敏凯：《十九世纪英国功利主义思想比较研究》，华东师范大学出版社 1991 年版。

林奇富、周光辉：《批判与重构：公共权力的合法性与合理性——约翰·密尔功利主义政治哲学探微》，《吉林大学社会科学学报》2001 年第 5 期。

何历宇：《知识与道德：现代民主制的基础——重温 J. S. 密尔〈代议制政府〉》，《中共浙江省党校学报》2005 年第 3 期。

吴春华：《密尔政治思想的自由主义特征及其形成》，《浙江学刊》2002 年第 3 期。

王辉森：《密尔政治思想体系中的折衷主义特征》，《江淮论坛》2004 年第 2 期。

J. O. 厄姆森：《J. S. 密尔道德哲学解释》，《哲学季刊》1955 年第 3 期。

大卫·古柏：《J. S. 密尔的反覆性效用主义》，载威斯兰·左伯、卡·尼尔森和斯蒂芬·C. 帕坦主编《约翰·斯图亚特·密尔及效用主义新论集》，寺尔夫，安大略：加拿大哲学出版会 1979 年版。

L. W. 桑纳尔：《善的与对的》，载威斯兰·左伯、卡·尼尔森和斯蒂芬·C. 帕坦主编《约翰·斯图亚特·密尔及效用主义新论集》，寺尔夫，安大略：加拿大哲学出版会 1979 年版。

高国希：《道德哲学》，复旦大学出版社 2005 年版。

张伟：《浅谈密尔个性自由主义功利思想》，《重庆社会科学》2005 年第 2 期。

浦薛凤：《西方近代政治思潮》下册，台湾商务印书馆 1944 年版。

周敏凯：《十九世纪英国功利主义思想比较研究》，华东师范大学出版社 1991 年版。

宋希仁主编：《西方伦理思想史》，中国人民大学出版社 2004 年版。

［英］霍布豪斯：《自由主义》，商务印书馆 1996 年版。

Salwyn, Schapiro J., "John Stuart Mill, Pioneer of Democratic Liberalism in England", *Journal of the History of Ideas*, 1943, 4 (2): 134.

田海平：《西方伦理精神——从古希腊到康德时代》，东南大学出版社 1998 年版。

［法］埃利·哈列维：《哲学激进主义的兴起——从苏格兰启蒙运动到功利主义》，曹海军等译，吉林人民出版社 2006 年版。

周辅成编：《西方伦理学名著选辑》下卷，商务印书馆 1987 年版。

［英］休谟：《人性论》下册，关文运译，商务印书馆 1980 年版。

［英］休谟：《道德原则研究》，曾晓平译，商务印书馆 2001 年版。

［英］边沁：《政府片论》，沈叔平等译，商务印书馆 1997 年版。

［英］H. L. A. 哈特：《法理学与哲学论文集》，支振锋译，法律出版社 2005 年版。

宋希仁主编：《西方伦理学思想史》，湖南教育出版社 2006 年版。

舒远招、朱俊林：《系统功利主义的奠基人——杰里米·边沁》，河北大学出版社 2005 年版。

李强：《自由主义》，中国社会科学出版社 1998 年版。

Robert, W. H., "Happiness and Freedom: Recent Work on John Stuart Mill", *Philosophy and Public Affairs*, 1986, 15 (2): 188–199.

Elijah Millgram, "Mill's Proof of the Principle of Utility", *Ethics*, 2000, 110 (2): 282–310.

Hardy Jones, "Mill's Argument for the Principle of Utility", *Philosophy and Phenomenological Research*, 1978, 38 (3): 338–354.

John R. Fitzpatrick, Reconciling Utility with Liberal Justice—John Stuart Mill's Minimalist Utilitarianism [the Paper of Doctor of Philosophy], Knoxville: The University of Tennessee, 2001, p. 145.

［英］边沁：《道德与立法原理导论》，时殷弘译，商务印书馆 2002 年版。

Davud O. Brink, "Mill's Deliberative Utilitarianism", *Philosophy and Public Affairs*, 1992, 21 (1): 71.

［英］约翰·穆勒：《功用主义》，唐钺译，商务印书馆 1957 年版。

Henry R. West, *An Introduction to Mill's Utilitarian Ethics*, Cambridge：Cambridge University Press, 2004, p. 102.

Samuel Evans Kreider, John Stuart Mill："Utility, Liberty, and Eudai-monia"［the paper of Doctor of Philosophy］, Kansas：Proquest Information and Learning Company, the University of Kansas, 2005, p. 16.

John Stuart Mill, *System of Logic：Ratiocinative and Inductive*, London：Longmans, Green, and Co., 1886, pp. 621–622.

David, O. B., "Mill's Deliberative Utilitarianism", *Philosophy and Public Affairs*（Winter, 1992）, 21（1）：72–73.

［英］J. S. 密尔：《代议制政府》，汪瑄译，商务印书馆 1982 年版。

Michael Joshua Mulnix, Mill's Liberty Principle and the Conditions of Happiness（the Doctor of Philosophy degree）, Iowa：The University of Iowa, 2005, p. 102.

［英］约翰·格雷：《自由主义的两张面孔》，顾爱彬、李瑞华译，江苏人民出版社 2005 年版。

［美］列奥·斯特劳斯：《政治哲学史》，李天然等译，河北人民出版社 1993 年版。

［英］以赛亚·伯林：《自由论》，胡传胜译，译林出版社 2003 年版。

Brink, D. O., "Mill's Deliberative Utilitarianism", *Philosophy and Public Affairs*, 1992, 21（1）：79.

曹海军：《权利与功利之间》，江苏人民出版社 2006 年版。

徐向东：《自由主义、社会契约与政治辩护》，北京大学出版社 2005 年版。

Alan Ryan, *Mill：The Spirit of the Age*, *On Liberty*, *The Subjection Of Women*, New York：W. W. Norton Company, Inc., 1975, p. 49.

［英］理查德·贝拉米：《重新思考自由主义》，王萍等译，江苏人民出版社 2005 年版。

Huodong L., Mill's Harm Principle as Social Justice（the Doctor of Philosophy Degree）, Carbondale：Southern Illinois University, 2004.

［美］汤姆·L. 彼彻姆：《哲学的伦理学》，雷克勤等译，中国社会科学出版社 1990 年版。

程立显：《伦理学与社会公正》，北京大学出版社 2002 年版。

［美］罗尔斯：《正义论》，何怀宏等译，中国社科出版社 1988 年版。

［英］约翰·密尔：《论自由》，许保骙译，商务印书馆 2005 年版。

Smith, G. W., John Stuart Mill's Social and Political Thought—Critical Assessments (London and New York, Routledge), 1998, p. 116.

徐向东：《自我、他人和道德——道德哲学导论》下册，商务印书馆 2007 年版。

余涌：《道德权利研究》，中央编译出版社 2001 年版。

［英］安东尼·阿巴拉斯特：《西方自由主义的兴衰》，曹海军等译，吉林人民出版社 2004 年版。

Harry, M. C., Mill and Millians on Liberty and Moral Character, *The Review of Politics*, 1985, 47 (1): 3–26.

Andrew Valls, Self-Development and the Liberal State: The Cases of John Stuart Mill and Wilhelm von Humboldt. *The Review of Politics*, Spring 1999, 61 (2): 253.

Roger B. Porter. *John Stuart Mill and Federalism*, Publius (Spring, 1977) 7 (2): 101–124.

戴维·米格、韦农·波格丹诺（英文版主编），邓正来（中文版主编）：《布莱克维尔政治学百科全书》（修订版），中国政法大学出版社 2002 年版。

学术索引

后　记

　　本书是我主持的 2010 年教育部人文社会科学一般项目的结项成果。对这个项目的研究,基于以下两个方面:一是基于回归规范伦理学已经成为当代西方伦理学发展的潮流之一的理论和现实背景。功利主义伦理学作为与义务论伦理学并驾齐驱的两大规范伦理学理论范型之一,它是"回归"或发展规范伦理学不可绕过的"哲学实验"。而且,功利主义遭遇的诸多理论与现实的难题以及密尔为功利原则合理性进行道德哲学辩护所引申出来的理论或现实的难题,都是规范伦理学理论发展必须直面与设法解决的问题。因此,对功利主义遭遇的难题以及密尔对功利原则合理性进行辩护的利弊得失进行深入的分析研究,试图为当代规范伦理学的发展提供一种思考的方向是本项目研究的初衷。二是基于本人学术发展的战略谋划。由于现当代伦理学理论发展的一个方向与功利主义伦理学密切相关,这些理论围绕着对功利主义或者辩护、修正,或者批判、责难而展开。这些辩护或责难之所以如此繁多,不仅仅与思想家们不同的学术视野、学术运思方向有关,更与他们对边沁尤其是密尔对功利主义的论证和辩护的理解甚至误解有关,因此,"相对客观地还原密尔的伦理学思想"就成了本项目研究的又一个初衷。

　　虽然对于本项目的研究本人和团队成员投入了大量的时间和精力,基本上完成了预期的研究计划,但在研究过程中发现的还需进一步研究的许多问题还不能在本书中进行深入的分析。如对不同于边沁、密尔为功利主义进行辩护的理论模式即西季维克、黑尔和罗尔斯等人的辩护模式没有进行深入的比较分析,也没有在此基础上探讨出为功利主义伦理走出困境的具体方向,这些都是今后进一步进行理论研究的内容和方向,毕竟,这些问题都是较为重大的理论课题。

　　由于本人的学识有限,本项目的研究得到了我的博士生导师、东南大学田海平教授的悉心指导,无论是项目研究框架的构建、还是研究思路的拓展,或是学术观点的提炼都凝结着田老师的心血和智慧。田老师深厚的学术底蕴、严谨的学术作风、敏锐的学术眼光、宽阔的学术视野、求实进取的为学之道;宽厚、稳重、平和的处世之道,使我在"为学"和"为人"两方面都受益匪浅。我的老师、东南大学的樊和平教授对本项目的研究也予以了精心的指导,樊老师对项目研究的每一次指导与点拨,都对课题研究的推进有着重要的影响。师恩将永铭心中!

感谢所有我引用的著作和论文的作者,他们都是我未曾见面的老师;感谢我的家人给我的理解和支持。

感谢东南大学人文学院在本书的出版上给予的帮助。东南大学人文学院老师们深厚的学术功底、敬业奉献的高尚师德以及人文学院越来越浓厚的学术氛围不断地激励着我更加努力向上。感谢广西文科中心"特色研究团队培育工程"——"桂商研究团队"的支持与帮助。感谢中国社会科学出版社冯斌主任以及为本书的出版付出了辛苦努力的编辑老师们,他们的辛苦付出使得本书的出版更加顺利并趋于完美!

刘琼豪

2013 年 3 月 6 日